Beate Bunzel-Dürlich

Medialität & Hellsichtigkeit

Das Lehrbuch

Subtile Wahrnehmungspotentiale erkennen und trainieren

WINDPFERD

Wichtiger Hinweis: Die hier vorgestellten Methoden, Ideen und Vorschläge können und sollen nicht die Beratung durch einen Arzt oder Heilpraktiker ersetzen. Bei Gesundheitsproblemen sollten Sie daher einen kompetenten Therapeuten konsultieren. Sprechen Sie mit Ihrem Therapeuten über die Empfehlungen in diesem Buch, aber auch über gesundheitliche Probleme, die eventuell medizinisch diagnostiziert oder betreut werden müssen. Autoren und Verlag lehnen jegliche Verantwortung für Folgen, die direkt oder indirekt aus der Lektüre dieses Buches entstehen, ab.

4. Auflage 2008

www.windpferd.de

Umschlaggestaltung: Peter Krafft Designagentur, Bad Krozingen,
unter Verwendung einer Illustration von Beate Bunzel-Dürlich
Zeichnungen: Beate Bunzel-Dürlich
Layout: Marx Grafik & ArtWork
Gesamtherstellung: Schneelöwe Verlagsberatung & Verlag, Oberstdorf
Druck: Himmer AG, Augsburg
Gedruckt auf säurefreiem, chlorfrei gebleichtem Papier

Printed in Germany · ISBN 978-3-89385-537-7

Für meinen Sohn David-Maria

Inhalt

Teil I
Vom Sinn dieses Buches

1. Die Entstehungsgeschichte des Buches 10
2. Sinn und Nutzen dieses Buches 13

Teil II
Was ist Medialität?

3. Medialität im Alltag – was ist das? 20
4. Sind wir alle medial?. 22
5. Die fünf feinstofflichen Sinne der Medialität 24
6. Hellfühlen – unsere eigentliche Intelligenz 33
  6.1 Der Instinkt 37
  6.2 Die Inspiration 39
  6.3 Die Intuition 41
7. Verschiedene Ausprägungen beim medialen Empfangen 44
8. Wie funktioniert Medialität? 45
  8.1 Die Synthese von Wissenschaft und Bewusstsein 45
  8.2 Die Analogie von grobstofflichen und feinstofflichen Körpern 47
    8.2.1 Körperliche grobstoffliche Abläufe 47
    8.2.2 Die feinstofflichen Entsprechungen 49
  8.3 Die Energiekörper des Menschen 55
  8.4 Ein Ausflug in die Physik – elektromagnetische Wellen 67
  8.5. Die Chakren des Menschen 72
    8.5.1 Der Aufbau der Chakren 75
    8.5.2 Die Funktionen der Chakren 80
    8.5.3 Die Bedeutung der einzelnen Chakren 87
  8.6 Der genaue Prozess der Medialität 90
    8.6.1 Der Mensch als Sender 90
    8.6.2 Der Wissensspeicher der Erde 93
    8.6.3 Der Mensch als Empfänger 100
9. Medialität als natürliche Form der Kommunikation 103

Teil III
Vom Einfall zum Zufall

10. Die Bewusstheit beim medialen Empfangen 108
  10.1 Vom Einfall zum Zufall 108
  10.2 Das unbewusste mediale Empfangen 110

10.3 Erste Hilfe beim unbewussten Empfangen 112
10.4 Das bewusste mediale Empfangen 116
11. Was alles empfangen werden kann 119
11.1 Mineralien 119
11.2 Pflanzen 121
11.3 Tiere 122
11.4 Menschen 124
11.5 Lichtwesen 131
12. Die erreichbaren Bewusstseinsebenen als Medium 135
12.1 Die physische Ebene 135
12.2 Die ätherische Ebene 137
12.3 Die emotionale Ebene oder Astralebene 138
12.4 Die geistige oder mentale Ebene 141
12.5 Die kausale Ebene 142
12.6 Die geistige Welt oder spirituelle Ebene 144
12.7 Die allumfassende göttliche Ebene 145
13. Die unterschiedlichen Qualitäten in der medialen Arbeit 147
14. Channeln – ein Teilaspekt der Medialität 148
14.1 Verantwortungsvoller Umgang beim Channeln 149
14.2 Anwendungsmöglichkeiten des Channelns 151

Teil IV

Die Verantwortung als Medium

15. Die Verantwortung 156
15.1 Keine Verantwortung für Inhalte 157
15.2 Verantwortung für neutrale Durchgaben 160
16. Das Gesetz der Resonanz 164
16.1 Inhalte 166
16.2 Die richtige Fragestellung 167
16.3 Klarheit beim medialen Empfangen 170
16.4 Energiequalitäten – die Licht- und Schattenwelt 171
16.4.1 Die Lichtwelt 173
16.4.2 Die Schattenwelt 174
17. Das Gesetz des Impulses 176
17.1 Das aktive und passive Fragen während des Empfangens 177
17.2 Aktive Arbeitsschritte beim medialen Empfangen 178
18. Das Gesetz der Analogie 184
19. Das Gesetz des energetischen Ausgleiches – das Gesetz des Karmas 185

19.1 Die Einmischung in fremdes Karma 186
19.2 Medialität und Geld 188
20. Opfer der eigenen Medialität 192
20.1 Der freie Wille 192
20.2 Mögliche Gefahren 194
21. Weitere typische Fehler beim medialen Arbeiten 201
22. Mediale Arbeit als Dienstleistung in der Gesellschaft 205

Teil V

Die AKHESY®-Technik

23. Die Voraussetzungen 212
23.1 Die körperlichen Voraussetzungen............................ 212
23.1.1 Gefäß sein.. 212
23.1.2 Die Bedeutung von Erdung.................................. 215
23.2. Die geistig-seelischen Voraussetzungen...................... 216
23.2.1 Die Bereitschaft zum Geben – das Gesetz des energetischen Ausgleiches 216
23.2.2 Demut – das Gesetz der Ordnung............................ 219
23.2.3 Die innere Mitte finden 221
23.2.4 Die Bedeutung und Wirkungsweise des Ego 223
23.2.5 Wahr, klar und ehrlich sein 229
24. Der Ablauf der AKHESY®-Technik................................ 235
24.1 Generelles zur AKHESY®-Technik.............................. 235
24.2 Der Ablauf der AKHESY®-Technik 238
25. Erläuterung der einzelnen Schritte der AKHESY®-Technik............. 240
26. Wichtige Aspekte beim Anwenden der AKHESY®-Technik 249
26.1 Die Ausgangsposition 249
26.1.1 Die richtige Ausgangsposition – das passive Empfangen 249
26.1.2 Fehler und Gefahren bei der Ausgangsposition 250
26.2 Die nötige Wachheit 253
26.3 Die innere Gelassenheit..................................... 255
26.4 Wertfreie Weitergabe der Botschaften 256
26.5 Keine Interpretationen der Botschaften....................... 260
26.6 Die Botschaften fließen lassen............................... 261

Teil VI

Medialität und gelebtes Wissen

27. Kritikfähigkeit und Realität 268
27.1 Der Sinn von Fehlern 268
27.2 Fehler und Karma 269
27.2.1 Die Verstärkung von Karma 270

27.2.2 Die Auflösung von Karma 272
27.2.3 Konstruktive und destruktive Kritik 274
27.3 Verschiedene Realitäten 275
28. Medialität und gelebtes Wissen 277
28.1 Medialität und Alltag 278
28.1.1 Der innere Berater 279
28.2 Medialität und Heilung 280
28.2.1 Der innere Therapeut 280
28.2.2 Der innere Arzt und Heiler 281
28.3 Medialität und Kreativität 283
28.3.1 Der innere Künstler 283
28.3.2 Das innere Kind 285
28.4 Medialität und Bewusstsein 286
28.4.1 Der innere Lehrer 286
28.4.2 Der innere Meister 287
28.4.3 Die Verbindung zu Gott 288
29. Es ist noch kein Meister vom Himmel gefallen 291
29.1 Ein Freund der kleinen Schritte 292

Anhang

I. Begriffsregister 293
II. Literaturverzeichnis 300
III. Ausbildungen im Akasha-Zentrum Berlin 301
IV. Über die Autorin 303
V. Stichwortverzeichnis 304

Teil I

Vom Sinn dieses Buches

1. Die Entstehungsgeschichte des Buches

Im Jahre 1996 gab mir die geistige Welt den Auftrag, die Fähigkeit der Medialität bekannter zu machen. Mir wurde mitgeteilt, dass es an der Zeit sei, diese Fähigkeit, die uns Menschen allen zu eigen ist, wieder zu aktivieren. Zu diesem Zwecke solle ich Vorträge über Medialität und Hellsichtigkeit halten, um den Menschen ein Verständnis darüber zu vermitteln, und Seminare zur eigenen Initiierung geben. Ich sollte ein Konzept entwickeln, wie ich den Menschen Unterstützung geben könnte, ihre eigene Medialität und Hellsichtigkeit wieder zu entdecken und zu trainieren.

Mir wurde die Geschichte der Erde gezeigt und deren Zusammenhang zu unserer momentanen Menschheitsgeschichte auf unserem Planeten. Anfangs tat ich mich ein wenig schwer, und ich fragte mich und die geistige Welt, wieso gerade ich diese Aufgabe erhalte und ob diese nicht etwas zu groß für mich sei.

Ich erhielt immer nur eine Antwort – und an der ließ sich nicht mehr rütteln:

»Mach es endlich!«

Bald begriff ich in meinem Tun, dass an diesem Job wohl was dran sein muss.

Obwohl ich frischgebackene Heilpraktikerin war, die gerade mal zwei, drei Jahre in eigener Praxis praktizierte und noch viel vorhatte, spürte ich immer mehr, dass in meiner Arbeit wohl nicht nur meine medialen Fähigkeiten gefragt sind, sondern auch mein Sinn für Pädagogik und Methodik. Dabei wollte ich doch nie Lehrerin werden! Das hatte ich mir als Jugendliche geschworen, wo ich doch aus einer alten traditionellen Lehrerfamilie stamme!

Aber unser Karma holt uns alle ein …

So verstaubten meine Spritzbestecke, homöopathischen Mittel und ähnliche Dinge, die ich damals für meine Praxis glaubte besitzen zu müssen, immer mehr und ich begann, Seminare zu geben, anstatt zu behandeln.

Es entstand ein Wochenendseminar, welches heute Basisseminar heißt. In ihm werden die Grundlagen der Medialität gelehrt; eine von mir entwickelte Technik, die AKHESY®-Technik, zum medialen Empfangen von Botschaften vermittelt und es wird unter Anleitung viel praktisch geübt.

Heute danke ich dem Himmel, denn ich kann mir nichts Besseres vorstellen als diese wundervolle Arbeit!

Und der Himmel hatte recht mit meinem kosmischen Job. Es kamen immer mehr Menschen zu mir. Die Seminare waren ausgebucht und ich begann das Basisseminar mehrmals im Jahr zu halten.

Aus den Seminaren entstand eine monatliche Trainingsgruppe, die inzwischen wie eine große Familie für mich geworden ist. Ich merkte, wie groß das Interesse war, die Fähigkeiten weiter zu trainieren und auszubauen.

Ich öffnete mich für die Idee, Fortgeschrittenenseminare zu geben. Und was merkte ich hier? Ein liebevolles Grinsen der geistigen Welt.

»Na, endlich, das wurde ja auch Zeit!« War ich in die Falle getappt oder hatte ich einfach nur meinen Lebensplan angenommen? Ich entschied mich für beides und bin heute dankbar, durch diese geistige Führung einen wundervollen Beruf ausüben zu dürfen, der mich ausfüllt und glücklich macht.

Mir ist klar geworden, dass meine Lebensaufgabe im Halten von diesen Seminaren über die Medialität besteht, und deshalb habe ich auch die Herausforderung angenommen, dieses Buch zu schreiben. Denn bald, nachdem ich häufiger Seminare zum Thema Medialität gab, fragten mich unzählige Menschen, warum ich nicht all mein Wissen aufschreibe.

Immer wieder vernahm ich den Wunsch, doch bitte ein Buch zum Thema Medialität herauszubringen. Nun, da meine Kinder schon keine Kinder mehr sind und mein älterer Sohn über Medialität und Reinkarnation mit dem gleichen Selbstverständnis spricht wie über das Rasenmähen und das Kochen, habe ich endlich Zeit und Muße gefunden, alles niederzuschreiben.

Erst beim Schreiben spürte ich, wie viel es eigentlich ist, was ich niederschreiben möchte und was alles dazugehört. So entschloss ich mich, das Wissen, welches ich vermitteln möchte, auf zwei Bücher zu verteilen, damit es übersichtlicher wird. Auf diese Weise sind zwei Bücher entstanden: »Medialität und Hellsichtigkeit – das Lehrbuch« sowie »Medialität und Hellsichtigkeit – das Arbeits- und Übungsbuch«, in dem eine Fülle von Arbeitsanleitungen und Übungen zum praktischen Anwenden der

Fähigkeiten enthalten sind. Im ersten Buch, welches dir hier vorliegt, sind die Voraussetzungen zum medialen Arbeiten, die feinstofflichen Abläufe beim medialen Empfangen, die Verantwortung als Medium und natürlich die oben genannte AKHESY®-Technik erklärt.

An dieser Stelle möchte ich mich bei allen Klienten, Seminarteilnehmern und besonders Schülerinnen und Schülern bedanken, die mich angespornt haben, dieses Buch zu schreiben. Vielleicht hat die geistige Welt auch bei ihnen nachgeholfen, mir dies mitzuteilen …

Ebenso danke ich meinen Freunden und Eltern, die mir Mut gemacht und an mich geglaubt haben. Hauptsächlich danke ich meiner geliebten Freundin Ute, die die Entstehung des Buches von Anfang bis Ende hautnah miterlebt und mich auf allen Ebenen dabei unterstützt hat und mir zu guter Letzt auch den Rücken freigehalten hat, sodass ich dieses Buch überhaupt schreiben konnte.

Vielen lieben Dank!

2. Sinn und Nutzen dieses Buches

Dieses Buch soll allen Menschen helfen, die sich zum Thema Medialität hingezogen fühlen. Es ist für alle, die schon praktische Erfahrungen mit Medialität im bewussten oder unbewussten Empfangen gemacht haben – sei es nun in erfreulicher oder vielleicht auch in unerfreulicher, eher beängstigender Form. Aber auch für alle neugierigen, interessierten und wissensdurstigen Menschen kann dieses Buch ein schöner Einstieg in das weite Feld der Medialität sein.

Dieses Buch hat drei Ebenen:

- *erste Ebene* — *Das Lehrbuch*
- *zweite Ebene:* — *Das Erfahrungsbuch*
- *dritte Ebene:* — *Das Bewusstwerdungsbuch*

Das Lehrbuch

In erster Linie ist dieses Buch ein Lehrbuch. Ein Lehrbuch zum großen Thema Medialität. Dies erstreckt sich vom informativen Erläutern von Begriffen, Sachverhalten und Abläufen rund um das Thema Medialität, über die Ethik und Moral von medialem Arbeiten in Verbindung mit den kosmischen Gesetzen, und als Kernteil die von mir entwickelte Technik, mit deren Hilfe die eigene Medialität entfaltet und trainiert werden kann, bis zur praktischen Anwendung.

Dieses Lehrbuch ist für beide Gehirnhälften geschaffen. Es wirkt auf beiden Ebenen und spricht gleichermaßen die rationale wie die emotionale Seite an, je nachdem, welcher Lerntyp du bist.

Ich benutze oft die Lehrmethodik der Indianer, einfach Geschichten zu erzählen. Über diese können wir dann spielerisch lernen. Wir müssen uns nicht anstrengen, jetzt ganz scharf aufzupassen, weil wir nun etwas lernen müssen. Eine meiner spirituellen Lehrerinnen ist eine Indianerin gewesen. Eine Medizinfrau. Genau genommen hat sie uns immer »nur« Geschichten erzählt: aus ihrer Kindheit, ihrem späteren Leben, von ihrem Großvater, von ihrem Stamm, von ihrer Kleidung und über die alten Traditionen ihrer Stammesbräuche.

Einige in unserer Gruppe haben sich hinter ihrem Rücken damals beschwert, weil sie das Gefühl hatten, nichts zu lernen. Sie wollten Erklärungen auf dem Flipchart, Definitionen, Diktate über das Wissen der Erde und Schritte zur Erleuchtung. Stattdessen brachte unsere Lehrerin und Meisterin uns einmal einen Beutel indianischer Wollsocken mit, über die sie erzählte, oder Kräuter und Stoff, aus denen wir etwas bastelten, während sie erzählte. Und immer mit einer Glückseligkeit auf dem Gesicht und einer kindlichen Unschuld! Das hat einige richtig aufgeregt. Ja, der Kopf wollte Futter! Sie aber hat das Herz berührt! Das Herz braucht keine Fakten. Durch die Geschichten haben wir jedoch viele Fakten erhalten! Aber: Wir mussten uns einlassen auf diese Geschichten! Wenn wir diese abgewertet hätten, dann hätten wir die Essenz nicht begreifen können.

Ich habe, im Nachhinein gesehen, von dieser Indianerin das meiste gelernt. Obwohl ich nie das Gefühl von Lernen hatte, nur von gemütlichem Beisammensein und von Entspannung. Und so kann manche Geschichte auch ein wenig albern wirken. Der Kopf belächelt sie, aber genauso soll es auch sein. Ich möchte den emotionalen Teil in dir erreichen, deshalb sind auch meine Grafiken genauso, wie sie sind. Ich bin ein sehr lebensfroher Mensch, lache überaus gerne und möchte diese Freude über die Grafiken gerne mit dir teilen. Wir können über diese kindliche, humorvolle Art viel mehr und viel leichter lernen als über puren »Input«.

Trotzdem hat der Kopf auch seine Berechtigung. Die rationale Seite soll auch auf ihre Kosten kommen: Das Buch ist klar in unterschiedliche Themen bezüglich der Medialität gegliedert, es gibt Definitionen, Übersichten und Tabellen. Aber halte dich bitte bei diesen nicht zu lange auf, sondern versuche, die Seele des Buches zu erreichen!

Das Erfahrungsbuch

Dieser Teil ist ein Buch, das aus unzähligen Erfahrungen und Erlebnissen meinerseits zusammengetragen ist. Diese Erfahrungen beziehen sich nicht nur auf dieses Leben, sondern auch auf verschiedene vorangegangene Inkarnationen, in denen ich als Medium kommuniziert hatte, sei es beispielsweise in der alten englischen Tradition – meine Seele hat viele Leben in England verbracht – oder in Afrika, auserwählt von einem Stamm, um mit den Göttern zu sprechen – oder als Indianer, mit der

Aufgabe, mein Volk vor Gefahr und Krankheit zu schützen, um nur einige zu nennen.

In diesem Leben brach meine Medialität auch nicht in meiner Pubertät ab, sondern ich behielt sie bei, auch beim Herausbilden meiner Ratio beim Erwachsenwerden. Schon seit frühester Kindheit bin ich freiwillig ins Bett gegangen, weil ich immer »Karma-Kino« gucken konnte. Das heißt, Mittagsschlaf war für mich Meditation und es hat mir Spaß gemacht, mir meine vergangenen Leben anzusehen.

Es ist mir ein Bedürfnis, dich an meinen Erfahrungen teilhaben zu lassen. In allen Teilen des Buches gibt es unzählige Beispiele aus meiner Arbeit mit Medialität – aus meiner Praxis von den medialen Beratungen, aus meiner Seminar- und Lehrtätigkeit und natürlich auch aus meinen privaten Erfahrungen. Denn ich finde:

Nur gelebtes Wissen ist wahres Wissen.

Ich habe wunderschöne kraftvolle Erlebnisse mit der Medialität, aber auch niederschmetternde, bedrohliche und beängstigende Erfahrungen gemacht. Das hat zum einen mit meinen Lernthemen als Seele zu tun, die reif werden wollte, aber auch mit der Zeit, die noch nicht reif war.

Medialität ist also nicht immer nur etwas Schönes für mich gewesen. Manchmal habe ich arg mit dem Universum gehadert und mich gefragt, warum denn gerade ich alles sehen und fühlen muss. Es war früher für mich nicht immer leicht, damit umzugehen. Gerade in meiner Kindheit sind mir auch Dinge widerfahren, bei denen mir das bewusste Hintergrundwissen über die medialen Dinge, die passierten, noch fehlte – die mit sehr viel Angst, ja auch Panik, Unbehagen und schlaflosen Nächten verbunden waren. Ich weiß auch um die Ignoranz von Erwachsenen, die mich mit dem Satz: »Ach, das bildest du dir doch alles nur ein!«, lange Jahre abspeisen wollten und mich nicht verstanden haben. Doch dies ist ein sehr konstruktiver, lehrreicher Prozess gewesen, durch den ich gegangen bin. Im Nachhinein bin ich für jedes Erlebnis dankbar, denn es hat mich zu dem gemacht, was ich heute bin.

So möchte ich gerade auch *diejenigen* Menschen in meinem Buch ansprechen, die zögern, sich der Medialität zu öffnen, weil sie vielleicht – ähnlich wie ich als Kind – unangenehme oder auch unglaubliche Erlebnisse hatten, mit denen sie nicht umgehen konnten, und vielleicht noch nie gewagt haben, mit jemandem darüber zu sprechen. Gerade dafür ist das Buch eine besondere Hilfestellung, da ich auch sehr ausführlich neben dem bewussten auf das unbewusste mediale Empfangen eingehe. Denn aller Anfang ist schwer. Deshalb gibt es auch eine »Erste Hilfe beim unbewussten Empfangen«, eine Anleitung, die ich durch all die ehemals unangenehmen Erfahrungen entwickelt habe und die gut erprobt ist.

Du musst also bezüglich der Medialität »das Rad nicht neu erfinden«, sondern kannst auf diese Weise aus meinen Erfahrungen lernen!

Nun ist die Zeit endlich reif und es existiert eine riesige Chance für alle, die ernsthaft auf der inneren Suche nach geistig-spirituellem Wachstum sind. Mit dem Eintreten in das Wassermannzeitalter stehen uns Energien für unsere Entwicklung zur Verfügung, die unterstützend und geradezu mitreißend sind.

Das Bewusstwerdungsbuch

Zu guter Letzt ist dieses Buch ein Buch der Bewusstwerdung.

Es ist kein normales Lehrbuch. Warum? Es ist aus dem Herzen geschrieben mit dem Wunsch, andere Herzen zu erreichen und nicht andere Köpfe. Ohne Frage hat uns Gott auch einen Kopf gegeben, aber der sollte unser Werkzeug sein und mehr nicht.

Wirkliches Lernen funktioniert nicht über den Kopf, sondern über das Gefühl.

Was bedeutet das? Warum sind wir hier auf der Erde und warum sind wir schon viele tausend Male oder auch Millionen Male inkarniert? Nicht um Fakten über unseren Kopf zu sammeln oder uns Wissen zu borgen, sondern um unsere Qualitäten zu entwickeln mit einem einzigen Ziel:

Aufwachen, bewusst werden, unsere geistig-spirituellen Fähigkeiten entwickeln

oder kurz gesagt: unser Herz öffnen!

So wie mir der Prozess der Medialität bei meiner Bewusstwerdung über die Jahrhunderte behilflich war, kann dir dieser Prozess helfen, aufzuwachen und das Leben als das zu erkennen, was es wirklich ist:

Göttliche Schöpfung mit Fülle auf allen Ebenen und unendlicher Liebe und Behütetsein!

An meinem Erfahrungsschatz und Bewusstwerdungsprozess möchte ich dich in diesem Buch teilhaben lassen! Neben Informativem steht auch vieles zwischen den Zeilen. Nimm es wahr, denk darüber nach, meditiere darüber!

Wenn du das Buch nicht nur liest wie ein Buch oder mit Textmarker wie ein Lehrbuch durcharbeitest, sondern dir Raum für sich daraus ergebende Meditationen und »Aufwachübungen« gönnst, können Wunder geschehen.

Vielleicht nutzt du dieses Buch auch als Bilderbuch! Schau dir die Bilder an, erfreue dich an ihnen, lache über sie und lasse sie einfach wirken! Sie sind Energiespeicher. Über diese kindliche unschuldige Art, dich für dieses Thema zu öffnen, kann das meiste auf deinem Wege der Bewusstwerdung passieren.

Dieses Buch ist trotz aller Ernsthaftigkeit, die das Thema abverlangt, auch mit Humor geschrieben. Humor ist ein wichtiges Mittel zur Transformation. Lass dich davon tragen und lache mit. Die Grafiken können dir ebenfalls dabei helfen.

Verantwortungsvolles Umgehen im Leben, gepaart mit der richtigen Portion Humor, ist das Erfolgsrezept für alles. Wende es an, wenn du willst! Dinge leichter zu sehen, hilft dir Abstand zu gewinnen, aus der Verbissenheit zu gelangen und in den Fluss zu kommen. Natürlich können das alles immer nur Angebote sein …

Und außerdem soll dieses Buch auch Mut machen! Mut, Medialität nicht als etwas Spektakuläres zu sehen, was es anzuhimmeln gilt, sondern zu begreifen, dass es eine natürliche Form unserer menschlichen Kommunikation ist, die nur ein wenig eingeschlafen ist und die es wieder zu aktivieren gilt! Darum:

Wach doch einfach auf! Willkommen im Leben!

Teil II

Was ist Medialität?

3. Medialität im Alltag – was ist das?

Medialität ist eine nonverbale Art der Kommunikation zwischen uns Menschen, sei es nun auf bewusste oder auf unbewusste Art:

»Ach, schön! Ich wusste, dass du es bist, als das Telefon klingelte!«

»Gib doch in die Soße noch ein wenig mehr Estragon, das ist zu wenig!« – » Aber du hast sie doch gar nicht gekostet!« – »Muss ich nicht, ich weiß es!«

»Wäre ich doch bloß heute Abend nicht weggegangen. Jetzt weiß ich, warum ich so gezögert habe. Ich hätte mir so viel Ärger erspart!«

»Ich wusste das schon damals, dass wir eines Tages diese Reise zusammen unternehmen werden!«

Diese oder ähnliche Erlebnisse kennen wir alle. Täglich passieren sie. Sie sind uns oft gar nicht bewusst, sondern scheinen selbstverständlich zu sein. Wir bringen sie nicht mit Medialität in Zusammenhang. Erst wenn wir durch das Außen Bestätigungen erhalten oder wenn geahnte Situationen eintreffen, registrieren wir Vorahnungen und erinnern uns an unsere Gefühle, Impulse und Eingebungen in vergangenen Situationen.

All das sind Formen der Medialität. Sie begleiten uns im Alltag, im Beruf und in der Familie. Umso mehr wir diese Impulse ernst nehmen – ihnen also bewusst folgen –, können sie uns als praktische Lebenshilfe dienlich sein. Wie können wir nun Medialität genau definieren?

Medialität ist unsere Sinneswahrnehmung auf der feinstofflichen Ebene. Im Volksmund wird diese Sinneswahrnehmung auch häufig als der sechste Sinn bezeichnet.

Um das zu veranschaulichen, wollen wir uns unsere fünf Sinne auf der rein körperlichen Ebene ansehen.

	Physische Sinne	Sinnesorgane
1. Sinn	Sehen	Augen
2. Sinn	Hören	Ohren
3. Sinn	Fühlen, Tasten	Haut
4. Sinn	Schmecken	Zunge
5. Sinn	Riechen	Nase

Vereinfacht können wir uns vorstellen, dass diese Sinne auf der feinstofflichen Ebene ebenso in unseren feinstofflichen Körpern weiterwirken. Natürlich in einer anderen Dimension mit einer anderen Bedeutung.

Die fünf Sinne	→	**Der sechste Sinn**
Sehen	→	*Hellsehen*
Hören	→	*Hellhören*
Riechen	→	*Hellriechen*
Schmecken	→	*Hellschmecken*
Fühlen	→	*Hellfühlen*

Wie wir erkennen können, ergeben sich aus diesem System fünf feinstoffliche Sinne, mit deren Hilfe wir ebenfalls kommunizieren, die zusammengefasst als der sechste Sinn benannt werden können.

4. Sind wir alle medial?

Da wir Menschen alle aus einem grobstofflichen (dem physischen) und mehreren feinstofflichen Körpern bestehen, tragen wir alle das Potential der Medialität in uns. *(Näheres dazu in diesem Teil im Kapitel 8 »Wie funktioniert Medialität?«.)*

Vom Prinzip kann also die Frage »Sind wir alle medial?« mit »Ja« beantwortet werden. Wir sind alle medial von unserer Veranlagung her, und es ist für die meisten Menschen an der Zeit, dieses Potential wieder zu aktivieren. Diese Form der Kommunikation ist uns Menschen eigen, sie muss nur bewusst erweckt werden. Je nach Entwicklungsgrad der Seele kann diese Fähigkeit in einem Menschen schlummern oder aber aktiviert und trainiert werden.

Vor vielen tausenden von Jahren gab es keine Bibliotheken wie heute. Die Menschen brauchten keine schriftlichen Aufzeichnungen. Nein, nicht dass sie nicht schreiben und lesen konnten! Es war einfach nicht nötig, weil alles Wissen über den Kosmos jederzeit abrufbereit war und natürlich auch heute noch ist. Nur haben die meisten Menschen zum Großteil die Fähigkeit verloren, so zu kommunizieren. Aber sie ruht wie ein Goldschatz in uns und wartet darauf, wieder zum Leben erweckt zu werden. Wir müssen uns nur wieder daran erinnern!

Wir sind multidimensionale Wesen, die multidimensional kommunizieren können. Somit schlummert in uns allen diese Fähigkeit. Ja, wirklich in allen! Nun denkst du vielleicht gerade an deine Tante, die nicht an vergangene Leben glaubt und sich über Pendeln lustig macht ... Ja, auch deine Tante hat diese Fähigkeit, auch deine Kollegen, wir alle. Und auch deine Tante ist medialer, als sie es vielleicht überhaupt annimmt, denn unbewusst kommunizieren wir alle so miteinander. Nur weil uns dieser Vorgang nicht wirklich bewusst ist, sperren wir uns unter Umständen vor den großartigen Möglichkeiten, die sich hieraus ergeben.

Warum gibt es aber trotzdem Menschen, die Medialität ablehnen und verneinen? Die entscheidende Sache ist die, dass es in diesem Leben nicht für jeden Menschen an der Zeit ist, diese Form der Kommunikation zu erwecken beziehungsweise zu aktivieren. Das hängt von der jetzigen Lebensaufgabe, dem Bewusstseinsgrad der Seele, den vorangegangenen

Erfahrungen aus vergangenen Leben und vielem mehr ab. Alle Menschen, die sich für Medialität interessieren und sich von diesem Thema angezogen fühlen, sind offen dafür und die Seele ist bereit, auf diese Weise erste Erfahrungen zu machen oder schon direkt zu kommunizieren. So einfach ist das. Wenn du also dieses Buch gerade liest, kannst du sicher sein, dass deine Seele bestrebt ist, deine medialen Fähigkeiten zu entfalten.

Menschen, deren Weg ein anderer ist, finden den Weg zum Anglerverein, Briefmarkensammeln oder lassen sich in einer Kampfsportart ausbilden. Das heißt aber nicht, dass ein Karatekämpfer nicht medial sein kann – im Gegenteil: Es kann eine sehr gute Verbindung sein.

Jeder Mensch muss seinen eigenen Weg finden.
Jeder Weg ist richtig und völlig wertfrei.

Alle Wege führen zum Ziel. Für jeden Menschen gibt es einen individuellen Weg, den er beschreiten muss. Das klingt sehr einfach und wirft eine weitere Frage auf:

Ist das denn nicht gefährlich, wo man doch auch über Medialität viele unangenehme Dinge hört und diese Erfahrungen doch auch mit Ängsten verbunden sein können?

Das ist völlig richtig. Es geht nicht darum, sich wild und unbedarft in dieses Thema »hineinzustürzen«, wie es manche Menschen leider machen, sondern bewusst, verantwortungsvoll und sehr klar mit der Fähigkeit der Medialität umzugehen. Deshalb ist ein ganzer Teil des Buches diesem Thema gewidmet: Teil IV *»Die Verantwortung als Medium«*. Dieser Teil und der über die Technik (Teil V) sind die Kernstücke des Buches und sollten sehr ernst genommen werden. Im Teil III *»Vom Einfall zum Zufall«* gehe ich dann auf den gerade beschriebenen Prozess ein: das noch unbedarfte zufällige Empfangen.

5. Die fünf feinstofflichen Sinne der Medialität:

Hellsehen, Hellhören, Hellriechen, Hellschmecken, Hellfühlen und Hellwissen

Dieses Kapitel dient hauptsächlich dazu, uns bewusst zu machen, wie oft wir im Alltag unsere Medialität benutzen, ohne dass es uns wirklich bewusst ist. Anhand von ganz praktischen Beispielen, auch Fallbeispielen aus meiner Praxis, möchte ich darlegen, was alles zur Medialität gehört. Damit es übersichtlicher ist, sind die Beispiele nach den einzelnen Sinnen geordnet.

Erster Sinn: Hellsehen

Das Hellsehen ist der bekannteste Begriff zum Bereich Medialität. Sofort erinnern wir uns an die Hellseherin mit der Kristallkugel, die dem Prinzen voraussagt, dass er eine schwere Prüfung zu bestehen hat. Im Volksmund wird Hellsehen sehr oft nur mit Zukunftsvoraussagung verbunden. Man geht zur Wahrsagerin oder Kartenlegerin, um zu wissen, ob die Beziehung doch noch hält oder die finanzielle Belastung der Familie bald zu Ende ist.

Aber Hellsehen ist viel mehr. Das große Thema »Träume« spielt da hinein. Edgar Cayce, auch »der schlafende Prophet« genannt, erhielt alle Visionen, Prophezeiungen und inneren Bilder im Schlaf – durch Träume.

Ein Großteil unserer Träume sind geschickte Bilder und Erlebnisse aus anderen Dimensionen, verbunden mit Visionen und manchmal auch bevorstehenden Prüfungen. Wir sollten unsere Träume wirklich sehr ernst nehmen und am besten notieren. Wenn wir ein Traumtagebuch führen, ist es interessant, im Nachhinein darin zu lesen und zu erkennen, wie wir eintretende Ereignisse schon manchmal Monate oder auch Jahre zuvor geträumt haben.

Visionen, schon in Träumen erwähnt, können uns aber auch in Meditationen oder Tagträumen erscheinen. Es sind gesendete Bilder, die verschiedene Möglichkeiten der Realität aufzeigen. Je nachdem, ob wir mit diesen Bildern in Resonanz treten oder nicht, können wir sie dann in die Realität umsetzen und in unser Leben integrieren. Eine innere Visionssuche setzt immer unsere Fähigkeit der Medialität voraus. Die entstehenden Bilder können wir unserer Hellsichtigkeit zuordnen. Im selben Zusammenhang können wir auch das Erstellen von Projekten sehen. Wenn wir mitten in oder an einem Projekt arbeiten, sei es nun schon bei der Umsetzung oder noch in der Phase der Planung, kann es sein, dass in uns innere Bilder aufsteigen und wir plötzlich entsprechende Lösungen sehen.

Ein anderer großer Bereich ist jener der darstellenden und angewandten Kunst. Künstler, seien es Maler, Bildhauer oder Designer, leben von ihren medialen Eingebungen. Karl Lagerfeld beispielsweise erzählte einmal in einem Interview, dass er viele Modelle seiner Kollektionen im Traum sieht beziehungsweise im morgendlichen Halbschlaf. Es sind Eingebungen. Auch wenn er das Wort Medialität nicht in den Mund nimmt, ist es genau das. Er zeichnet dann am frühen Morgen seine Ideen schnell auf, damit er die inneren Bilder nicht vergisst und sie auf Papier fixiert sind.

Manchmal werden uns auch Situationen, die in der Zukunft liegen, geschickt, welche wir hellsichtig empfangen können. Dies kann eine Vorbereitung für uns auf einen bestimmten Menschen oder eine bestimmte Situation sein, damit wir gut »präpariert« sind. Es kann aber auch der geistig-seelischen Verarbeitung dienen und es kann passieren, dass wir dann diese Möglichkeit von Zukunft nicht mehr im Irdischen leben müssen, weil wir sie schon auf der geistigen Ebene gelebt haben – also eine Art Entwicklungsbeschleuniger.

Anders verhält es sich mit Situationen aus der Vergangenheit. Egal, ob es sich nun um karmische Bilder, also Geschehnisse aus vergangenen Leben, handelt oder um die nähere Vergangenheit aus diesem Leben. Oft schickt uns die geistige Welt diese vergangenen Bilder als Zeichen, dass es noch etwas aufzuarbeiten gilt. Es sind innere Chancen, mit unserem Innenleben aufzuräumen und Klarheit in unsere nahe oder ferner zurückliegende Vergangenheit zu bringen. Karmische Bilder können uns übrigens auch im Traum erscheinen – noch ein Grund mehr, Träume ernst zu nehmen.

Es gibt regelrechte mediale Detekteien, die zur Verbrechensaufklärung herangezogen werden. Medien stimmen sich auf der physischen Ebene ein und versuchen durch Hellsicht herauszubekommen, wo sich der Täter aufhält oder wohin das noch lebende Opfer verschleppt wurde. Das kann der Polizei, wenn sonst keine Spuren vorhanden sind, eine große Hilfe sein.

Wenn wir meditieren, können Meditationen oft von inneren Bildern begleitet sein. Diese können unseren Wünschen und Sehnsüchten entspringen, aber auch geschickte Bilder der geistigen Welt sein, ähnlich wie bei Träumen. Auch karmische Bilder können sich in Meditationen oft zeigen. Meditation generell ist die beste Voraussetzung, um erfolgreich medial zu sein. Sind wir in tiefer Meditation, kann nicht nur der Sinn des Hellsehens aktiviert werden, sondern auch weitere Sinne, wie der des Hellwissens, des Hellriechens oder des Hellfühlens.

Zu guter Letzt haben wir zu allen Menschen, die uns ans Herz gewachsen sind, einen guten medialen Draht, sei es uns nun bewusst oder nicht. So können wir oft über weite Entfernung zu Freunden, Verwandten oder unseren Kindern sehen, wie es ihnen geht. Ob sie in Not sind oder beruhigenderweise alles in Ordnung ist. Auch hier gehen Hellsehen und Hellfühlen oft nahtlos ineinander über.

Der zweite Sinn: Hellhören

Das Hellhören aktiviert unser inneres Ohr im feinstofflichen Körper. Wir können Musik, Töne, Geräusche oder auch Worte nicht nur mit unseren physischen Ohren hören, sondern auch feinstofflich.

Das brillanteste Beispiel zum Thema Hellhören ist meiner Meinung nach Ludwig van Beethoven mit seiner Komposition der »Neunten Symphonie«. Er war zu der Zeit schon nachweislich vollständig taub; hat diese Komposition also mit seinen physischen Ohren nie gehört, aber dieses Meisterwerk trotzdem erschaffen können, weil er die Musik innerlich gehört hat, sie medial empfangen und niedergeschrieben hat. Generell haben viele Komponisten von sich behauptet, die Musik stamme gar nicht von ihnen, sie hätten nur das aufgeschrieben, was sie in ihrem Inneren gehört haben.

Ein anderes, nicht so spektakuläres Thema sind Geräusche. Kennst du das, dass du das Telefon klingeln hörst, aber real niemand angerufen hat? Du könntest wetten, dass es geklingelt hat. Im Nachhinein stellt sich heraus, dass deine allerliebste Freundin die ganze Zeit an dich gedacht hatte, weil sie dich anrufen wollte, es aber zeitlich nicht geschafft hat. Energetisch hat sie also schon mehrmals angerufen – du hast es zwar gehört, nur geschah es nicht in der Realität.

Dieses Beispiel bezüglich Geräuschen ist stellvertretend für unzählige andere. Es kann sich um Störgeräusche handeln, die nahestehende Personen gerade quälen; um das lieb gewonnene Schnarchen des Partners, der eigentlich auf Dienstreise ist; oder das Kreischen beziehungsweise das laute Lachen der eigenen Kinder, die gerade auf Klassenfahrt sind.

Genauso spielen Stimmen aller Art beim Hellhören eine große Rolle. Das können bekannte Stimmen von vertrauten Personen sein, aber auch Stimmen der geistigen Welt, von wohlwollenden Licht- und Engelwesen, Meistern oder Geistführern. Natürlich gibt es auch weniger wohlwollende Wesen, vor denen wir uns in Acht nehmen und deren Worte oder Anweisungen wir auf gar keinen Fall ernst nehmen sollten. Wie wir das aber unterscheiden können, dazu gibt es mehr im dritten Teil des Buches »*Vom Einfall zum Zufall*«.

Zurück zu den uns wohlgesonnenen Wesen: Diese können, je nach Anliegen und Charakter, in unterschiedlicher Art zu uns sprechen. Geübte Medien können dabei parallel zu dem Inhalt der Worte auch die Stimmlage, das Tempo oder die typische Art der Tonation vermitteln. So sprechen einige Wesen in sehr sanfter Form mit einem, andere wiederum haben eine eher deftige, derbe, liebevolle Art, einen zu einigen Entwicklungsschritten zu ermuntern. Die Nuancen beim Hellhören sind vielschichtig und der Übergang zum Hellfühlen ist wieder fließend.

Auch Dialekte können empfangen werden. Gute Comedy-Stars, die mit Dialekten spielen und treffsicher mit verschiedensten Dialekten auftreten, müssen neben ihrer musikalischen Begabung, welche für die Umsetzung nötig ist, auch medial – hellhörend – sein. Sie schließen sich sozusagen dem wissenden Sprachfeld des jeweiligen Gebietes an und übertragen es.

Der dritte Sinn: Hellriechen

Vielleicht kennst du das: Du stehst ahnungslos am Straßenrand; die Autos brettern an dir vorbei; die Abgase hüllen dich ein – und plötzlich hast du einen Veilchenduft in der Nase. Nichts weit und breit zu sehen, von dem er sein könnte – außer Autos. Eine Botschaft aus der anderen Dimension. Oder: Du sitzt in der U-Bahn und neben dir nimmt ein Mann mit einer Knoblauchfahne Platz. Dann steigt noch jemand ein, der auf dem Bahnsteig schnell den letzten Zug aus seiner Zigarette gemacht hat. Und du hast den Duft von dem Erdbeerfeld deiner Oma in der Nase ...

Eine Klientin erzählte mir, dass sie im Büro den Geruch von verschmorten Kabeln wahrgenommen hatte, aber außer ihr roch das niemand an diesem Tag. Zu Hause angekommen, nahm sie diesen Geruch als Warnung ernst und untersuchte alle Kabel im Haushalt. Dankbar bemerkte sie, dass ein Kabel völlig kaputt war und bei der weiteren Benutzung des Gerätes einen Kabelbrand verursacht hätte.

Viele Menschen, die in Krankenhäusern arbeiten, berichten davon, dass sie den Geruch des Todes kennen und genau wissen, dass beziehungsweise wann ein Mensch gehen wird.

Andere, die von einem geliebten Menschen verlassen worden sind, können ihn noch nach dem Tode riechen. Das ist manchmal ein arg komischer Geruch, den es eigentlich auf der physischen Ebene gar nicht gibt. In dem Moment riechen dies nur Menschen, die einen Kontakt mit der verstorbenen Person haben – für andere bleibt es neutral. Oft habe ich diesen Geruch regelrecht als Gestank erfahren, dies wurde mir von vielen anderen Menschen schon bestätigt. Ob das nur ein Adaptionsfehler von 3D zu 4D oder 5D ist?

Viele Menschen berichteten mir, dass sie ihre ganze Familie mit Lüften, Schnuppern und Putzen regelrecht verrückt gemacht haben, aber immer die Einzigen waren, die etwas Derartiges gerochen haben.

Leiten wir zu angenehmeren Düften über. Düfte haben ja bekanntlich heilende Wirkungen, nicht umsonst gibt es die Aromatherapie. Diese Fähigkeit zur Heilung funktioniert ebenfalls auf der feinstofflichen Ebene. So können wir von der geistigen Welt Düfte gesandt bekommen, die uns im Moment beruhigen oder ansporne n, Mut machen oder in bestimmte heilende Prozesse führen. Wir können uns auch im Riechen üben, was für ein Duft uns seelisch oder auch körperlich guttut, indem wir uns geistig darauf einstellen und darum bitten.

Da es Düfte auch von Speisen oder Früchten sein können, können Hellriechen und Hellschmecken hierbei Hand in Hand gehen.

Der vierte Sinn: Hellschmecken

Das Hellschmecken klingt erst einmal ungewohnt, lustig. Wozu soll man das denn brauchen? Was ist das?

Wo schmecken wir, ohne unsere Zunge zu gebrauchen? Beim Kochen! Jeder Vier-Sterne-Koch ist stark medial, sonst könnte er nicht so geniale Gerichte kreieren. Wirklich gutes Kochen ist Kunst, ist Kreativität, und damit mediales Arbeiten. So schmeckst du, ohne kosten zu müssen, dass in die Soße noch ein Schuss Weißwein gehört oder im Salat eine Prise Salz fehlt. Alle, die gut kochen können und nie dabei kosten, sind garantiert hellschmeckend. Diese Fähigkeit ist also sehr nützlich und gar nicht so weit hergeholt, wie angenommen.

Vielleicht kennst du aber auch Folgendes: Du hast plötzlich wie aus heiterem Himmel einen Geschmack im Munde, vielleicht völlig aus dem Zusammenhang gerissen, bei deiner Buchführung oder beim Spazierengehen – den Geschmack von deinem Lieblingsgericht oder einer Speise, die du ewig nicht mehr gegessen hast. Das können Hinweise aus der geistigen Welt sein, diese Nahrung mal wieder zu dir zu nehmen, weil sie dir guttut.

Diese Fähigkeit kann uns auch sehr nützlich sein, wenn wir krank sind. Uns innerlich einzustimmen und nachzufühlen, worauf wir denn gerade Appetit haben, oder einfach, welche Speise zu unserer Gesundung beitragen könnte, ist besser als jede verordnete Medizin.

Zu guter Letzt möchte ich noch von einem Beispiel berichten, welches nicht so häufig auftritt, aber ebenso bemerkenswert ist.

In einem Bericht las ich von einem russischen Mann, der die Fähigkeit besaß, sich auf alle Gerichte und Speisen so medial einzustimmen, dass er sie hellschmeckend genießen konnte. Ihm war es also möglich, sich in die Küchen oder Speisezimmer anderer Menschen energetisch einzuklinken und hellschmeckend am Essen derer teilzuhaben. Vielleicht ist das ja für alle Menschen eine Alternative, die sich auf Lichtnahrung umstellen wollen, aber die sinnliche Freude des Essens, des Geschmackes nicht aufgeben wollen …

Der fünfte Sinn: Hellfühlen und Hellwissen

Hellfühlen geht einher mit Hellwissen. Warum, das wird im übernächsten Kapitel ausführlich erklärt. Erst einmal möchte ich auf diese Sinneswahrnehmung genauso wie auf die vier anderen, vorher angeführten eingehen.

Sicher kennst du das Gefühl, plötzlich berührt zu werden, obwohl niemand sichtbar anwesend ist. Oder du spürst in einem völlig windstillen Raum, in dem sich kein Lüftchen bewegt, einen Windhauch. Als Autofahrer oder -fahrerin ist dir eventuell das Gefühl vertraut, spontan während der Autofahrt zu bremsen – eigentlich hast du keine Ahnung, warum. Aber diese Handlung bestätigt sich meistens: Du bist dem vor dir liegenden Unfall glücklich entkommen oder hast deshalb dem Wildschwein mitten auf der Straße noch ausweichen können. Oder du folgst deiner Eingebung, an diesem Tag überhaupt nicht mehr das Haus zu verlassen und Auto zu fahren. Im Nachhinein erfährst du, dass das einen triftigen Grund hatte. Hierbei handelt es sich um Hellfühlen auf der äußeren Ebene.

Aber es gibt genauso die innere Ebene. So haben beispielsweise viele Menschen bei der Jungfernfahrt der *Titanic* berichtet, dass sie so ein ungutes Gefühl beim Antritt der Reise hatten und ihr Ticket zurückgaben – obwohl es ein Privileg war, mit der *Titanic* zu reisen. Dass diese Seereise tragisch endete, ist uns allen hinreichend bekannt. Somit hat die Fähigkeit des Hellfühlens diesen Passagieren das Leben gerettet. Genauso kann es sich bei einer Bewerbung für einen Job oder zu einem Casting verhalten. Du hast sofort ein ungutes Gefühl, und nach Wochen erhältst du dann die Bestätigung dafür – du bist abgelehnt worden. Alle, die in Bankgeschäften Routine haben, kennen vielleicht das Zögern, Geld in Aktien anzulegen. Auch diesem Gefühl sollte man trauen, um sein Geld nicht in den Sand zu setzen. Genauso können besorgte Mütter, deren Kind vielleicht gerade im Garten vom Klettergerüst gefallen ist, ganz unruhig werden und deshalb nach draußen gehen, um nachzusehen, ob irgendetwas passiert ist.

Aber es kann auch ganz im Positiven sein. Die Ahnung, sich bei genau der richtigen Stelle für den neuen Job zu bewerben oder spontan die Freundin in Wiesbaden zu besuchen, ohne vorher angerufen zu haben. So bin ich eines Morgens in aller Frühe aufgewacht, und mein erstes spontanes Gefühl war, dass mein Sohn, der eine 21-stündige Flugreise hinter sich hatte, gut angekommen ist. Fröhlich rief ich meine E-Mails ab und las von seiner glücklichen Ankunft.

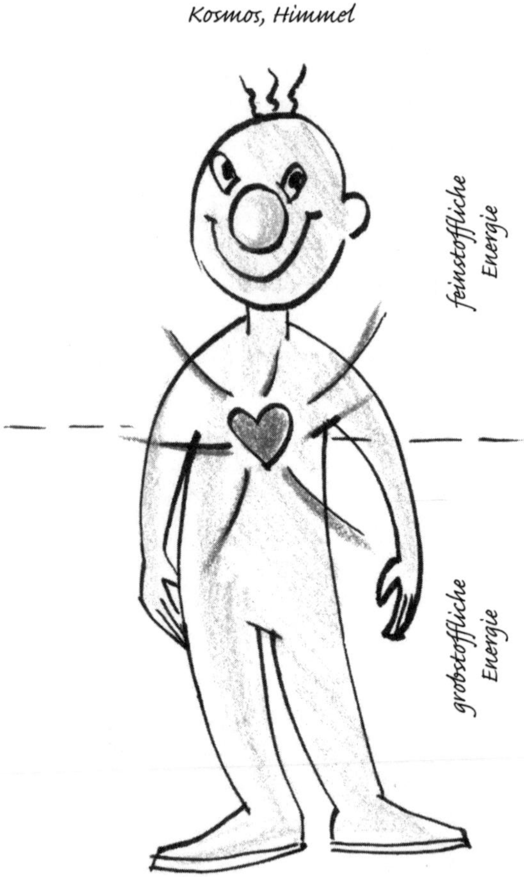

Die Analogie von feinstofflicher und grobstofflicher Energie
im Universum und im Körper

6. Hellfühlen – unsere eigentliche Intelligenz

Das Hellfühlen spielt in unserer menschlichen Entwicklung eine zentrale Rolle. Deswegen widme ich dieser medialen Fähigkeit ein weiteres ausführliches Kapitel.

Viele kennen den Begriff »die Intelligenz des Herzens«, und bekanntlich fühlen wir ja über das Herz. Hellfühlen und Hellwissen gehen Hand in Hand ineinander über.

Jeder spirituelle Meister spricht davon, dass es das Ziel jeder menschlichen Entwicklung ist, die Herzensqualität zu vervollkommnen. Warum? Wenn wir in unser Fühlen kommen, lösen wir uns aus der Dualität, können wir das große Ganze, die göttliche Einheit wahrnehmen und mit ihr verschmelzen. Über das Fühlen kommen wir in das Verschmelzen mit allem, wonach wir uns schon ewig sehnen. Unser Herz verbindet beide Energien miteinander – die grobstoffliche Energie der Erde und die feinstoffliche Energie des Kosmos. Das ist das Besondere am Herzen, aus dem sich auch die besagte spirituelle Bedeutung ergibt, die dem Herzen zugeschrieben wird.
Auf diese Weise entfaltet sich auch unser Lichtkörper vollständig und wir haben die Chance, als wahrhaft göttliche Wesen aufzusteigen. Somit ist der Weg der Aktivierung und Herausbildung der eigenen Medialität auch der Weg der Lichtkörperentfaltung. Der sexuelle Liebesakt ist die Sehnsucht nach Verschmelzung im Kleinen. Das traditionelle Tantra ist ein Weg, um darüber hinaus zur göttlichen Verschmelzung zu kommen. Wenn wir uns jenseits von Dualität befinden, hört unser Denken auf. Das bedeutet aber nicht, dass wir dumm sind und nichts mehr mitkriegen, sondern dass wir endlich inneren Frieden erreicht haben, keine quälenden, immer umherkreisenden Gedanken uns plagen, die sowieso nie zu einer Lösung führen. Denken spaltet immer. Jenseits vom Denken, im Fühlen, spüren und erleben wir die Einheit mit allem. Wir sind mit dem ganzen Kosmos verbunden.

Somit spielt das Fühlen eine zentrale Rolle in unserem Leben, egal, ob wir uns dessen bewusst sind oder nicht. Wir können innerhalb des Fühlens oder auch Hellfühlens noch einmal drei verschiedene Ebenen unterscheiden:

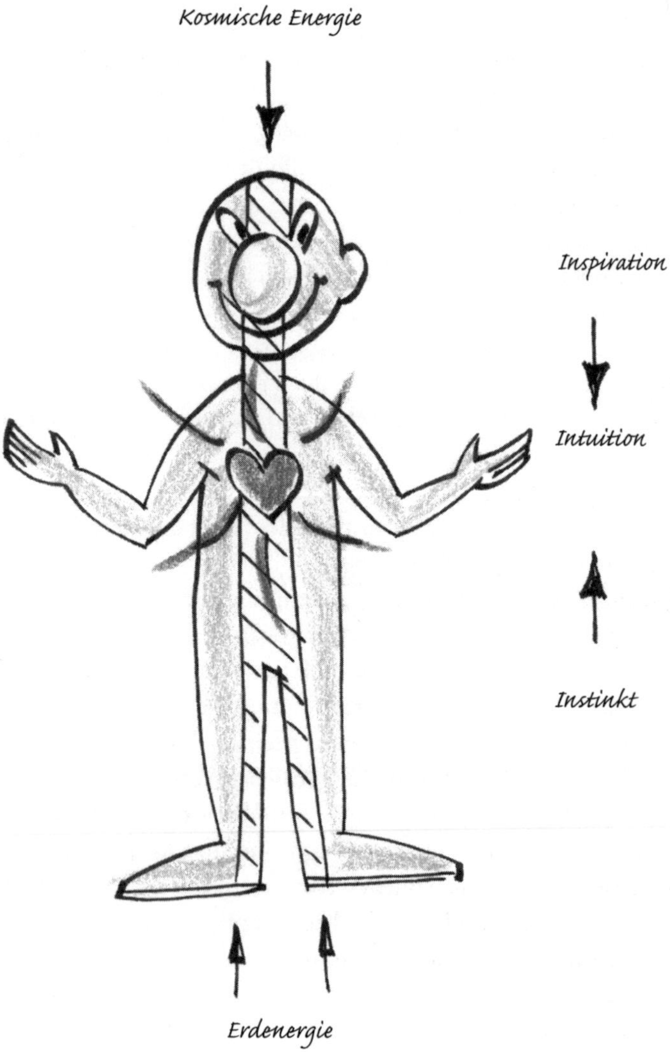

Die körperliche Entsprechung von Instinkt, Intuition und Inspiration

- *Instinkt*
- *Intuition*
- *Inspiration*

Alle drei Ebenen des Fühlens sind bestimmten Bereichen im Körper zugeordnet, wie wir anhand der Zeichnung erkennen können.

Auf diese Entsprechungen werde ich in den nächsten Kapiteln näher eingehen. Zuvor aber wollen wir uns der Intelligenz von wissenschaftlicher Seite her widmen. Ich möchte in diesem Zusammenhang zwei Begriffe aufgreifen, die dieses Thema angehen: Das ist einmal der **EQ – der Emotionale Quotient**, und im Gegensatz dazu der bekanntere **IQ – der Intelligenzquotient.**

Der IQ liegt in der Regel im Durchschnitt bei 100. Besonders begabte Menschen besitzen einen IQ von 130 oder darüber. Es gibt verschiedene Formen, einen IQ-Test durchzuführen. Meistens setzt er sich aus verschiedenen Operationen zusammen, die fast alle die linke, rationale Seite unseres Gehirns bedienen (also die männliche Seite). Aber kann so ein Test wirklich aussagen, ob eine Person intelligent ist? Was ist mit der weiblichen, emotionalen Seite unseres Gehirns? Welche Rolle spielt sie bei der Bewertung unserer Intelligenz? Mittlerweile wird auch diesem Teil des Menschen immer mehr Beachtung geschenkt und er hat einen Namen erhalten: Er drückt sich im EQ aus, dem Emotionalen Quotienten des Menschen.

Für den Emotionalen Quotienten können wir folgende Kriterien berücksichtigen:

- *Selbstbewusstsein*
- *Selbststeuerung*
- *Motivation*
- *Einfühlungsvermögen/Mitgefühl*
- *Soziale Kompetenz*
- *Kommunikationsfähigkeit*

Inzwischen beobachte ich mit Freude, dass diesen Qualitäten immer mehr Beachtung geschenkt wird. Wollen wir auf die genannten Kriterien näher eingehen.

Das Selbstbewusstsein können wir uns wortwörtlich ansehen. Sich seiner selbst bewusst sein, sich realistisch einschätzen zu können mit all seinen Stärken, Schwächen, Gefühlen und Bedürfnissen. Ebenso spielen die Klarheit über eigene Ziele und Motive eine Rolle, im körperlichen, geistigen und auch seelisch-spirituellen Bereich. **Die Selbststeuerung** geht mit dem Selbstbewusstsein einher. Sind wir uns unseres Selbst bewusst, ist es uns möglich, auch unsere Emotionen und Gefühle zu beobachten, konstruktiv auszusteuern und einzusetzen. Wir sind in der Lage, der Situation entsprechend angemessen zu reagieren und sind Herr oder Herrin unseres Selbst. Ebenso gehört zum EQ die **Fähigkeit, sich selber zu motivieren**, aus eigenem Antrieb heraus weiterzumachen, auch oder gerade in schwierigen Situationen oder Herausforderungen, anstatt aufzugeben oder in Depressionen zu verfallen. **Sozial kompetent zu sein**, das heißt, sich in einer sozialen Gruppe eingliedern zu können, gegebenenfalls die Führung übernehmen zu können und beziehungs- und konfliktbereit zu sein. Das ist nur möglich, wenn **Mitgefühl** und damit **Einfühlungsvermögen** anderen Menschen gegenüber vorhanden ist. Andere Menschen zu respektieren, auch in ihren Eigenarten, setzt ein höheres Bewusstsein voraus. Ein weiteres Werkzeug im sozialen Miteinander ist die **Kommunikationsfähigkeit.** Sich klar und eindeutig ausdrücken und Inhalte vermitteln zu können – aber auch aktiv zuzuhören und die Inhalte verstehen und einordnen können.

Das alles verbirgt sich also hinter dem EQ – dem Emotionalen Quotienten. Diese genannten Qualitäten entstammen hauptsächlich unserer rechten Gehirnhälfte, der weiblichen und emotionalen Seite.

Um verschiedene Qualitäten in einer Übersicht zu verdeutlichen und vergleichen zu können, habe ich die oben stehende kleine Tabelle angefertigt.

Interessant ist hierbei das große Thema Händigkeit.

Linkshänder haben einen leichteren Zugriff zu der emotionalen Seite des Gehirns als Rechtshänder, da ihre dominante Seite die rechte, also die intuitive ist.

Daraus ergibt sich die statistisch bewiesene Tatsache, dass sehr viele Künstler Linkshänder sind, die somit das ihnen eigene Naturell zu ihrem Beruf gemacht haben. Dasselbe könnten wir nun auch für Medien folgern, leider gibt es darüber aber keine offizielle Statistik.

Linke Gehirnhälfte Männliche Energie Rechtshänder	**Rechte Gehirnhälfte** Weibliche Energie Linkshänder
- Intellekt	- Intuition
- analytisches, logisch-sprachliches Denken	- synthetisches, ganzheitliches Denken
- linear, aufeinanderfolgend	- beziehungsreich, gleichzeitig
- Zeit	- Raum und Perspektive
- grammatikalisches Verständnis	- bildhafte Vorstellung
- Sprachzentrum	- körperliche Vorstellung im Raum
	- räumliche Orientierung
- sprachliche Sinnerfassung der Worte	- Melodiegedächtnis
- Wortschatz, insbesondere abstrakte Begriffe	- Erkennen von Tonhöhe und Tonfall in der Stimme
- rationales Herangehen	- Gefühlsverständnis

Vielleicht regen dich all diese Fakten dazu an, in einer stillen Minute einmal den Begriff »Intelligenz« ganz neu zu überdenken. Es wird Zeit, dass er überholt beziehungsweise erweitert wird!

Die rationale Seite ist also ein wichtiges Werkzeug – ein wahrhaft lebensnotwendiges, aber die Lebensqualität, das Lernen und Sich-Entwickeln entsteht erst durch unsere weibliche Energie der emotionalen Seite. Um das Fühlen und Hellfühlen in seiner Komplexität als unsere eigentliche Intelligenz noch stärker begreifen zu können, widmen wir uns nun den drei Ebenen des Fühlens: dem Instinkt, der Inspiration und der Intuition.

6.1 Der Instinkt

Unser Instinkt ist unser Trieb, der uns am Leben erhält. Es ist der animalische Teil in uns, ohne den wir nicht lebensfähig wären. Leider ist er durch unsere Zivilisation bei vielen Menschen ein wenig verkümmert; wo doch mittlerweile schon Kühlschränke mit Computern für uns mitdenken, feststellen, was fehlt, und uns dies dann selbstständig online bestellen. Früher knurrte einem noch der Magen und man wanderte dann instinktiv los, um sich etwas Essbares zu besorgen ... Der Instinkt ist der innere Trieb, der für unseren körperlichen Schutz nötig ist – der innere Antrieb,

Beispiel für instinktives Verhalten

der uns am Leben erhält und dafür sorgt, dass wir all das haben, was wir zum Überleben benötigen. Dazu zählen in erster Linie Essen, Trinken, ein Dach über dem Kopf, Schutz und Abwehr vor Feinden und/oder gefährlich werdenden Situationen, körperlicher Schutz zur Regulierung unseres Wärmehaushaltes, um nicht zu erfrieren oder auszutrocknen, und zu guter Letzt unsere Möglichkeit der Regeneration, des Schlafens. All diese Fähigkeiten besitzt jedes Tier, egal, ob es ein Zackenbarsch oder Flusskrokodil ist, eine Kreuzspinne oder eine Auster. Ohne ihren Instinkt würden Tiere nicht lange leben, dieser Trieb regelt ihren Tagesablauf.

Wir Menschen sind mit unserer Intelligenz manchmal, so finde ich, eher bestraft als belohnt. Denn sie steht uns oft mehr im Wege, als dass sie uns Nutzen bringt. Wir machen den Tag zur Nacht, quälen uns mit Diäten, anstatt etwas zu essen, oder nehmen lieber eine Aspirin-Tablette, anstatt etwas kürzerzutreten. Durch unseren Verstand, den ich nicht als unsere Intelligenz bezeichnen möchte, sondern nur als Denkwerkzeug, ignorieren wir all diese instinktiven Impulse und unterdrücken sie. Damit entfernen wir uns immer mehr von uns und wundern uns irgendwann, warum wir nicht glücklich sind, obwohl uns doch so viele Möglichkeiten offenstehen. Es ist wichtig, dass wir wieder lernen, diese instinktiven Kräfte zu aktivieren, denn um hoch hinaus zu wollen – was ja das menschliche Bestreben ist – müssen wir uns unserer Wurzeln bewusst sein. Sie sind die Basis. So ist auch ein guter Instinkt die Grundlage für eine gute Intuition.

6.2 Die Inspiration

Inspirationen sind Eingebungen. Es ist der göttliche Teil in uns. Der Teil in uns, der ewiglich mit dem Göttlichen in Verbindung steht und Zugang zu allem im Kosmos hat. Inspiration ist immer ein Hinweis auf unsere Verbundenheit mit der allwissenden Kraft, die auch in uns ruht und von der wir auch ein Teil sind.

Inspiration ist folglich der Vorgang, die Initiierung, die von außen kommt, also der mediale Vorgang, zu dem wir alle in der Lage sind, ohne dass es uns unbedingt bewusst sein muss.

Es sind also die Situationen im Leben, in denen wir plötzlich die Eingebung haben, schnell mal Onkel Rudolf anzurufen, um ihn einfach so mal wieder zum Kaffeetrinken am Sonnabend einzuladen. Beim leckeren Sahnetörtchen, welches er so liebt, erzählt er dann so nebenbei, dass er sein Auto abschaffen will, weil die Augen nicht mehr mitmachen, und fragt uns dann, ob wir nicht seinen, wenn auch schon sieben Jahre alten, aber tipp-topp gepflegten BMW haben möchten. Zum Glück sind wir der Eingebung gefolgt, denn unser alter Opel Corsa hat letzte Woche seinen Geist wirklich endgültig aufgegeben.

Künstler warten darauf, inspiriert zu werden, oder von der Muse geküsst zu werden, wie es so schön heißt. Oder unsere Inspiration kann uns an einen Ort führen, der für unseren Kopf keinen Sinn ergibt. So kam

Beispiel für eine Inspiration

zu einem von mir gehaltenen Reiki-Vortrag eine Schülerin, welche selbst Reiki-Meisterin ist. Ich freute mich, sie zu sehen, wunderte mich aber gleichzeitig, warum sie zu einem Einführungsabend über Reiki erschien. Auf meine Frage hin antwortete sie, dass sie sich das selbe auch gefragt habe, ihr sei eben danach gewesen. Einen Augenblick später kam eine Frau in ihrem Alter in den Vortragsraum und ging zögernd auf sie zu. Es war eine aus den Augen verlorene ehemalige Klassenkameradin, mit der sie früher eng befreundet gewesen war. Beide waren überglücklich, sich dank des Vortrages wiedergefunden zu haben. So kann unsere Inspiration Wunder vollbringen, wenn wir sie ernst nehmen, und unzählige Beispiele könnten an dieser Stelle folgen.

Zum Schluss noch eine Bemerkung: Eine gute Inspiration zu haben, setzt aber immer auch einen guten, oder nennen wir es ausgeprägten und nicht verkümmerten Instinkt voraus. Beides bedingt einander, denn der Instinkt ist die Voraussetzung für die Inspiration, genauso wie die Erdung die Voraussetzung für die Medialität ist.

6.3 Die Intuition

Die Intuition ist nun die Verbindung von beidem: Dem Instinkt und der Inspiration. Intuition kommt aus dem Herzen – das Herz verbindet die Eingebungen des Geistes und die Ideen des Kosmos, des Universums, in welchem wir eingebettet sind, mit dem instinktiven Urwissen in uns, um zu überleben. Somit ist Intuition tiefe Weisheit aus dem Herzen, die einen gesunden Instinkt und eine Offenheit für gute Inspiration voraussetzt.

Die Intuition macht uns zum Menschen, der aus einer Verbindung von Tier (dem Instinkt) und dem Göttlichen (Inspiration) besteht. Damit hat das Herz eine vermittelnde und verbindende Funktion.

Die Farbe Rosa, als Farbe des Herzens, verdeutlicht diese wichtige Funktion. Das Tierische, Instinktive in uns ist der Materie zugeordnet, der Erde. Es drückt sich in der Farbe Rot aus, wie unser Wurzelchakra. Unsere Inspiration ist dem Kosmos zugeordnet, dem Himmel, und verkörpert die Farbe Weiß.

Mischen wir nun beide Farben, so ergibt sich daraus Rosa – die Farbe des Herzens.

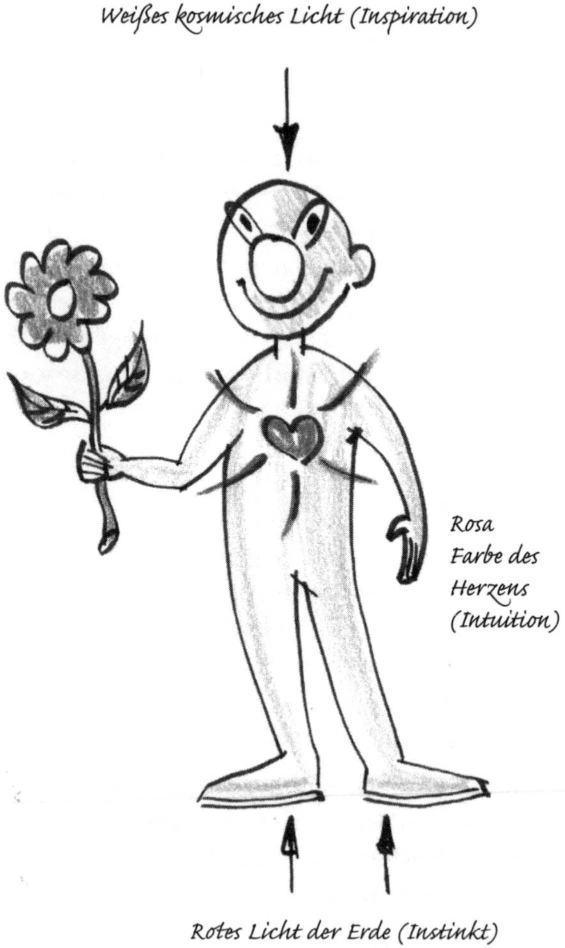

Das Zusammenspiel der Farben des Kosmos und der Erde
zur Herzensfarbe

Wenn Menschen von einer guten Intuition sprechen, wird es manchmal gleichgesetzt mit den Fähigkeiten der Medialität. Das stimmt nicht ganz, wie wir nun erkannt haben. Auf jeden Fall hat Intuition sehr viel mit Medialität zu tun, oder anders ausgedrückt, Menschen, die eine gute Intuition haben, sind auch medial, ohne dass sie dies vielleicht wissen. Intuition besteht also aus der Fähigkeit der Inspiration, also sehr wohl der göttlichen Eingebung, der Medialität, die aber gepaart ist mit der Fähigkeit des Instinktes, des Für-uns-selber-sorgen-Könnens. Das ist die Vollendung. Damit haben wir unsere Herzensqualität voll ausgeprägt und sind vollständig in unserer Verantwortung für uns selbst. Wir sorgen also für uns auf allen Ebenen: Wir lassen uns inspirieren, sind also offen für alle wohlwollenden Hilfen aus der geistigen Welt – sind aber gleichzeitig parallel immer in der Überprüfung, ob es auch für uns das Richtige ist, es uns guttut oder wir diese geistigen, kosmischen Angebote überhaupt wollen. Wir sind damit nicht willenlos der Inspiration ausgeliefert, sind nicht Opfer unserer eigenen Medialität, sondern nutzen weise unseren freien Willen, um unser Leben kreativ mit Hilfe der geistigen Welt konstruktiv zu gestalten und zu meistern.

Fazit:
Damit wird klar, dass das Fühlen sowie die verfeinerte Form, das Hellfühlen, unsere eigentliche Intelligenz ausmacht. Denn unabhängig von allen wissenschaftlich aufgeführten Kriterien sagt uns unser gesunder Menschenverstand, dass wir dann intelligent sind, wenn wir überleben können und hundertprozentig für uns sorgen können, sodass es uns gut geht! Wie können wir dies also besser als in der Vollendung unserer Herzensqualität?

7. Verschiedene Ausprägungen beim medialen Empfangen

Oft werde ich gefragt, welcher der fünf feinstofflichen Sinne denn nun der typische beim Empfangen von Botschaften ist. Die Frage kann wieder in Analogie mit dem grobstofflichen Körper beantwortet werden: Genauso wie es Menschen gibt, die akustische, optische oder motorische Typen sind, was ihre Sinnesaufnahme und ihr Lernverhalten betrifft, gibt es in der medialen Kommunikation auch unterschiedliche Typen. So sind die einen verstärkt hellsichtig, das heißt, sie empfangen Bilder, und die anderen eher hellfühlend beziehungsweise -wissend, erhalten also über ihr Gefühl Impulse zum Handeln.

In einem meiner Basisseminare hatte ich eine Seminarteilnehmerin, die ganz extrem hellriechend war. Natürlich war es zuerst schwer für sie, diese Gerüche richtig in Botschaften zu übersetzen. Botschaften, die beispielsweise bejahend, Mut machend waren, empfing sie als Blumenduft oder leckere Speisedüfte – je nach Thema. Bedrohliche Situationen, verneinende Antworten hingegen zeigten sich bei ihr durch den brenzligen Geruch von Feuer, Verwesungsgeruch oder anderem Gestank.

Natürlich gibt es auch Menschen, die ganz klare Sätze hören und dazu auch die Ausdrucksweise der Sprache, verbunden mit dem Gefühl, ob es streng, liebevoll oder aufmunternd gesagt wurde. Oft geht Hellhören mit Hellfühlen einher.

Da wir Menschen aber alle fünf feinstofflichen Sinne zu Verfügung haben, ist es einfach eine Frage der Übung, alle fünf Sinne weiter zu trainieren.

Ein gutes Medium arbeitet mit all diesen Sinnen und empfängt die Botschaften genau auf diese Weise beziehungsweise in der Sprache, wie es die Person, für die die Botschaft bestimmt ist, am besten verstehen und aufnehmen kann. Das heißt, wenn die Person klare Worte braucht, kommt die Botschaft hellhörend als Satz oder in mehreren Sätzen. Für eine Person hingegen, die ein sehr optischer Typ ist und über ein gutes bildliches Vorstellungsvermögen verfügt, erhält das Medium die Botschaften in Bildern – vielleicht in Symbolen als eine Art Bildersprache.

Ziel ist es also, alle Sinne gleichermaßen gut auszuprägen, damit wir exakte und hilfreiche Botschaften empfangen können und die Medialität uns eine praktische Lebenshilfe sein kann.

8. Wie funktioniert Medialität?

8.1 Die Synthese von Wissenschaft und Bewusstsein

Um genau zu verstehen, wie Medialität funktioniert, müssen wir ein wenig ausholen und uns mit den verschiedenen Körpern beschäftigen. Es gilt, einige Begriffe zu klären, um eine gemeinsame Terminologie zu finden.

Entscheidend hierbei ist, dass wir uns mit dem Thema Medialität in eine Realität begeben, die außerhalb der dreidimensionalen Vorstellung liegt. Hinzu kommt noch, dass ein Buch, und erst recht die Grafiken in diesem Buch, sogar nur zweidimensional dargestellt werden können. Damit hinken die Modelle, anhand derer ich die Medialität zu erklären versuche, immer hinterher. Jedes Modell bleibt damit ein Modell, ist eine Vereinfachung zum Verstehen des Wesentlichen.

Die Quantenphysik ist schon nahe am Ziel, mediale Prozesse von der wissenschaftlichen Seite her zu erklären, aber eben nur nahe dran. Ich möchte an dieser Stelle Albert Einstein – den ich persönlich sehr wertschätze – zitieren, da er in seiner wissenschaftlichen Arbeit immer nach einer Synthese von Wissenschaft und Bewusstsein der Seele gestrebt hat. Albert Einstein sagte einst:

»Immer, wenn wir als Wissenschaftler glauben, wir haben die letzte Sprosse der Leiter in unseren wissenschaftlichen Erkenntnissen erreicht und können triumphieren, dann blickt uns die Religion auf der anderen Seite entgegen.«

Dieser Satz drückt alles über die Komplexität des Themas in einfachen Worten aus, also auch über die Medialität. Es kann keine hundertprozentige wissenschaftliche Erklärung für den Ablauf der Medialität geben.

Wissenschaft ist Struktur, ist das Rationale – das Yang, das männliche Prinzip.

Meditation und Bewusstsein hingegen sind die Form des intensiven erlebten Wissens, sind das Intuitive – das Yin, das weibliche Prinzip.

Yin und Yang als Zeichen der Dualität und Verschmelzung

Somit kann es auch keine hundertprozentig intuitive Erklärung für den Ablauf geben. Nach dem kosmischen Gesetz der Dualität hier auf der Erde muss uns bewusst werden, dass genauso, wie wir Menschen eine Einheit aus innerem Mann und innerer Frau darstellen (was wir uns im vorigen Kapitel anhand der beiden Gehirnhälften verdeutlicht haben), allem ein weibliches und ein männliches Prinzip innewohnt. Auch das kommt in Einsteins Satz zum Ausdruck.

Ebenso habe ich in meinem Buch versucht, eine gewisse Struktur durch einen klaren Aufbau des Buches zu erstellen, welche das männliche Prinzip verkörpert. Die vielen aus dem Leben gegriffenen Beispiele und Anregungen hingegen, die den einzelnen Kapiteln zugeordnet sind, vertreten das weibliche Prinzip, das Erleben.

Ein Modell ist also erst dann zu begreifen, wenn wir über das rationale Verstehen zum Erleben kommen. Durch Absolvieren der praktischen Übungen kommen dann Yin und Yang zusammen und eine Einheit bildet sich. Der Kreis schließt sich. So funktioniert Lernen …

Die im Buch aufgeführten Modelle sind Modelle zum allgemeinen Verständnis. Ich bin keine Physikerin und auch keine Biologin und möchte nicht mit Fachbegriffen um mich werfen. Aber weil ich von der »anderen Seite der Leiter« komme und lebenslange Erfahrung mit Medialität besitze, bin ich interessiert, was die Quantenphysik oder die Mikrobiologie dazu sagt.

Mein Wissen ist gelebtes Wissen und tiefes Erfahren. Jeder Mensch, der viel meditiert, sich auf den bloßen Seins-Zustand seines Daseins einlässt und bereit ist zu lernen, um sein Bewusstsein zu erweitern, hat die Chance, diese Dinge am eigenen Leibe, Geiste und der Seele zu erfahren.

Deshalb meine große Bitte an dieser Stelle: Stoße dich nicht an einem immer hinkenden zweidimensionalen Modell, sondern öffne dein Herz genauso wie deinen Verstand, um auf diese Weise die Abläufe zu begreifen.

8.2 Die Analogie von grobstofflichen und feinstofflichen Körpern

Alles, was wir tun, denken und fühlen, hat eine körperliche, also grobstoffliche Entsprechung und zeigt sich ebenfalls in dem feinstofflichen Körper, getreu dem kosmischen Gesetz der Analogie. Ich möchte an dieser Stelle eine entsprechende Analogie anbringen zwecks der **Verbindung von Körper, Geist und Seele.**

Körper	Handeln
Geist	Denken
Seele	Fühlen

Wollen wir uns die einzelnen Entsprechungen von Körper, Geist und Seele in ihrer Komplexität genauer ansehen.

8.2.1 Körperliche grobstoffliche Abläufe

Körperliche grobstoffliche Abläufe sind biologische Abläufe, die in unserem physischen Körper sichtbar sind. Sie können wissenschaftlich gemessen und nachgewiesen werden. Wir wollen sie entsprechend unserer Aufteilung von Körper, Geist und Seele in folgende analoge Bereiche untergliedern:

a) Das Handeln
b) Das Denken
c) Das Er-Fühlen und Tasten

Diese Bereiche möchte ich nun tabellarisch näher erläutern, um darzulegen, welche rein körperlichen, biologisch hormonellen und biochemischen Prozesse sich dahinter verbergen.

a) **Das Handeln**
· vorrangige Aktivierung des physischen Körpers
· Benutzung der Muskeln und Sehnen

· Beanspruchung des Knochenapparates
· Erhöhung der Pulsfrequenz
· erhöhte Atemfrequenz
· verstärkte Durchblutung der Muskulatur
· Fettverbrennung
· gegebenenfalls Abbau von Blutreserven aus der Milz, zeigt sich durch Seitenstechen

b) Das Denken
· vorrangige Gehirntätigkeit
· verstärkte Durchblutung des Gehirns für geistige Arbeit
· Erweiterung der Gehirnfunktion
· Passivität des Bewegungsapparates, damit Energiezufuhr für geistige Arbeit möglich ist

c) **Das Er-Fühlen und Tasten**
· Auslösung von Reizen vom Außen auf das Nervensystem
· Reaktion der Haut auf Reize von außen als Schutzmaßnahme
    · Pigmentbildung bei Sonneneinstrahlung
    · Aufrichten der Härchen bei Gefahr (Gänsehaut)
    · Zusammenziehen der Haut bei Kälte
· Aktivierung der Synapsen zur Reizweiterleitung an das Zentrale Nervensystem (ZNS)
· bei Reizüberflutung Abbruch der Reizübertragung zum Schutz
· Ausschüttung von *Hormonen,* die durch bestimmte äußere Umstände hervorgerufen werden, wie zum Beispiel:
    · Begegnung mit einem schönen oder liebenswürdigen Menschen
    · Gefahrensituation
    · Prüfung usw.

Diese Hormone in den verschiedenen Situation sind:

· Stresssituationen	Adrenalin
· Glückszustände	Serotonin, Dopamin
· depressive Zustände	Cortisol
· Tatendrang und Mut	Testosteron
· Emotionen wie Hass, Wut	Testosteron, Adrenalin

· Verliebtsein, Euphorie	Testosteron, Adrenalin
· Trauer (je nachdem:)	Adrenalin, Cortisol

8.2.2 Die feinstofflichen Entsprechungen

Analog zu den drei Bereichen auf der körperlichen Ebene wollen wir uns nun die feinstofflichen Entsprechungen der drei feinstofflichen Bereiche ansehen. Wenn wir uns auf die feinstoffliche Ebene begeben, müssen wir zuerst eine weitere Unterscheidung machen: Das Fühlen gilt es nochmals in zwei verschiedene Bereiche zu untergliedern:

a) Die Gefühle
b) Die Emotionen

Diese Entscheidung ist wichtig, denn das feinstoffliche Abbild von Gefühlen ist dem Abbild der Emotionen völlig entgegengesetzt. Wollen wir hierzu näher definieren, was Gefühle und was Emotionen sind.

Gefühle

Das Gefühl ist das innere Erleben von Liebe, Mitgefühl und von stiller Trauer.

Trauer ist ein Grenzfall. Wenn Trauer ins Drama geht, gehört sie zu den Emotionen. Das Gefühl ist mit der Herausbildung unserer Herzensqualität verbunden. Die Fähigkeit beginnt bei dem Gefühl zu sich selber und weitet sich zu den Mitmenschen, Tieren und Pflanzen aus, bis zur unpersönlichen bedingungslosen göttlichen Liebe, die alle Grenzen verschwinden lässt. Gefühle zu leben ist nur möglich, wenn wir in uns ruhen und aus unserer Mitte heraus agieren. Sie setzen ein gewisses Maß an Bewusstsein voraus.

Emotionen

Bei allen anderen Gemütsschwankungen, wie Euphorie, Hass, Ärger, Wut, Verzweiflung oder überschwängliche Freude, sprechen wir von Emotionen.

Es sind immer Gemütsausbrüche, die uns aus der Balance geraten lassen und uns nicht mehr aus dem Gefühl heraus agieren lassen. Emotionen können nur entstehen, wenn wir nicht in uns ruhen, die Kontrolle verlieren und uns das nötige Bewusstsein hierfür fehlt.

Mit diesem neuen Wissen verbunden, schauen wir uns nun an, wie die energetischen Entsprechungen aussehen.

a) Das Handeln

- Die körperliche Aktivität verlagert das Energiefeld des Körpers in den unteren Bereich des Energiekörpers
- Verdichtung der feinstofflichen Energie im grobstofflichen Körper
- Energiekörper sind mit dem physischen Körper optimal verbunden; damit sind wir vollständig inkarniert

Qualitäten:	*gute Erdung, Bodenhaftung, Stabilität, Vitalität*
Farbe:	*rot oder braun*
Auraform:	*wie ein Tropfen*

Aura eines Menschen beim Handeln

b) Denken

- Verlagerung der Energie in den oberen Bereich des Körpers um den Kopf herum
- der Bereich um Becken und Füße ist energetisch unterversorgt
- feinstofflicher Körper unter Umständen nicht richtig im grobstofflichen Körper drin
- feinstofflicher Körper schwebt eventuell ein Stück über dem grobstofflichen, nur bis zum Bauch im Körper

Qualitäten:	*instabil, ätherisch, Erdung fehlt*
Farbe:	*blau oder türkis*
Auraform:	*wie ein Pilz*

Aura eines Menschen beim Denken

c) Emotionen

· Energie ist wirr um den physischen Körper verteilt
· Energie nicht gebündelt
· Erdung fehlt, aufgeblasene Aura ist Täuschungsmanöver
· Implosion der Aura möglich und Zusammenziehen bei Angst
· unzählige Möglichkeiten durch verschiedenste Emotionen

Qualitäten:	*instabil, aufgeblasen, scheinbar mächtig*
Farbe:	*grau, schmutzig dunkel, schwarzrot oder graublau (je nach Emotion)*
Auraform:	*ungleichmäßig, zerrissen, mit Zacken oder Löchern, mit energetischen Fangarmen usw.*

Aura eines Menschen, der nach außen hin aggressiv ist, ohne es auf eine bestimmte Person zu beziehen

Aura eines Menschen in Wut, der sich aufbläst (»heiße Luft«)

Aura eines Menschen, der eine andere Person speziell angreift und manipulieren, beherrschen und unterdrücken will

d) Gefühle

- Verlagerung der Energie in die Mitte des Körpers, auf das Herzchakra
- Aktivierung der Herzensenergie, diese strahlt und pulsiert zentral durch den ganzen Körper
- breiteste Stelle im Herzbereich

Qualitäten:	*kraftvoll, vital, transformierend*
Farbe:	*weiß, grün oder bunt und ausgewogen*
Auraform:	*wie ein Ei, ideale Auraform*

Aura eines Menschen im Fühlen (Idealform der Aura)

Wie schon im vorigen Kapitel 6 *»Hellfühlen – unsere eigentliche Intelligenz«* angesprochen wurde, sind Körper und Geist Werkzeuge, um unsere Seele zu entwickeln. Somit ist Denken ein Werkzeug, welches von unserem Herzen regiert werden sollte und nicht andersherum. Dieses Herzensresultat wiederum kann dann vom Körper in die entsprechende Handlung umgesetzt werden. Damit hat das Fühlen die Oberhand. Ist ein Mensch also ausgeglichen, sind Fühlen, Denken und Handeln im Einklang. Anders gesagt gilt dann die bekannte Formulierung: Harmonie von Körper, Geist und Seele. Das ist in der Aura als ovale Idealform sichtbar.

Unabhängig von der Grundstruktur des Menschen werden die feinstofflichen Körper und damit das Aurafeld von dem geprägt, was der Mensch gerade verstärkt tut. So entstehen die unterschiedlichen Formen der Aura. Es gibt aber eine Grundstruktur, die mit dem Charakter, also der typischen Art des Menschen, einhergeht. Diese Grundstruktur hat mit den Neigungen zu tun, die der Mensch sich dann hoffentlich zu seinem Beruf gemacht hat.

So hat ein Wissenschaftler von Berufs wegen ein anderes Aurafeld als ein Fitnesstrainer, ein Schreiner oder ein Priester.

8.3 Die Energiekörper des Menschen

Wie entstehen nun diese eben beschriebenen Aurabilder um einen Menschen?

> **Jeder Mensch sendet bei all seinem Handeln, Denken und Fühlen verschieden frequentierte elektromagnetische Schwingungen aus. Diese Schwingungen werden von den Zellen des grobstofflichen Körpers ausgesendet und bilden somit den feinstofflichen Energiekörper.**

Viele kennen diesen Energiekörper oder dieses Energiefeld unter dem Begriff Aura. Im Volksmund wird auch von der Ausstrahlung gesprochen, die eine Person hat. Dieser Begriff trifft es sehr gut, da die Frequenz ja tatsächlich ausgestrahlt wird.

Dieser Prozess betrifft aber nicht nur uns Menschen, sondern alle Lebewesen – vom Mineral, das genauso ein Bewusstsein und eine Seele hat, über Pflanzen und Einzeller bis hin zur Tierwelt. Alle Lebewesen senden also mit ihrem täglichen Dasein elektromagnetische Schwingungen aus.

Diese Ausstrahlung ist unbegrenzt in ihrer Ausdehnung. Sie hat aber wiederum verschiedene Verdichtungen innerhalb des feinstofflichen Körpers. Diese unterschiedlichen Verdichtungen machen die unterschiedlichen Energiekörper aus, denen wiederum unterschiedliche Funktionen zugeordnet sind und die im Folgenden näher erläutert werden.

Ganz im Unterschied zur Materie und zum grobstofflichen, physischen Körper, den wir alle besitzen und der klar mit einem Anfang und Ende abgegrenzt ist, gibt es bei den feinstofflichen Körpern fließende Übergänge, sodass eine klare Abgrenzung nicht definiert werden kann. So sind die feinstofflichen Körper zwar auch bestimmten einzelnen Funktionen zugeordnet, aber sie überlappen sich. Wir können es uns so vorstellen, als wenn sie verschachtelt werden. Damit sind sie übereinander gelagert und beeinflussen sich gegenseitig.

Die Auflistung, die nun folgt, kann nur eine dreidimensionale Erklärung sein. Das erklärt auch, warum in vielen Büchern Unterschiedliches über die Energiekörper steht. Dazu noch eine kleine Geschichte.

In meiner Ausbildung werden auch die Energiekörper behandelt, da sie ja eine wichtige Grundlage für das Verständnis der feinstofflichen Abläufe im menschlichen Körper darstellen. Ich begann eine dieser Unterrichtseinheiten wie immer damit, die Runde zu fragen, ob es noch Fragen vom letzten Mal gäbe. Da ergriff eine meiner Schülerinnen das Wort und erzählte ein wenig verärgert, dass sie nach dem letzten Mal völlig verwirrt war und erst einmal gar nicht mehr wusste, wie die Energiekörper aufgebaut sind. Gleich am nächsten Tag wollte sie sich darüber ein Buch kaufen. Leider war sie hinterher noch verwirrter, weil es da wieder ganz anders erklärt wurde, berichtete sie schließlich lachend.

Woran liegt das?

An dem Modellprinzip. Wir versuchen einen Zustand, der dreidimensional nicht zu erklären ist, weil er sich jenseits von der dritten Dimension befindet – nämlich in der vierten bis zur neunten Dimension – in der dritten Dimension zu erklären. Genau genommen geht das gar nicht. Diese

Erklärungsmodelle müssen also immer hinken. Ich versuche nun das Beste daraus zu machen und fange mit meinem Modell an:

Wir können den menschlichen Körper also in zwei große Gruppen untergliedern:

1. den grobstofflichen Körper
2. dic feinstofflichen Körper

Dem **grobstofflichen Körper** zugeordnet ist unser

- physischer Körper

Die **feinstofflichen Körper** können untergliedert werden in:

- ätherischer Körper
- emotionaler Körper
- Astralkörper
- geistiger oder mentaler Körper
- kausaler Körper
- spiritueller Körper
- allumfassender göttlicher Körper

Ich möchte an dieser Stelle noch eine weitere Analogie anbringen: die Verbindung zu Körper, Geist und Seele.

Wir können alle aufgezählten Körper auch dieser Dreiheit zuordnen:

Körper:

- der physische Körper
- der ätherische Körper

Geist:

- der ätherische Körper
- der emotionale oder Astralkörper
- der geistige oder mentale Körper
- der kausale Körper

Seele:

- der kausale Körper
- der spirituelle Körper
- der allumfassende göttliche Körper

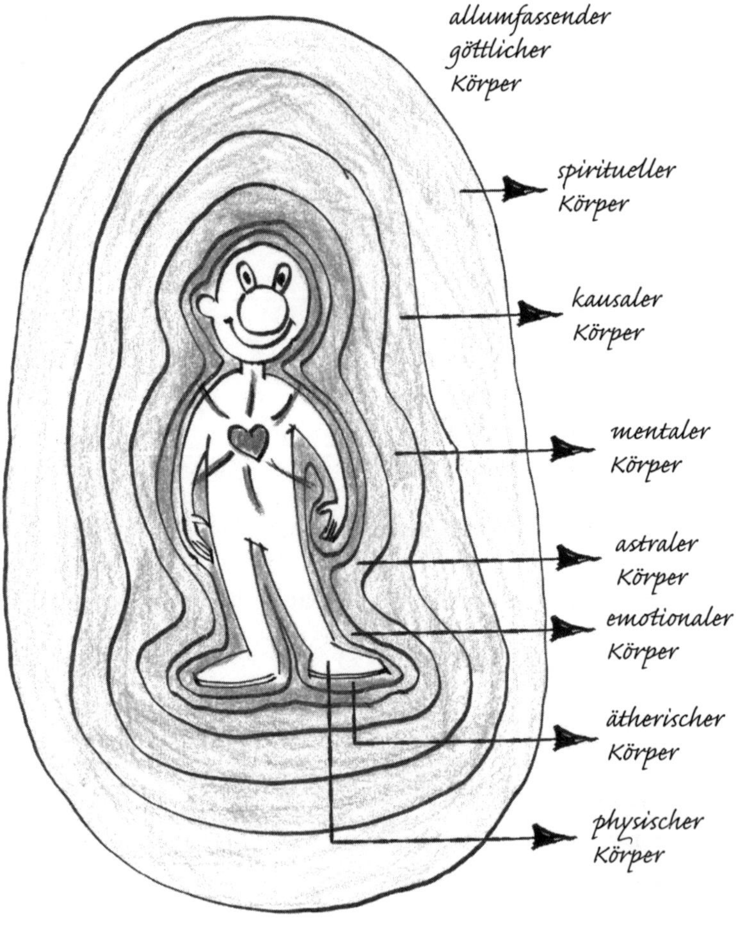

Die feinstofflichen Körper des Menschen

Nun wunderst du dich vielleicht, dass einige Energiekörper doppelt aufgeführt worden sind. Das sind die oben genannten Schnittstellen oder Überlappungsstellen, auch Interferenzen genannt. Der physische Körper kann ohne den ätherischen nicht sein und der ätherische ist durchaus gleichzeitig ein Speicher bei der Prägung des Geistes. Genauso wird der kausale Körper durch den Geist gespeist, wirkt aber sehr stark auf der Seelenebene des Menschen.

Bevor ich nun auf die jeweiligen Qualitäten der einzelnen Körper eingehe, möchte ich die unterschiedlichen Qualitäten von Körper, Geist und Seele näher beleuchten; das ist hilfreich zum weiteren Verstehen der einzelnen Körper und deren Zuordnung in die Systeme Körper, Geist und Seele.

Der Körper

Eigenschaft: starr

1.→ braucht sehr lange, bis er sich neuen Strukturen fügt und verändert werden kann
2.→ Unflexibilität schützt vor Krankheit, er federt vieles ab, auch Störungen des Geistes
3.→ Körper hinkt dem Geist und der Seele immer hinterher

Der Geist

Eigenschaft: beweglich, von starr bis frei

1.→ Bewusstsein prägt den Geist, entwickelt sich ständig, das ist Sinn jeglicher Inkarnation
2.→ geistige Erkenntnisse beeinflussen den Körper und die Seele, ein starrer Geist erzeugt auf Dauer einen kranken Körper
3.→ Je freier der Geist, desto höher das Bewusstsein

Die Seele

Eigenschaft: frei

1.→ sie bleibt frei, unabhängig von Körper und Geist
2.→ sie kann aber erst ihr vollständiges Potential in einem freien Geist entfalten
3.→ eine entfaltete Seele in einem freien Geist benötigt keinen Körper mehr

Der physische Körper

Der physische Körper ist unser Haus, unser Tempel, in dem unser Geist und unsere Seele wohnen.

Dessen sollten wir uns immer bewusst sein. Unser Körper ist ein biologisches Meisterwerk, dem die meisten Menschen viel zu wenig Achtung schenken. Da wird mal so eben schnell geduscht, Zähne putzen auch nur »husch, husch«, es ist ja schon so spät und man will ja nicht zu spät zur Arbeit kommen. Das Pausenbrot wird am besten am Computer verzehrt und übermüdet ist man sowieso, weil der Abend gestern mit den Kumpels nun auch mal wieder anstand. Schließlich will man ja nicht nur arbeiten im Leben … Kennen wir irgendwie, oder?

Das ist Raubbau, funktioniert eine Weile sogar recht gut, denn sogar das kann unser biologisches Meisterwerk, unser physischer Körper, eine gewisse Zeit abfedern und abpuffern! Ich möchte an dieser Stelle nicht den Gesundheitsapostel spielen und niemanden bekehren, aber ich möchte darauf hinweisen, dass mehr Wahrheit und Dankbarkeit gegenüber unserem Tempel Körper sehr nützlich sind.

Nur zu gut kenne ich die Aussage: »Wir sind Geist!« Natürlich, was interessiert uns dann unser Körper? Aber das ist falsch gedacht. Wir können nur unseren Geist zu Höchstleistungen bringen, wenn auch unserem Körper die nötige Achtung, Dankbarkeit, Zuwendung und Liebe gegeben wird. Das wirklich Geniale an unserem starren Körper ist – im Gegensatz zu unseren feinstofflichen Körpern –, dass er durch seine Starrheit so viel abfedern kann.

Wollen wir doch mal folgendes Gedankenspiel machen: Was wäre, wenn sich jeder Gedanke, der nicht in Liebe gedacht ist, jeder wütende, zornige, selbstzerstörerische Gedanke, verachtend, abwertend oder rachsüchtig, sofort manifestieren würde? Das wäre nicht auszudenken! Wir würden fast alle als kranke Krüppel umherlaufen! Es ist ein Glück, dass der Körper vieles eine Zeitlang abfedert. Ich betone: Eine Zeitlang! Irgendwann ist der Punkt erreicht, dann manifestiert sich der Gedanke. Das fängt im ätherischen Körper an, der dem physischen folgt.

So ist es auch zu verstehen, dass alternative Heilmethoden länger brauchen, bis sie ihre Wirkung im Körper zeigen können. Bis sich die positive, konstruktive Botschaft im Körper wieder manifestieren kann, dauert es mindestens ebenso lange. Eigentlich noch länger. Erschreckenderweise sind wir Menschen nachweislich für destruktive Botschaften dreimal so empfänglich und offen wie für konstruktive. Deshalb beruht positives Denken mit Affirmationen auf der stetigen Wiederholung der positiven, heilenden Botschaften, bis diese in den Körper gelangen können.

Der ätherische Körper

Der ätherische Körper ist zwar ein feinstofflicher Körper, aber er ist eine Art Weggefährte des physischen Körpers.

Er ist die unmittelbare Strahlkraft des physischen Körpers. Dieser Körper ist wie eine Art Mittler zwischen Grob- und Feinstofflichem.

Wenn der physische Körper stirbt, löst sich auch der ätherische Körper auf – im Gegensatz zu den anderen feinstofflichen Körpern, die weiterhin erhalten bleiben. Wenn der physische Körper krank ist, strahlt der ätherische Körper auch nicht so stark. Im Alter, wenn die körperliche Kraft eines Menschen nachlässt, ist dies auch an der schwachen Strahlungskraft des ätherischen Körpers zu erkennen. Über den ätherischen Körper können wir also schon erkennen, wo es Störungen im Körper gibt, obwohl diese noch längst nicht im physischen Körper ausgebrochen sein müssen. Aus vorher genanntem Grund kann der ätherische Körper wunderbar Aufschluss über den Gesundheitszustand des Menschen geben.

Wenn ein Mensch in sich ruht, sich in Meditation oder Entspannung befindet, weitet sich der ätherische Körper aus. Befindet man sich im Gegensatz dazu in Angst, unter Druck gesetzt oder ist im Stress, zieht er sich zusammen. Bei Schock kann er richtig in sich zusammenfallen. Ich glaube, daher kommt vielleicht die Redewendung »wie ein Häufchen Unglück«.

Wenn Menschen davon reden, die Aura eines anderen zu sehen, ist meistens dieser Körper gemeint, denn er ist am auffälligsten sichtbar. Somit ist der ätherische Körper eine Art Schutzmantel des physischen Körpers. Wenn wir uns in eine für uns brenzlige Situation begeben müssen, eine Prüfung, ein Vorstellungsgespräch oder ein unangenehmes klärendes Gespräch, holen wir instinktiv am Anfang tief Luft und blasen uns energetisch auf. Das ist nichts anderes, als unseren ätherischen Körper zu stärken, um die Situation erfolgreich zu meistern. Mit diesem Aufblasen dehnen wir uns energetisch aus und nehmen uns den Raum, den wir für das gewünschte Resultat brauchen.

Der emotionale Körper und der Astralkörper

Diese beiden Körper möchte ich zusammenfassen, weil sie einander bedingen und eigentlich nicht wirklich zu trennen sind. Der Emotionalkörper wiederum ist mit dem physischen Körper verbunden und breitet sich im Idealfall vollständig in ihm aus. Der Astralkörper ist hingegen größer als der Emotionalkörper, er umgibt unseren physischen Körper mit einer Schicht von circa einem halben Meter, je nachdem, wie der Mensch entwickelt ist. Er ist feinstofflicher als der emotionale Körper.

Wie der Name – Emotionalkörper – sagt, ist es der Körper, durch den wir in der Lage sind, Emotionen und Gefühle wahrzunehmen und zu leben. Manchmal wird er auch Gefühlskörper genannt.

Emotionen sind wichtig bei jeder Inkarnation in unserem Lernprozess, denn Emotionen lassen einen Impuls entstehen, der uns wiederum veranlasst, Dinge in Taten umzusetzen. Dabei ist es egal, ob die Taten konstruktiv oder destruktiv sind. Daraus resultierende Fehler rufen wiederum Emotionen, Impulse im Körper hervor, die uns zum Lernen animieren. Da wir aber nur über unseren physischen Körper fühlen können, wird damit der Zusammenhang von Gefühl, physischem und emotionalem Körper deutlich. Das ist das Geschenk der Materie an uns.

Der Astralkörper gibt uns Impulse zu unserem Instinkt, tierisch-animalischen Trieben wie sexuelle Lüste, Rache, Angriff oder Kampf zum Überleben. Daran sehen wir ebenfalls die starke Verbindung mit dem physischen Körper.

Mit unserem Astralkörper sind wir des Nachts unterwegs und können unsere Wünsche, Träume und Phantasien ausleben, je nach Bewusstseinszustand. Wir können ihn also auch unseren Traumkörper nennen, weil wir mit ihm in den astralen Welten des Nachts umherwandern und allerhand erleben. Unser physischer Körper bleibt davon unbeeinflusst und liegt still im Bett – auch wenn wir mit unserem Astralkörper wilde Dinge erleben. Damit der Astralkörper wieder zu unserem physischen Körper zurückfindet, ist er mit einer Silberschnur verbunden. Wir können sie uns wie eine Leine vorstellen, an der wir jederzeit sicher zurückgehen können – wie Höhlenforscher. Wenn sie sich an der Leine orientieren, kommen sie wieder zurück zum Anfang ihrer Reise.

Diese Silberschnur ist wie eine energetische Nabelschnur, die eine Verbindung zwischen dem grobstofflichen und den feinstofflichen

Körpern herstellt. Mit der Geburt wird sie gebildet, denn damit ist die Vereinigung der Seele und des Geistes mit diesem kleinen neuen Körper versiegelt, und mit dem Tode des Körpers löst sie sich innerhalb von drei Tagen wieder auf.

Der geistige oder mentale Körper

Der mentale Körper ist zuständig für alles, was wir denken beziehungsweise auf der geistigen Ebene leisten, darum wird er auch Geistkörper genannt.

Er schließt den emotionalen und astralen Körper mit ein und hat, je nach Persönlichkeit, eine Ausdehnung von circa einem Meter um unseren physischen Körper herum.

Über Intelligenz wird ja viel von wissenschaftlicher Seite spekuliert, ob nun der Aufbau unseres Gehirns dafür verantwortlich ist – unsere lieben kleinen grauen Zellen – oder unsere Erziehung, die soziale Prägung oder die genetische Disposition. An all diesen Dingen mag etwas dran sein, sie beeinflussen ohne Frage unsere Intelligenz. Unsere eigentliche Intelligenz aber steht im direkten Zusammenhang mit unserem Mentalkörper. Darum wird auch von Mentalkraft oder Mentaltraining, also geistigem Training gesprochen. Es hat nachweislich Fälle gegeben, in denen Menschen durch verschiedene Beeinflussungen ein völlig kaputtes Gehirn hatten und eigentlich schulmedizinisch hirntot waren. Eigentlich hätten sie tot sein müssen und gar nicht mehr am Leben sein dürfen. Der Medizin, die nur den physischen Körper anerkennt, war das Weiterleben ein Rätsel. Wenn wir nun aber unsere anderen feinstofflichen Körper mit in das System Mensch einbeziehen, wird uns klar, warum es funktioniert hat. Der Mentalkörper war sehr stark ausgeprägt und hat alle Funktionen übernommen. Bringen wir nun auch den Aspekt des Hellfühlens mit ins Spiel, vervollständigt sich das Bild von Intelligenz.

Unser physischer Bauplan wird auch zuerst im Mentalköper als eine Art Matrix angelegt. Genau genommen wachsen dann alle Lebewesen dort hinein. Wenn ein Samen gekeimt hat und erst das dritte Blättchen zum Vorschein kommt, ist der Mentalkörper schon als große ausgewachsene Pflanze präsent. Die Pflanze wächst dann nach diesem energetischen Bauplan in diese Matrix hinein.

So haben sich meine beiden Kinder noch vor der Zeugung bei mir gemeldet und mir gezeigt, wie sie später aussehen werden. Da sie ja ohne Frage zu der Zeit noch keinen physischen Körper besaßen, war es der geistige Bauplan, der Mentalkörper von ihnen, den ich sah. Es war beide Male die Matrix eines jungen Mannes. Beide Söhne wachsen in die jeweilige Matrix nun Stück für Stück hinein und werden ihrem Abbild immer ähnlicher.

Es gibt unzählige Bücher und Techniken zum Entwickeln und Entfalten der Mentalkraft. Allerdings wird Unterschiedliches darunter verstanden, da wir natürlich mental viel bewegen und verändern können, innerhalb der Licht- wie der Schattenseite. Insofern gehört auch die Fähigkeit der Magie, sei es nun weiße oder schwarze, in den Bereich des Mentalen. Der Ausspruch »Wir sind Geist« bezieht sich auf die große Fähigkeit der Mentalkraft und das Bewusstsein, mental schöpfen zu können. Schöpfen ist immer Magie.

Aber genauso ist unsere geistige Fitness und Flexibilität abhängig von der Ausprägung und Entfaltung unseres Mentalkörpers. Je bewusster wir sind, umso freier ist unser Geist, der sich im Mentalkörper widerspiegelt. Vergleiche dazu die vorgenannte Tabelle über die Freiheit und Unfreiheit des Geistes.

Alle unsere Programmierungen – seien sie nun hilfreich, konstruktiv oder zerstörerisch und richten sich gegen uns selber – sind in unserem Mentalkörper gespeichert. Dieser wirkt mit seiner Codierung jenseits von Raum und Zeit. So können wir beispielsweise keinen ersichtlichen Grund in diesem Leben erkennen, warum wir zur Kirche ein gespaltenes Verhältnis haben, ist es doch eine Programmierung, die schon viele hundert Jahre früher in einem anderen Leben stattgefunden hat. Da wir unseren Energiekörper bei der nächsten Inkarnation mitnehmen, wirken die Botschaften natürlich so lange, bis sie gelöscht oder umgewandelt werden. Somit wird in der Reinkarnationstherapie beispielsweise sehr viel über den Mentalkörper gearbeitet. Arbeiten wir mit Glaubensmustern an der Auflösung von alten Verhaltensstrukturen, dann arbeiten wir mit unserem Mentalkörper. Jegliches Lernen, Speichern von Erfahrungen, von Wissen, wird im Mentalkörper gespeichert. Das ist der Grund, warum wir erlerntes Wissen nie vergessen können, nicht in diesem Leben und auch nicht über Leben hinweg.

Vielleicht kennst du das: Du machst etwas in diesem Leben zum ersten Mal – aber du weißt plötzlich genau, wie es geht. Die Erfahrung, das »Know-how« ist im Mentalkörper gespeichert. So hatte ich mit zwölf Jahren das Bedürfnis, die Garagenaußenwand am Haus meiner Eltern selbstständig zu verputzen. Ich machte es zum ersten Mal als Kind, aber ich wusste genau, wie es geht. Mittlerweile haben schon einige Maurer über »meine Werke« gestaunt, im Mentalkörper ist die Fähigkeit eben aus vergangenen Inkarnationen abgespeichert. Dasselbe trifft auf Sprachen, künstlerische Fähigkeiten und Fertigkeiten zu, ebenso für Forschungen oder philosophische Betrachtungen, um nur einiges zu nennen.

Der kausale Körper

Anhand der Funktion des Kausalkörpers können wir den direkten Zusammenhang zum Mentalkörper gut erkennen.

Während der mentale Körper, welcher der Speicher aller Gedanken und Glaubensmuster ist, die Basis für unseren Geist bildet und damit die Grundlage des menschlichen geistigen Verhaltens erschafft, stellt der Kausalkörper die Grundlage des individuellen Geschehens in der feinstofflichen Ebene dar.

Karma, das Gesetz von Ursache und Wirkung, welches aus individuellen Taten und Entscheidungen entsteht, ist im kausalen Körper abgespeichert. Je nach Entwicklungsstand des Menschen, seiner geistigen und spirituellen Reife und seines Bewusstseins, kann Karma gelöscht oder neu aufgebaut werden. Wir können uns unser karmisches Konto in unserem Kausalkörper wie einen Kontostand vorstellen, eine Soll- und Haben-Rechnung.

Im Kausalkörper können Erinnerungen, Erlebnisse und Ereignisse gelöscht werden, wenn sie ihre Funktion und damit Lernaufgabe erledigt haben. Dann wird es aus dem Erinnerungsspeicher genommen, weil es überflüssig geworden ist. Je weiter ein Mensch entwickelt ist, umso weniger befindet sich im Erinnerungsspeicher des Kausalkörpers eines Menschen. Das ist gemeint, wenn von einer freien Seele gesprochen wird. Eine freie Seele ist einfach Licht, Liebe, Kreativität, Schöpferkraft – jeden Moment neu. Das beschreibt Karmaauflösung und Verschmelzung im Hier und Jetzt! Die Vergangenheit ist aufgehoben, nichts zieht einen zurück, hält einen durch gespeicherte Erlebnisse und Erinnerungen davon ab, im Moment in der göttlichen Allgegenwart zu leben – zu sein!

Der spirituelle Körper

Der spirituelle Körper umfasst alle unsere Erfahrungen auf der geistig-spirituellen Ebene.

Je nach Erlebnissen, Erfahrungen in verschiedensten Inkarnationen und entsprechendem Bewusstseinszustand ist er mehr oder weniger ausgebildet. Der spirituelle Körper schafft die Verbindung zum Göttlichen, welches sich auf der Ebene noch in Formen und Farben zeigt. Mit der Ausprägung dieses Körpers kommt der Mensch seinem Ziel nach Verschmelzung und göttlicher Liebe schon näher. Das uns allen bekannte Zitat

»Edel sei der Mensch, hilfreich und gut!«

ist ein Appell an unseren spirituellen Körper. In ihm sind Gefühle und Impulse der Verbundenheit, der Gemeinschaft, der Verschmelzung, des inneren Friedens und damit der allumfassenden Heilung und Liebe angesiedelt.

Der allumfassende göttliche Körper

Der allumfassende göttliche Körper ist der, der mit allen anderen Körpern verbunden ist. Dieser Körper gibt die Möglichkeit, Dualität aufzulösen, und erlaubt uns den Zugang zu anderen Dimensionen.

Daher kommt die Aussage: Wir sind alle eins. – Wir sind alle Gott.

Tiefe tägliche Meditationen helfen uns, diesen Körper zu aktivieren und unser Bewusstsein für ihn zu schärfen. Der allumfassende göttliche Körper lehrt uns, was es heißt, mit allem verbunden zu sein und mit allem zu fühlen – allen Lebewesen, allen Planeten und allen Dimensionen.

8.4 Ein Ausflug in die Physik – elektromagnetische Wellen

Unsere gesamte Wirklichkeit basiert auf Wellen. Das ganze Universum existiert aus Wellen. Somit bestehen auch alle Energiekörper beziehungsweise -felder des Menschen aus Wellen. Um das näher zu verstehen, wollen wir einen kleinen Ausflug in die Physik starten.

Elektromagnetische Wellen entstehen durch Schwingungen elektrisch geladener Teilchen in Atomen, Molekülen oder Kristallen. Elektromagnetische Wellen sind beispielsweise

- Radiowellen
- Infrarotwellen
- ultraviolette Wellen und genauso
- sichtbares Licht

Da unser gesamtes Universum durch Licht gespeist wird und auch wir ohne Licht nicht leben können, weil auch wir Menschen aus Licht bestehen, bedeutet das ebenso, dass wir aus Wellen bestehen. Was sind nun Wellen?

Wellen sind Sinuskurven: Eine Welle besteht immer aus einem Wellenberg und einem Wellental. Daraus resultiert die Wellenlänge.

Stellen wir uns dazu eine Sinuskurve beziehungsweise Sinuswelle vor. Eine Sinuswelle kann unterschiedlich steile oder flachere Wellenberge und Wellentäler haben, je nach Schwingung. Daraus ergibt sich dann die unterschiedliche Wellenlänge – die Wellenlänge ist immer eine vollständige Sinusschwingung.

Ein weiteres Kennzeichen von Wellen ist die Frequenz, welche durch die Anzahl der Schwingungen pro Sekunde definiert ist. Wenn ein Körper eine periodische Hin- und Herbewegung ausführt, wird dies eine Schwingung genannt. Eine Schwingung ist also jeweils ein Wellenberg und ein dazugehörendes Wellental in einer bestimmten Zeit.

Eine Schwingung in einer Sekunde wird als 1 Hz (Hertz) bezeichnet. Damit definiert die Maßeinheit Hertz, wie oft ein Körper oder Teilchen sich in einer Sekunde periodisch hin- und herbewegt hat und damit entsprechende Wellentäler und -berge entstehen lässt.

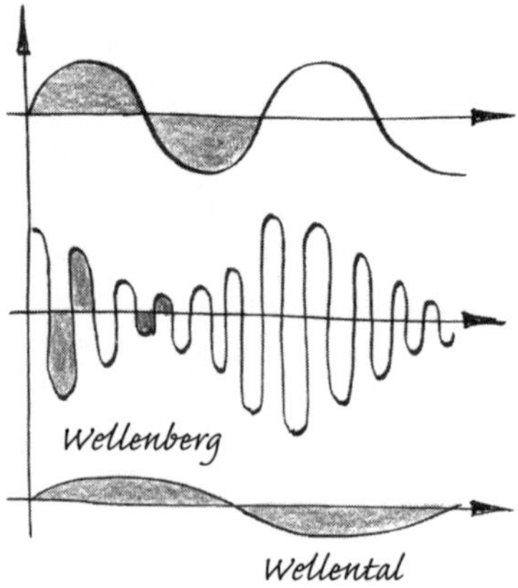

Verschiedene Schwingungen

Die Frequenz und die Wellenlänge hängen wiederum von der Ausbreitungsgeschwindigkeit der Welle ab. Die Ausbreitungsgeschwindigkeit des sichtbaren Lichtes beträgt 300 000 km/Sekunde. Die Wellenlänge des sichtbaren Lichtes ist sehr kurz und wird in nm (Nanometer) gemessen. Ein nm entspricht einem milliardstel Meter. Sichtbares Licht existiert in einer Wellenlänge zwischen 380 nm und 780 nm. Das ist der Bereich, den unser menschliches Auge, unser physischer Körper wahrnehmen kann. Dieses Licht ist uns bekannt als Spektralfarben oder auch die sieben Regenbogenfarben. Jede Farbe hat eine unterschiedliche Wellenlänge, daraus ergeben sich für uns die Farbunterschiede.

Farbe	Wellenlänge in nm
Violett	380–436
Blau	436–495
Grün	495–566
Gelb	566–589
Orange	589–626
Rot	626–780

Weiter möchte ich auf den Prozess des Farbsehens nicht mehr eingehen, sondern wir wollen uns nun dem Wahrnehmen des unsichtbaren Lichtes widmen – nicht mehr mit unserem physischen, sondern mit unserem feinstofflichen Körper.

Unsere Energiekörper, die wir uns im vorangegangenen Kapitel näher angesehen haben, bestehen auch aus elektromagnetischen Wellen.

Unsere gesamte kosmische Existenz besteht aus Wellen. Da Klang auch Schwingung und somit Wellen ist, können wir auch sagen, wir sind Klang und Licht.

Das gesamte Universum hat eine Grundwellenlänge von genau 7,23 cm. Das ist wirklich eine geheimnisvolle heilige Zahl. Drunvalo Melchizedek berichtet in seinem Buch »Die Blume des Lebens – Band I« sehr viel Interessantes über die Zusammenhänge von Zahlenwerten und Verhältnissen. So ist das »Om«, welches wir als Mantra der Hindus kennen, der Klang des Universums mit genau dieser Wellenlänge von 7,23 cm. Wenn man den Wellendurchschnitt aller Klänge aller Objekte hier in diesem Universum dreidimensional abbildet, kommt man rechnerisch wieder exakt auf 7,23 cm. Ebenso ist zum Beispiel der durchschnittliche Abstand zwischen unseren Augen vom Mittelpunkt einer Pupille zur anderen genau diese Länge und sie ist auch die durchschnittliche Breite unserer Handfläche. Daran können wir wieder erkennen, wie sich das Universum in uns widerspiegelt und alles in allem enthalten ist. Das Gesetz der Analogie.

Wenn wir nun in grobstofflichen und feinstofflichen Körper unterscheiden, ist der jeweilige Unterschied der Wellen oder der Schwingung die Wellenlänge. Begeben wir uns mit unserem feinstofflichen Körper auf die feinstoffliche Ebene – was wir ja beim medialen Arbeiten tun –, ist das wie eine Art Dimensionswechsel – von der materiellen Welt in die feinstoffliche Welt, von der dritten Dimension in eine höhere.

Wir können uns das wie Radiowellen vorstellen. Je nachdem, welche Frequenz wir einstellen, bekommen wir einen entsprechenden Sender. Die unterschiedlichen Sender unterscheiden sich dadurch, dass sie auf unterschiedlichen Wellenlängen liegen. Wenn wir das entsprechende Bewusstsein besitzen, können wir uns also durch Veränderung unserer körpereigenen Wellenlänge in andere Dimensionen versetzen.

Es kann also geschehen, und ich habe persönlich von solchen Erlebnissen gehört, dass ein Mensch durch intensive Meditation seine Wellenlänge, seine Schwingung verändert und damit für die anderen nicht mehr sichtbar ist. Er verschwindet regelrecht aus der dritten Dimension und taucht in der Dimension auf, in die er sich eingeschwungen hat – wie bei einem Radio, bei dem man den Sender verstellt hat. Genau genommen ist dies das Prinzip vom Beamen oder von hoch entwickelten Flugkörpern. Das Fliegen von A nach B, so wie wir es aus der Dreidimensionalität kennen, ist dann kein bloßer Ortswechsel mehr, sondern es ist ein Dimensionswechsel, eine Zeitreise durch Veränderung der Wellenlänge.

Da, wie wir uns nun denken können, die Funktionen der einzelnen Energiekörper verschieden sind, haben die einzelnen Energiekörper auch unterschiedliche Schwingungen. Daraus ergibt sich, analog zu dem oben erklärten Beispiel am sichtbaren Licht, auch die unterschiedliche Wahrnehmung der Farben der Energiekörper.

Wie beim sichtbaren Licht, getreu dem Gesetz der Analogie, ist auch beim unsichtbaren Licht die Differenzierung der Farben durch die unterschiedlichen Wellenlängen entscheidend.

Mittlerweile ist es gelungen, diese unterschiedlichen Schwingungen durch Experimente ebenfalls nachzuweisen. Die Physikerin, Psychotherapeutin und Heilerin Barbara Ann Brennan berichtet in ihrem Buch »Licht-Arbeit«, Goldmann-Verlag 1989, sehr ausführlich darüber: »Die aufregendste Untersuchung, die ich über die menschliche Aura kenne, wurde von Dr. Valerie Hunt und anderen an der Universität von Kalifornien in Los Angeles durchgeführt. Untersucht wurde die Wirkung von Rolfing auf Körper und Psyche; während der Rolfing-Sitzungen wurde die Frequenz von Körpersignalen im unteren Millivoltbereich aufgezeichnet ...«. Gleichzeitig beobachtete Rosalyn Bruyere vom Healing Light Centre in Glendale/Kalifornien die Aura sowohl des Rolfing-Therapeuten als auch des Klienten. Sie berichtete fortlaufend, wie sich die Chakren und die Aura in Farbe, Größe und Energiefluss veränderten.

Die Wissenschaftler analysierten dann mathematisch die aufgezeichneten Wellenmuster mit einer Fourier-Analyse und einer Frequenzanalyse des Sonogramms. Beides führte zu erstaunlichen Ergebnissen: Wellenformen und Frequenzen korrelierten signifikant mit den von Bruyere beobachteten Farbveränderungen. Mit anderen Worten: Wenn Bruyere an irgendeiner Seite der Aura Blau wahrnahm, dann zeigten die elektronischen Messungen an derselben Stelle immer die charakteristische Wellenform und Frequenz von Blau.

Dr. Hunt wiederholte dieses Experiment mit sieben anderen Personen, die Auren sehen können. Die Farben, die sie in der Aura sahen, korrelierten mit den entsprechenden Frequenzen und Wellenmustern. Im Februar 1988 zeigten Zwischenergebnisse dieses Forschungsprojektes folgende Korrelation zwischen Farbe und Frequenz (Hz = Hertz, oder Schwingung/Sekunde):

Blau	250 – 275 Hz	plus 1200 Hz
Grün	250 – 475 Hz	
Gelb	500 – 700 Hz	
Orange	950 – 1050 Hz	
Rot	1000 – 1200 Hz	
Violett	1000 – 2000 Hz	plus 300 – 400 Hz
	600 – 800 Hz	
Weiß	1100 – 2000 Hz	

Diese Frequenzbänder treten, abgesehen von den Zusatzfrequenzen von Blau und Violett, in umgekehrter Reihenfolge wie die Farbsequenz des Regenbogens auf ... Dr. Hunt sagt: »In all den Jahrhunderten, in denen sensitive Menschen Auren gesehen und beschrieben haben, ist dies die erste objektive, elektronische Messung ihrer Frequenz, Amplitude und Zeit, welche die subjektiven Beobachtungen der Farbstrahlung verifiziert.«

Die Tatsache, dass die Farbfrequenzen, die hier den subjektiven Wahrnehmungen zugeordnet wurden, nicht mit den Licht- oder Pigmentfrequenzen übereinstimmen, tut den Ergebnissen keinen Abbruch. Wenn wir uns klarmachen, dass das, was wir als Farben sehen, Frequenzen sind, die das Auge wahrnimmt und differenziert, und die wir dann mit einem Wort belegen, dann gibt es keinen Grund, warum Auge und Gehirn Farbe nur in hohen Frequenzen interpretieren sollten.«

Weiterhin zitiert Barbara Ann Brennan Dr. Hunts Feststellung bei dem Experiment, dass die Chakren häufig genau die Farben hatten, die ihnen in der metaphysischen Literatur zugeschrieben und beobachtet wurden, und dass die Aktivität in einem Chakra Aktivitäten in einem anderen auslöste.

Diese genannten Farben, Schwingungen der Chakren und deren Aufbau wollen wir uns nun im nächsten Kapitel näher anschauen.

8.5. Die Chakren des Menschen

Was sind Chakren? Chakren sind Energieeintritts- und -austrittsstellen in unseren menschlichen Körpern. Das gilt für den grobstofflichen physischen ebenso wie für die feinstofflichen Energiekörper. Wir haben sieben Hauptchakren im Körper und einundzwanzig Nebenchakren.

Alle Chakren sind Öffnungen in unseren Körpern, die wir uns wie Kraftwirbel vorstellen können, die im Energieaustausch mit dem Kosmos, dem universellen Energiefeld, stehen. Über diese Chakren werden wir mit Energie versorgt und damit am Leben erhalten.

Mit dem Eintritt in die Pubertät beginnt auch der Abschluss der Entwicklung und die Ausreifung unserer Chakren. Als Kind sind wir noch an das Energiefeld unserer Mutter oder an das des Vaters gebunden. Darum flüchten Kinder gerne in den elterlichen Schoß. Unsere Chakren sind in der Kindheit zwar angelegt, aber noch nicht sehr entwickelt, nur das Kronenchakra und das Wurzelchakra sind als durchgehender vertikaler Lichtkanal zur Lebenserhaltung schon gut ausgeprägt.

Lage der Chakren

Um die Lage der einzelnen, nachfolgend aufgeführten Chakren im Körper optisch zu verdeutlichen, folgen hier zwei Grafiken über den Sitz der einzelnen Chakren beim Menschen

- einmal von vorne
- einmal von der Seite

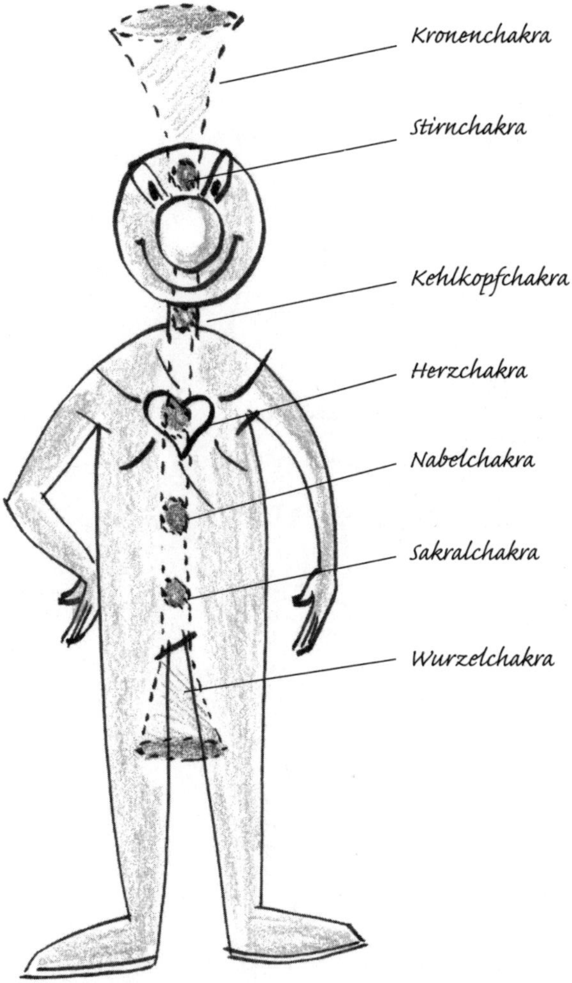

Die Lage der Chakren beim Menschen in der Vorderansicht

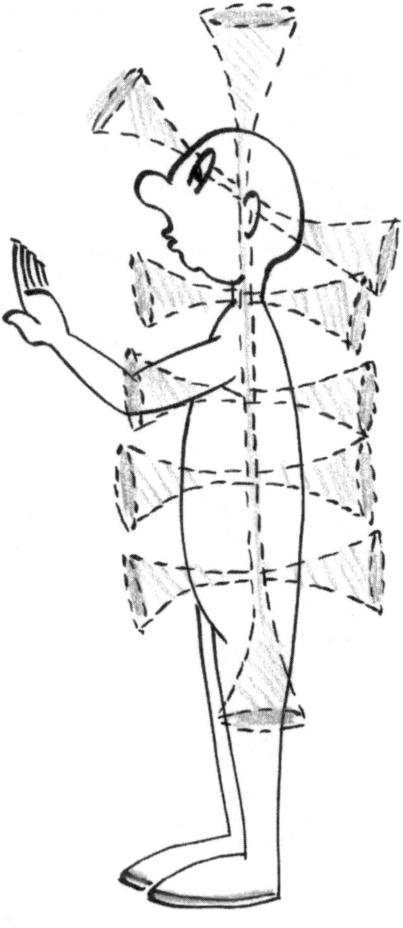

Die Lage der Chakren beim Menschen in der Seitenansicht

8.5.1 Der Aufbau der Chakren

Wir können uns die Chakren wie nach außen gestülpte Trichter vorstellen. Funktionierende, gesunde Chakren sind offen und das Chakra als Energiewirbel dreht sich im Uhrzeigersinn. Mit der Drehung im Uhrzeigersinn nimmt das Chakra Energie aus dem Kosmos auf und speist damit den Körper. Dreht sich das Chakra gegen den Uhrzeigersinn, ist es geschlossen und kann den Körper nicht mit kosmischer Energie speisen. Dann sendet der Körper die körpereigene Energie nach draußen.

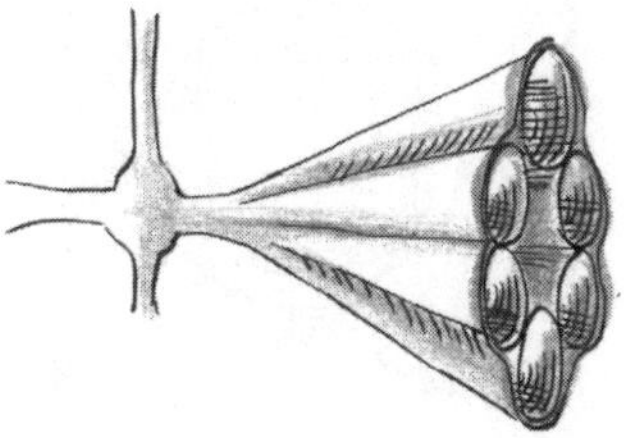

Der Aufbau eines Chakras

Blütenblätter der Chakren

Alle Chakren haben unterschiedliche Unterteilungen in ihrem Kraftwirbel. Wir können es uns so vorstellen, dass ein Wirbel noch einmal in mehrere kleine unterteilt ist. Es sind einzelne schnell rotierende Wirbel. Je nach Funktion des Chakras sind die Unterteilungen ebenfalls unterschiedlich. Jedes Chakra hat seine ganz spezifische eigene Unterteilung und seinen eigenen Formenaufbau.

In der östlichen esoterischen Lehre beschreibt man die Chakren mit unterschiedlichen Blütenblättern. Am bekanntesten ist wohl der tausendblättrige Lotus – eine Bezeichnung für das Kronenchakra. Diese Blütenblätter beschreiben nichts anderes als die kleinen rotierenden Wirbel innerhalb eines Chakras. Je weiter die Chakren nach oben steigen, umso mehr Blütenblätter beziehungsweise kleine Wirbel existieren. Das Wurzelchakra fängt mit vier kleinen Wirbeln an und wandelt damit vier Energiefrequenzen um. Beim Sakralchakra sind es beispielsweise schon sechs an der Zahl. Die folgenden, den einzelnen Chakren zugeordneten Grafiken stellen mit der Symbolik der jeweiligen Chakren die Anzahl der Blütenblätter, also der Energiewirbel, dar.

1. Das Wurzelchakra

Dieses Chakra besitzt vier Energiewirbel. Dieses Chakra steht in Verbindung mit der Erdenergie. In Analogie dazu steht es für die Erde oder Materie in ihrer Ausdehnung und präsentiert sich durch die vier Himmelsrichtungen, die vier Jahreszeiten, die vier Grundelemente der Schöpfung (Luft, Wasser, Feuer, Erde), vier Dimensionen (drei des Raumes und die der Zeit).

Traditionelle grafische Darstellung des ersten Chakras

2. Das Sakralchakra

Das Sakralchakra besitzt sechs Energiewirbel. Die Zahl Sechs ist die Zahl der Liebe und auch der göttlichen Mutter. Der dem Chakra-Symbol innewohnende Mond verstärkt diese Kraft des Weiblichen. Auch wenn in unseren Breitengraden durch die gemäßigte Klimazone der Verdreher von »*der* Mond« und »*die* Sonne« anstatt *die Mondin und der Sonne* vorherrscht, ist doch in anderen Ländern und Sprachen die ursprüngliche Energie von Luna und Sol enthalten.

Traditionelle grafische Darstellung des zweiten Chakras

3. Das Nabelchakra

Das dritte Chakra wird in verschiedenen Chakrensystemen unterschiedlich benannt und unterschiedlichen körperlichen Stellen (feinstofflich und grobstofflich) zugeordnet. Was die Energieströme beziehungsweise Blütenblätter betrifft, gibt es auch hier detaillierte Unterscheidungen. Ich persönlich sehe es als ein zusätzliches Chakra und würde es in das

- untere Nabelchakra

  und das

- obere Nabelchakra untergliedern.

Das untere Nabelchakra wird einmal direkt am Nabel angesiedelt. Es hat acht Energiewirbel. Das obere Nabelchakra wird dem Solarplexus zugeordnet und hat wegen der veränderten Lage schon zehn Energiewirbel. In anderen Chakrensystemen wird das dritte Chakra dem Solarplexus gleichgestellt. Die Zehn ist die Zahl der Vollständigkeit und Vollendung – wir haben zehn Finger und zehn Zehen, es gibt Zehn Gebote und jegliches Rechnen und Maßnehmen im Dezimalsystem basiert auf der Zehn.

Traditionelle grafische Darstellung des dritten unteren Chakras

Traditionelle grafische Darstellung des dritten oberen Chakras

4. Das Herzchakra

Das Herzchakra besitzt zwölf Energiewirbel. Die Zahl Zwölf verkörpert im Gegensatz zur Vier als Erdzahl die Sonne und ist in ihr enthalten. Sie steht als Zahl der Vollendung. Es gibt zwölf Monate im Jahr, zwölf Stunden am Tag und in der Nacht, zwölf Jünger in der christlichen Geschichte und das Dutzend, zwölf Stück, wird heute noch als Maß verwendet.

Traditionelle grafische Darstellung des vierten Chakras

5. Das Kehlkopfchakra

Das Kehlkopfchakra besitzt 16 Energiewirbel. In unseren Breitengraden spielt diese Zahl keine so große Rolle mehr, aber in Indien, wo uraltes Wissen noch gelehrt und gelebt wird, wohnt die Kraft dieser Schwingung noch vielem inne. Die Münzeinheit Rupie ist in 16 Anna unterteilt. Ein altes Taktmaß, das Tintal, ist in 16 Einheiten geteilt – 8 Takte in aufsteigender und 8 Takte in absteigender Oktave. Allerdings erinnern auch bei uns ab und an uralte Märchen an die Zahl 16.

Traditionelle grafische Darstellung des fünften Chakras

6. Das Stirnchakra

Das Stirnchakra besitzt 96 Energiewirbel. Das ist eine enorme Verdichtung und Frequenzerhöhung. Diese 96 Wirbel sind aufgespalten in jeweils 48 Energiewirbel, die sich als zwei Pole genau gegenüberstehen. Deshalb wird auch oft das sechste Chakra mit zwei Blütenblättern bezeichnet, was aber nicht exakt ist und nach der Dynamik der immer größeren Verdichtung keinen Sinn ergeben würde. Trotzdem spielt die Polarität der Anordnung eine große Rolle. Die Zwei als die Zahl der Dualität, der Schöpfung – Licht und Schatten, männlich und weiblich, das Rationale und Emotionale in uns. Bei dieser hohen Schwingung beginnt sich alles zu vereinen. Das bekannte Mantra Om, als die kosmische Schwingung, entspricht diesem Chakra.

Traditionelle grafische Darstellung des sechsten Chakras

7. Das Kronenchakra

Das Kronenchakra besitzt 972 Energiewirbel. Deshalb wird es auch als tausendblättriger Lotus benannt. Es ist für unseren Kopf schwer vorstellbar, dass so viele Wirbel in uns schwingen sollen, aber damit wird die Empfindlichkeit dieses Chakras deutlich. Die Zahl 1000 symbolisiert die unendliche Fülle des Kosmos, mit der wir alle verbunden sind, wenn wir die Bewusstheit erlangt haben, dieses Chakra vollständig zu öffnen.

Traditionelle grafische Darstellung des siebten Chakras

Chakra	Anzahl der Wirbel
7. Kronenchakra	972
6. Stirnchakra	96
5. Kehlkopfchakra	16
4. Herzchakra	12
3. oberes Nabelchakra	10
3. unteres Nabelchakra	8
2. Sakralchakra	6
1. Wurzelchakra	4

8.5.2 Die Funktionen der Chakren

Die Chakren haben die Aufgabe, den Körper mit Lebensenergie zu versorgen. Nicht nur wir Menschen haben sie, auch alle Tiere haben Chakren, genau genommen auch Pflanzen. Allerdings ist der Aufbau ein einfacherer. Wirbeltiere kommen verständlicherweise dem Aufbau der Chakren von uns Menschen am nächsten.

Die Chakren nehmen die **kosmische oder universelle Lebensenergie** in sich auf und leiten sie in zerlegter Form im Körper weiter.

Diese Energie wird auch Primärenergie genannt. Diese Primärenergie wird in den Chakren weiterverarbeitet, das heißt, sie wird dem Körper zu eigen gemacht.

Dann wird sie auch Prana- oder Sekundärenergie genannt. Die Pranaenergie, der feinstoffliche Lebensstrom in uns, wird über die Nadis weiter durch den Körper zum Nervensystem geleitet.

Nadis sind feinstoffliche Energieleiter im Körper. Sie schwingen so fein, dass sie technisch nicht mit Geräten nachgewiesen werden können. Aber in alten Texten in Sanskrit wird viel über sie berichtet. Es wird erwähnt, *dass es über 360 000 Nadis im Körper gebe, damit der gesamte Körper gut mit Prana versorgt wird.* So sehr wollen wir aber nicht ins Detail gehen. *Wichtig zu wissen ist, dass es im Körper drei Haupt-Nadis gibt,* durch die auch die Chakren untereinander verbunden sind und von denen dann unzählige Neben-Nadis abzweigen.

Von den Nadis gelangt die Pranaenergie zum Nervensystem und weiter zu den endokrinen Drüsen bis ins Blut, um dort alle Zellen zu versorgen. Es wird so ein geniales Netzwerk der Energieversorgung geschaffen, welches damit auch die vollständige Voraussetzung zur Medialität beinhaltet, da wir über die Chakren und die Nadis jegliche Energie aufnehmen, umsetzen beziehungsweise weiterleiten können.

Unsere Chakren haben 3 Hauptfunktionen, die wir folgendermaßen unterteilen können:

1. **Die Vitalisierung der feinstofflichen Körper und des physischen Körpers**
2. **Die Energieübertragung zwischen den einzelnen Auraschichten beziehungsweise Energiekörpern**
3. **Der geistig-seelische Prozess der Bewusstwerdung**

Diese drei Hauptfunktionen können wir wieder in Analogie der Einheit von Körper, Geist und Seele sehen. Die erste Funktion ist dem Körper bzw. den Körpern zugeordnet, die zweite Funktion dem Geist und die dritte der Seele. Auf alle drei Funktionen möchte ich nun näher eingehen, da sie für das Verständnis der Medialität eine wichtige Voraussetzung darstellen.

1. Die Vitalisierung der feinstofflichen Körper und des physischen Körpers

Wie die Chakren die kosmische einströmende Energie aufnehmen und zu ihrer körpereigenen umwandeln, habe ich schon ausführlich beschrieben. Hierzu nochmals eine Übersicht:

Einströmende Primärenergie
⇓
Chakren
⇓ ⇓ ⇓
Ausströmende Sekundärenergie
⇓ ⇓ ⇓
Nadis
⇓ ⇓ ⇓
Nervensystem
⇓ ⇓ ⇓
Endokrines System
⇓ ⇓ ⇓
Blut

Für die Primärenergie gibt es viele Namen aus verschiedenen Systemen. Die universelle Energie wird auch als

- Orgon (Wilhelm Reichs Orgonstrahler)
- Chi (aus dem Tai Chi oder das günstige oder ungünstige Chi im Feng Shui oder
- Reiki-Energie (nach dem Reiki-System von Dr. Mikao Usui)

bezeichnet.

Es ist hilfreich, sich nicht von unzählig verschiedenen Systemen verwirren zu lassen, sondern das Gesamtprinzip, welches sich immer dahinter verbirgt, zu begreifen. Gerade beim Praktizieren von Reiki, einer mittlerweile doch sehr bekannten Technik der Energieübertragung, können wir gut erkennen und auch sofort bei Erhalt der Reikienergie nachfühlen, wie die Vitalisierung der Nadis und der Hormone über die Chakren funktioniert.

Nun folgt noch eine Übersicht zum Zusammenhang zwischen den Chakren und dem endokrinen System des Körpers.

Zusammenhang zwischen Chakren und physischem Körper

Chakra	**Endokrine Drüse**	**Körpersysteme**
7. Kronenchakra	Zirbeldrüse	Großhirn, rechtes Auge
6. Stirnchakra	Hypophyse	Zwischenhirn, linkes Auge, Ohren, Nase
5. Kehlkopfchakra	Schilddrüse	Bronchien, Lungen, Stimmbänder, Speiseröhre
4. Herzchakra	Thymusdrüse	Herz, Blut, Vagus, Kreislauf
3. Nabelchakra	Bauchspeicheldrüse	Magen, Gallenblase, Leber, Nervensystem
2. Sakralchakra	Keimdrüse	Fortpflanzungssystem
1. Wurzelchakra	Nebenniere	Wirbelsäule, Nieren

2. Die Energieübertragung zwischen den einzelnen Auraschichten beziehungsweise Energiekörpern

Nachdem wir uns nun angeschaut haben, wie die Energieübertragung und Vitalisierung auf der körperlichen, eher physischen Ebene stattgefunden hat, wollen wir uns nun gänzlich dem Feinstofflichen widmen. Dazu ist es notwendig, unser Wissen über Chakren ein wenig zu vertiefen. Wir Menschen besitzen alle sieben Hauptchakren, auf deren Form, Aufbau, Funktion und Lage wir im Anschluss an dieses Kapitel sehr ausführlich eingehen werden. Genau genommen haben wir aber nicht nur sieben Chakren, sondern insgesamt 49. Woraus ergibt sich das?

Dazu müssen wir uns an den Aufbau unseres menschlichen Körpers erinnern: Zu unserem physischen Körper, die Manifestation in der Materie, kommen sieben Energiekörper hinzu. Besser gesagt: durch diese Energiekörper ist es uns gelungen, den physischen Körper entstehen zu lassen!

Jeder Energiekörper hat seine eigenen sieben Chakren.

Jeder Energiekörper ist so gesehen in einer anderen Schwingungsoktave. Die jeweils sieben Chakren, welche die einzelnen Oktaven oder Dimensionen verbinden, dienen damit als Energietore oder als eine Art Schleuse. Es ergibt sich also rechnerisch: 7 Körper = 7x7 Chakren = 49 Chakren.

Die Öffnung und Austrittsstelle des einen Chakras ist gleichzeitig Ansatzpunkt für das nächste Chakra. Auf diese Weise wird die Energie von dem niedriger schwingenden zu den nächsthöher schwingenden Chakren in den nächsten Energiekörper übertragen. Die Chakren sind bildlich gesehen zu vergleichen mit ineinander geschachtelten Trichtern. Wir können uns aber auch vorstellen, dass wir Trinkbecher übereinander stapeln, jeweils pro Chakra sieben Stück übereinander.

Dieselben Chakren unterscheiden sich nun in ihren Frequenzen. Von Auraschicht zu Auraschicht schwingen sie höher. Diese ineinander gestapelten Trinkbecher funktionieren also wie eine Leitung, stellen somit ein energetisches Übertragungssystem vom am niedrigsten schwingenden bis zum am höchsten schwingenden Chakra dar. Von ihrer Form und Stabilität her werden sie pro Energiekörper und Frequenzerhöhung immer fließender und breiter.

Um bei unserem Becherbeispiel zu bleiben, haben die obersten Becher der jeweils sieben Becher immer die größte Öffnung und sind schon fast zu Teeschalen geworden. Anders gesagt, können wir uns vorstellen, dass jedes Chakra also noch einmal in sieben Chakren untergliedert ist, entsprechend der einzelnen Energiekörper, auf jeweils höheren Frequenzebenen. Somit gibt es also auch im Herzchakra beispielsweise ein Wurzelchakra oder im Halschakra auch ein Herzchakra.

Was die Bedeutung dessen betrifft, möchte ich hier eine Übersicht anbieten, *die aber nur je eine Möglichkeit anzeigt. Es gibt derer viele!*

Beispiele für die sieben Entsprechungen der jeweils sieben Chakren

Chakra	Entsprechungsbeispiel
Für das Kronenchakra	
7.	Verschmelzung mit Gott
6.	Inspirationsquelle sein
5.	pures Sein
4.	die göttliche Liebe fühlen können
3.	Spiritualität vorleben können
2.	Bewusstheit in der Ernährung
1.	geerdete Spiritualität, im Alltag bewusst sein
Für das Stirnchakra	
7.	Visionen, Prophezeiungen für die Welt
6.	Hellwissen, Medium sein
5.	Channeln
4.	Sichtigkeit aus Mitgefühl
3.	Entwickeln von Meditationen
2.	Hellschmecken, Hellfühlen
1.	praktische Sichtigkeit im Alltag
Für das Halschakra	
7.	spiritueller Selbstausdruck
6.	manipulative Visionen
5.	Manipulation in der Sprache
4.	individueller Selbstausdruck
3.	Ausdruck von Emotionen
2.	Bedürfnisse aussprechen
1.	Sicherheit durch Sprache

Für das Herzchakra

7.	göttliche Liebe
6.	transformierende Liebe
5.	Worte in Liebe
4.	das liebende, vereinende Herz
3.	liebevolles Behüten
2.	Dinge schenken
1.	nichts beschönigende stille Liebe

Für das Nabelchakra

7.	spirituelle Bilder malen
6.	spirituelle Kreativität in Meditationen
5.	Sprache als Ausdruck
4.	kreativer Selbstausdruck
3.	Kunsthandwerk
2.	praktische handwerkliche Fähigkeiten
1.	geerdete Kreativität, Reparaturen

Für das Sakralchakra

7.	göttliche Verschmelzung
6.	Tantra
5.	Körper als Ausdruck
4.	liebevoller Sex zum eigenen und anderen Körper
3.	Lüsternheit
2.	Fortpflanzung
1.	triebhafter Sex, Instinkt, Heißhunger

Für das Wurzelchakra

7.	Selbstverständnis im Umgang mit Gott
6.	der Berufung nachgehen
5.	Geld verdienen, um zu leben
4.	Anerkennung der eigenen Bedürfnisse
3.	Selbstdefinition, Wohnungsgestaltung
2.	Abdeckung elementarer Bedürfnisse
1.	instinktive Erdverbundenheit

Die Verschachtelung der Chakren je Energiekörper
anhand des Kronenchakras

3. Der geistig-seelische Prozess der Bewusstwerdung

Unsere Chakren sind unterschiedlichen Positionen im Körper zugeordnet, und daraus ergeben sich unterschiedliche Funktionen auf körperlicher, aber auch auf geistig-spiritueller Ebene. Das heißt, die Aktivierung unserer Chakren in den einzelnen Körpern dient ganz konkret unserem Bewusstwerdungsprozess. So wie die einzelnen Chakren unserem Willenszentrum, dem Mentalzentrum und dem Gefühlszentrum zugeordnet werden können, trägt die Ausprägung unseres Gefühls, unserer Mentalkraft und unseres Willens ausschlaggebend zu unserem Bewusstseinsprozess bei.

Bewusstseinsarbeit und Chakrenarbeit ist ein untrennbarer Prozess. Je bewusster wir werden, umso gesünder schwingen unsere Chakren, und auf diese Weise gesundet unser gesamter Körper. Andersherum hilft uns die Arbeit mit beziehungsweise an den Chakren (Chakrenmeditationen, Visualisierungsübungen mit Farben und Tönen zur Aktivierung der Chakren, Chakraatmung usw.), unser Bewusstsein zu erhöhen. Da jedes Chakra seine eigene Bedeutung und Funktion hat, die immer im direkten Zusammenhang mit der geistig-spirituellen Entwicklung des Menschen steht, möchte ich an dieser Stelle noch nicht so detailliert auf die einzelnen Funktionen eingehen. Im nächsten Kapitel folgen ausführliche Beschreibungen mit den entsprechenden Analogien zur Bewusstwerdung.

8.5.3 Die Bedeutung der einzelnen Chakren

Die Funktion der einzelnen Chakren, wie wir sie im Folgenden hier aufgelistet haben, bezieht sich in ihrer Bedeutung hauptsächlich auf die drei unteren Körper, also den physischen, den ätherischen und den emotionalen Körper. Diese drei Körper sind mit der Körperhaftigkeit an sich am meisten verbunden. Da sich die Chakren von Energiekörper zu Energiekörper durch die immer höhere Schwingung verfeinern, sind auch die Themen immer feiner und stehen dem physischen Körper nicht mehr sehr nahe.

Bevor wir uns die Chakren im Einzelnen ansehen, möchte ich noch eine interessante Einteilung aufführen, die nun auch die Chakren in ihrer Lage bezüglich Vorderseite und Rückseite des Körpers unterscheidet.

Körper	**Willenszentrum**	Wurzelchakra	
		Sakralchakra	– hinten
		Nabelchakra	– hinten
		Herzchakra	– hinten
		Halschakra	– hinten
Geist	**Mentalzentrum**	Drittes Auge	– hinten
		Kronenchakra	
		Drittes Auge	– vorne
Seele	**Gefühlszentrum**	Halschakra	– vorne
		Herzchakra	– vorne
		Nabelchakra	– vorne
		Sakralchakra	– vorne

1. Wurzelchakra

Das Wurzelchakra wird auch Basischakra und im Sanskrit Muladhara (Mula bedeutet Knochenmark) genannt. Dieses Chakra befindet sich genau zwischen Kreuzbein und Steißbein.

Ihm ist die Farbe Rot zugeordnet.
Das entsprechende Element ist das Element Erde.
Lebenswille, Quantität der Lebensenergie.

2. Sakralchakra

Das Sakralchakra wird auch Sexualchakra oder im Sanskrit Svadisthana genannt. Es befindet sich zwischen dem fünften Lendenwirbel und dem Kreuzbein.

Ihm ist die Farbe Orange zugeordnet.
Das entsprechende Element ist das Element Wasser.
Vorne: Qualität der Liebe zum anderen Geschlecht, lustvolles Geben und Nehmen auf der körperlichen, mentalen und spirituellen Ebene.
Hinten: Quantität der Sexualenergie.

3. Nabelchakra

Das Nabelchakra wird auch Hara, Solarplexus oder im Sanskrit Manipura genannt. Es liegt genau zwischen dem zwölften Brustwirbel und dem ersten Lendenwirbel.

Ihm ist die Farbe Gelb zugeordnet.

Das entsprechende Element ist das Element Feuer.

Vorne: Lebensfreude, Kreativität, Weisheit, den eigenen Platz im Universum kennen, Selbstausdruck durch Handlungen und Taten.

Hinten: Heilen, Wille zur Gesundheit.

4. Herzchakra

Das Herzchakra wird im Sanskrit Anahata genannt. Es befindet sich zwischen viertem und fünftem Brustwirbel.

Ihm ist die Farbe Grün zugeordnet.

Das entsprechende Element ist das Element Luft.

Vorne: Herzensliebe zu anderen Menschen, Offenheit gegenüber dem Leben.

Hinten: Ich-Wille, der auf die äußere Welt gerichtet ist.

5. Kehlkopfchakra

Das Kehlkopfchakra wird auch Halschakra oder im Sanskrit Vishuddha genannt. Die Lage dieses Chakras ist zwischen dem siebten Halswirbel und dem ersten Brustwirbel.

Ihm ist die Farbe Türkis zugeordnet.

Das entsprechende Element ist das Element »Äther«.

Vorne: Rezeptivität.

Hinten: Selbstverwirklichung im Beruf und in gesellschaftlicher Stellung.

6. Stirnchakra

Das Stirnchakra wird auch Drittes Auge oder im Sanskrit Ajna genannt. Es liegt auf dem Schnittpunkt zweier Linien. Stellen wir uns eine Linie als Verbindung der beiden Gehöröffnungen vor und die andere Linie verläuft von der Nasenwurzel zum Hinterkopf.

Diesem Chakra ist die Farbe Indigo zugeordnet.

Das entsprechende Element ist das Element »Geist«.

Vorne: Fähigkeit, zu visualisieren und zu erkennen.

Hinten: Fähigkeit, Ideen in die Tat umzusetzen.

7. Kronenchakra

Dieses Chakra wird auch Scheitelchakra oder tausendblättriger Lotus und im Sanskrit Sahasrara genannt. Das Kronenchakra befindet sich auf der Scheitelmitte in der Höhe der Fontanelle.

Ihm sind die Farben Violett und Weiß zugeordnet.

Das entsprechende Element ist das Element »Licht«.

Integration der gesamten Persönlichkeit mit dem Leben und den spirituellen Aspekten der Menschen.

Übersicht mit analoger Zuordnung zu Farbe und Ton

Reihenfolge	Chakren	Farbe	Ton	Tonsilbe
7	Kronenchakra	Violett	h	Si
6	Stirnchakra	Indigo	a	La
5	Kehlkopfchakra	Türkis	g	Sol
4	Herzchakra	Grün	f	Fa
3	Nabelchakra	Gelb	e	Mi
2	Sexualchakra	Orange	d	Re
1	Wurzelchakra	Rot	c	Do

8.6 Der genaue Prozess der Medialität

8.6.1 Der Mensch als Sender

Wie wir uns nun in den vorangegangenen Kapiteln angesehen haben, senden wir mit allem, was wir fühlen, denken und tun, elektromagnetische Wellen. Diese Wellen bilden unsere Aura, sind unsere Ausstrahlung. Sie schwingen in unterschiedlichen Oktaven und bilden somit unsere unterschiedlichen feinstofflichen Körper. Stellen wir uns Menschen wie eine Sendestation vor. Wir senden permanent, mit all unseren Handlungen. So existieren Milliarden »Sendestationen« auf der Erde, ebenso viele, wie es Menschen gibt. Eigentlich fast unvorstellbar. Dies tun nun aber nicht nur wir Menschen, sondern alle Lebewesen. Alles, was lebt, sendet elektromagnetische Wellen aus. Das sind:

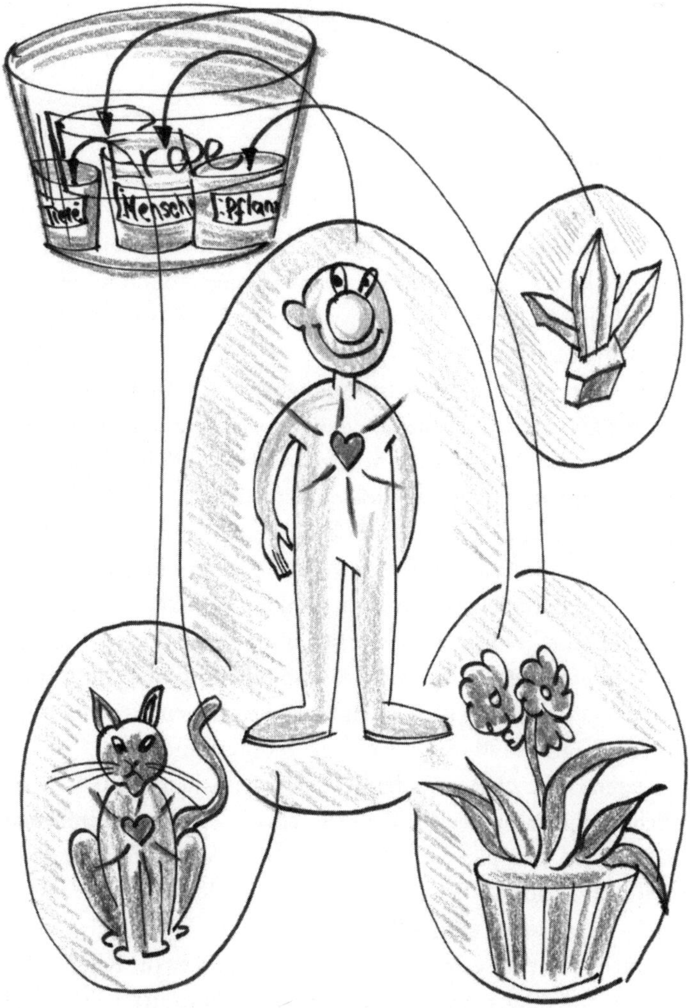

Alle Lebewesen der Erde senden mit ihrem Sein Schwingungen aus, die sich im Wissensspeicher der Erde formieren

- *Mineralien*
- *Pflanzen*
- *Tiere*
- *Menschen oder andere humanoide Wesen*
- *Engelwesen*
- *aufgestiegene Meister*
- *Planeten*
- *Sonnensysteme*
- *Galaxien*

Ja, auch Planeten sind Lebewesen. Das mag vielleicht für einige ein wenig ungewohnt klingen, aber sie haben ebenfalls eine Aura und ein individuelles Eigenleben, genauso Sonnensysteme und Galaxien. Aber wieder zurück zu uns Menschen.

Was passiert nun mit den Schwingungen dieser Aura? Wo gelangen sie hin? Wir können uns vorstellen, dass unsere Aura unbegrenzt in den Kosmos strahlt. Damit sind wir eine Art Dauersendestation. Egal, was wir gerade tun, denken, fühlen – all dies senden wir, umgesetzt in elektromagnetische Wellen, in den Kosmos. Es ist wie ein zartes Netz, welches uns gegenseitig durchdringt, weit in den Kosmos reicht und alles vereint.

Dieses ewige Pulsieren ist immer im Wandel. Wir können zum Beispiel durch die Aurafotografie messen, wie sich unsere Aura durch verschiedene Handlungen verändert. Wenn wir wütend oder ängstlich sind, strahlen beziehungsweise senden wir etwas anderes aus, als wenn wir voller Liebe, Freude oder Trauer sind. So wie sich jede unterschiedliche Qualität in einer anderen Farbe zeigt, sind diese unterschiedlichen Qualitäten unterschiedliche Frequenzen. Da jede Frequenz also für eine andere Information steht, sind es also unzählige verschiedene Informationen, die wir minütlich in den Kosmos senden. Dies kann gut mit einem Radiosender verglichen werden. Jeder hat seine eigene Radiosendestation, überall wird »was anderes gespielt« beziehungsweise ausgestrahlt – nur dass die Reichweite der menschlichen Sendestationen im Gegensatz zu kommerziellen Sendern unendlich weit ist …

8.6.2 Der Wissensspeicher der Erde

Was geschieht nun mit diesen Wellen, wenn sie in den Kosmos strahlen, da sie nicht räumlich begrenzt sind? Lösen sie sich irgendwo in den unendlichen Weiten des Kosmos auf und verpuffen? Die Antwort ist ganz einfach. Wir alle haben das einmal in Physik gelernt:

> **Energie kann nach dem Energieerhaltungssatz der Physik nicht verschwinden, sondern nur umgewandelt werden.**

Energie bleibt immer erhalten. Sie kann sich also nicht auflösen. Sie kann aber auch nicht festgehalten werden. Sie ist ständig im Wandel. So wie unsere Aura ebenfalls als Energieform ständig pulsiert und sich bewegt, geht es analog auf nächsthöherer Ebene weiter und ordnet sich zu einem neuen System.

So ergibt sich ein ewig pulsierendes Energiefeld, das all diese Energien, und damit also auch alle Informationen über alles Lebendige, gespeichert hat – Informationen über alles, was im Kosmos geschieht. Bildlich gesehen, können wir uns das wie einen großen Wissenspott vorstellen, in dem alles gespeichert wird.

Dieser Speicher hat viele Namen. Der erste Name, der sich aus der Form ableitet, lautet *»Gitternetze«*. Es sind wabenförmige Strukturen, die eine kosmische Urform darstellen. Da diese Wabenstruktur wie ein Gitter aussieht, welches sich flächendeckend und netzförmig um die ganze Erde legt, wird von *»Gitternetzen«* gesprochen.

Der NASA ist es gelungen, diese Gitternetze zu fotografieren. Es sind beeindruckende Bilder! Die wabenförmigen Netze leuchten voller Energie, es ist also eine Strukturierung der Energie in Wabenform. So besitzt jeder Planet, aber auch jede Galaxie solche Gitternetze, in denen die Informationen ihres gesamten SEINS gespeichert sind. Wir können uns diese Gitternetze wie eine Hülle auf der feinstofflichen Ebene um unsere Erde vorstellen, ein Netz voller Informationen.

Jede Biene baut ihre Waben in dieser Form, obwohl ihr das niemand beigebracht hat. Alle Bienen, Wespen, Hornissen und andere wabenbauende Insekten auf der ganzen Welt bauen diese Form. Warum? Dazu ein ganz kleiner Ausflug in die »Heilige Geometrie«. Die Wabenform ist eine Urform des Kosmos, die sich aus gleichseitigen Dreiecken zusammensetzt. Sechs gleichseitige Dreiecke ergeben eine Wabe.

Der Mensch mit all seinen Gedanken, Taten, Gefühlen und Emotionen als Sender speist permanent den Wissensspeicher der Erde

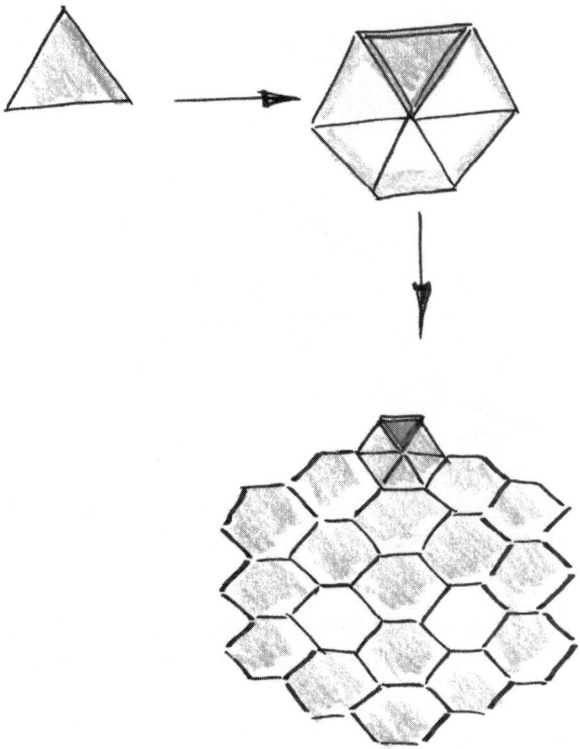

Grundbaustein allen Lebens im Kosmos: Das gleichseitige Dreieck, aus dem sich die Wabenform und damit die Struktur der Gitternetze ergibt

Waben wiederum können ideal aneinandergereiht werden, sodass flächendeckende Formen in Wabenstruktur entstehen können. Das gleichseitige Dreieck ist somit die Urform aller geometrischen Formen und Körper. Alle Formen und Körper haben als Grundbaustein gleichseitige Dreiecke zugrunde liegen, auch kompliziertere Formen wie Pyramiden oder Oktaeder. Das ist hochinteressant und in der Natur überall zu erkennen. Dieses Gesetz trifft in der Biologie genauso zu wie in der Musik oder Mathematik und ist besonders in der Botanik gut sichtbar. Der in Mitteleuropa häufig vertretene Mittelwegerich verdeutlicht in seinem Wuchs die nicht zu übersehenden Gesetze der »Heiligen Geometrie«.

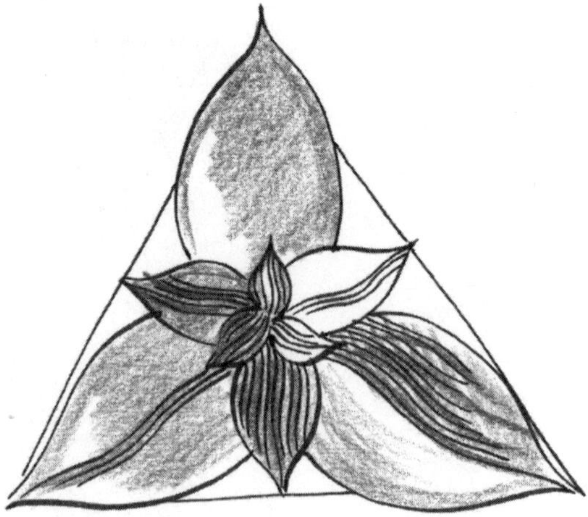

Mittelwegerich, eine alte europäische Heilpflanze. Der kosmische Bauplan, der auf dem gleichseitigen Dreieck basiert, ist sehr gut nachvollziehbar

Bekannt ist auch der Begriff vom *»Morphogenetischen Feld«,* den der Autor Rupert Shelldrake in seinem Buch »Das schöpferische Unisversum« beschreibt.

Bert Hellinger, der »Urvater« des Familienaufstellens, redet vom *»Wissenden Feld«,* welches alle Familiengeheimnisse in sich birgt und uns kundtut, wenn wir uns durch Aufstellen der Familienstruktur für dieses Wissen öffnen. Auch damit ist nichts anderes gemeint als die Gitternetze, der Wissensspeicher der Erde. Ein anderer Begriff ist die *»Akasha-Chronik«.*

Akasha mit dem Wortstamm *»akash«* kommt aus dem Sanskrit und kann mit »leuchten und strahlen« übersetzt werden. Trifft es nicht ideal den Sinn der Sache? Die Akasha-Chronik ist ein besonderer Teil des Wissensspeichers. In alten Legenden und Geschichten wird auch vom *»Buch des Lebens«* gesprochen, welches genau diese Chronik meint. Da heißt es, dass jeder Mensch ein Buch hat, in dem alles aufgeschrieben ist, was er jemals gemacht hat, wie und wann er in welchem Körper und welcher Zeit gelebt hat. Dieses Buch ist in der Kausalebene zu Hause, wo alle unsere Erinnerungen und Erfahrungen abgespeichert werden. Aus diesem Buch des Lebens zu lesen heißt, aus der Akasha-Chronik zu lesen.

Viele werden beim Lesen nun einige Begriffe wiedererkannt haben. Es sind also nicht unzählig verschiedene Phänomene, denn es handelt sich immer um ein und dieselbe Sache. Diese Analogie vereinfacht das Verständnis.

Nun möchte ich die Gitternetze noch unter einem anderen Aspekt beleuchten – dem Aspekt der Analogie. Das Gesetz der Analogie besagt: »Wie im Großen, so im Kleinen« oder »Wie im Mikrokosmos, so im Makrokosmos« usw. Was heißt das?

Jede Spezies hat ihre eigenen Gitternetze.

Das ist im Großen wie im Kleinen so. Wir können als Spezies also auch Sonnensysteme sehen. Sie sind sehr große Lebewesen und kommunizieren untereinander. Das bedeutet, dass auch ein Gitternetz für unser Sonnensystem existiert. Dieses Gitternetz wird wieder gespeist von dem Gitternetz der einzelnen Planeten, die sich in dem entsprechenden Sonnensystem befinden.

Genauso wie unsere Erde ein Gitternetz besitzt, hat auch jede Spezies auf der Erde ihre eigenen Gitternetze – bei den Menschen angefangen über die Tiere und Pflanzen bis hin zu den Mineralien.

Du hast bestimmt schon einmal erstaunt vor einem Ameisenhaufen gestanden und dich gefragt, wie eigentlich die Verständigung klappt. Denn alles ist in der Insektenwelt perfekt durchorganisiert. Ameisenstraßen werden gebaut, alle schleppen Körner, Nadeln, was auch immer benötigt wird, bei Notsituationen wird sofort reagiert und augenblicklich werden neue Lösungen gefunden. All das funktioniert über die Gitternetze der Ameisenspezies.

In Australien gibt es bei den Aborigines Spurensucher, die über Meilen hinweg Spuren nachgehen können und auf diese Weise Menschen verfolgen können oder schon Stunden zuvor wissen, dass sie von einer Person besucht werden und somit in Ruhe Vorbereitungen treffen können. Es gibt Tatsachenberichte, in denen gefangene Aborigines tagelang meilenweit quer durch das Outback gewandert sind, um zu ihren Familien zurückzukehren. Ein Europäer hätte sich heillos verlaufen und wäre zu Tode gekommen. Von den Ureinwohner Amerikas, den Indianern, kennen wir ähnliche Berichte. So hat jede Spezies, auch die verschiedenen Menschenrassen, ihre ureigenen Gitternetze.

Uns Westeuropäern ist diese Art der hilfreichen Verständigung, wie sie den Aborigines zu eigen ist, ein wenig abhandengekommen, sodass uns diese Form des Miteinanders oft nur ein Rätsel ist. Das liegt daran, dass wir im Laufe unserer Entwicklung unseren rationalen Teil des Gehirns stärker ausgeprägt haben und auf diese Weise mehr den männlichen Teil leben, der fern der Intuition ist.

Zum Abschluss möchte ich noch eine interessante Geschichte zum Thema Gitternetze berichten, die mir eine meiner Lehrerinnen, Rhea Powers, erzählte.

Sie wollte ihren Sohn in den ersten Lebensjahren frei von gesellschaftlichen militanten Einflüssen – liebevoll und gewaltfrei großziehen. Sie wählte eine Gegend im Südwesten der USA, in der ihr Kind in der freien Natur ohne Fernsehen, Radio oder andere »negative« Einflüsse aufwachsen konnte. Eines Tages ging sie mit ihrem Sohn durch den Wald spazieren und plötzlich hob der Junge einen längeren Stock auf, sah ihn sich an und hielt ihn plötzlich lachend vor sich hin. Er legte ihn dann wie ein Gewehr an, zielte auf seine Mutter und gab ballernde Geräusche von sich. Rhea war entsetzt. Hatte der Junge doch nie in seinem Leben etwas von Gewehren, vom Schießen und erst recht nicht vom Töten erfahren! Die Information von Gewalt und Schießen ist in den kollektiven Gitternetzen der westlichen »Zivilisation« enthalten und somit auch für einen kleinen amerikanischen Staatsbürger abrufbar.

Dieses Beispiel zeigt uns deutlich die Schattenseite der Gitternetze – nicht den Vorteil dieser großen Informationsquelle, sondern den Nachteil. Sind wir nicht immens willensstark und bewusst, können wir durch kollektive Muster, wie Glaubenssätze, die uns an etwas hindern, in Manipulationen oder Idealvorstellungen gefangen sein, durch welche wir über die Gitternetze unserer Erde gespeist werden.

Eine Vielzahl von Gitternetzen verschiedener Spezies ergibt also zusammen das Gitternetz der Erde. Unseren Planeten als großes Lebewesen – als Mutter Erde – zu sehen, hilft uns vielleicht, sie mehr zu achten, respektvoller mit ihren Geschenken umzugehen.

Wir Menschen sind die Zellen dieses großen Wesens. Somit haben wir mit unserem Tun, Denken und Fühlen wieder Einfluss auf das große Ganze, auf den Planeten, aber auch auf das Planetensystem, auf die gesamte Galaxie.

Dieses Zusammenhangs sollten wir uns täglich bewusst sein. Vielleicht hören wir dann eher auf, uns über alles zu ärgern, zu streiten und uns zu bekriegen – denn damit speisen wir die Gitternetze. So brauchen wir uns nicht wundern, dass wieder irgendwo ein Krieg ausbricht. Das hat mit uns allen zu tun! Mit jedem Einzelnen! Nur gibt es Länder, die dies eben austragen, es sozusagen in die Materie umsetzen.

Ich möchte dich an dieser Stelle aufrütteln, dir bewusst zu werden, dass wir wirklich alle etwas dazu beitragen können, die Gitternetze der Erde zu speisen, um in einer liebevollen, respektvollen und gewaltfreien Welt leben zu können!

Anhand der Grafik wird der Zusammenhang »Wie im Großen, so im Kleinen« auf einfache Weise deutlich: Je nachdem, was wir nun in die einzelnen Gitternetze der einzelnen Spezies (den kleinen Pötten) hineingeben, wie wir sie speisen, verändert sich also das große Ganze.

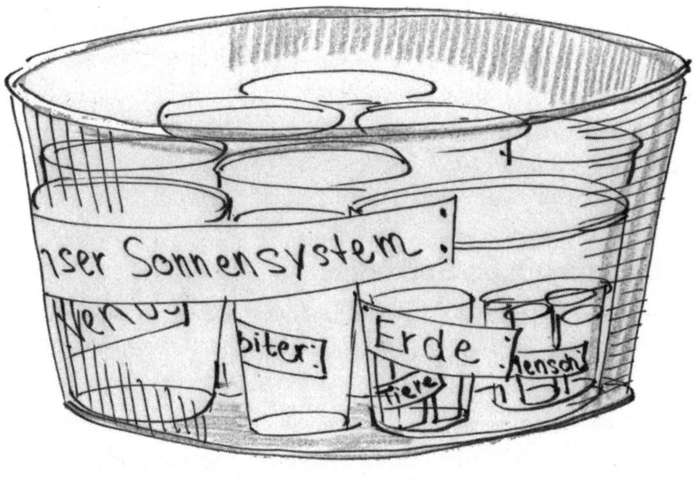

Jedes System hat seine eigenen Gitternetze, die wir hier symbolisch mit ineinander geschachtelten Wissenspötten oder -speichern darstellen können

Als Letztes möchte ich auf das Thema »Störfelder in den Gitternetzen« eingehen. Es gibt Berichte von Fledermäusen, die sich nicht mehr orientieren können und umherirren, ebenso von Zugvögeln, die umgekommen sind, weil sie in die falsche Richtung geflogen sind. Sind diese Tiere dumm geworden? Ganz bestimmt nicht! Aber der Informationsfluss in den Gitternetzen ist durch Interferenzen, also Überlagerungen von anderen Schwingungen, gestört. Damit nehmen die Tiere die Informationen, die sie zum Beispiel für ihre Fortbewegung benötigen, verzerrt wahr und erhalten Fehlinformationen.

Wo kommen diese Störfelder her? Durch die Errungenschaften der Technik produzieren wir täglich viele Störfrequenzen. Nachweislich sind die verwirrendsten und schädlichsten die ELF-Wellen, die so genannte Extrem Low Frequenz. Das Spektrum von elektromagnetischen Wellen ist groß: Fernsehen, Radar oder Telekommunikation. Diese und noch viele andere überlagern also unsere Gitternetze.

Es sei nun dahingestellt, ob Störfelder bewusst eingesetzt werden oder eine nicht mehr auszuschließende Nebenwirkung unserer modernen, hochtechnisierten Zeit sind. Ich persönlich reagiere extrem auf Störfrequenzen, finde sie lästig und fast unzumutbar. Andere Menschen nehmen sie kaum oder gar nicht wahr. Allerdings ist es illusorisch, sich von diesen vielen Frequenzen fernhalten zu wollen, sie durchdringen ja alles. Das Handy spielt dabei auch eine große Rolle. Obwohl es mir in Notsituationen auch schon sehr nützlich war, verzichte ich aus besagten Gründen lieber darauf und tröste mich damit, dass ich lieber nonverbal kommuniziere.

8.6.3 Der Mensch als Empfänger

Um den Prozess des medialen Empfangens deutlich zu verstehen, ist es wichtig, uns noch ein wenig ausführlicher mit den Gitternetzen, also dem Wissenden Feld zu beschäftigen.

Fassen wir zusammen: Die Gitternetze werden gespeist durch unsere Handlungen, unser Denken und Fühlen. Im Kleinen bildet es die Aura unserer Energiekörper und im Großen strahlt diese Schwingung in den Kosmos und bildet ein Netz, eine große Aura um den ganzen Planeten. Die Aura des Planeten ist somit die Summe aller Auren der Lebewesen auf dem Planeten. So wie unsere Aura ebenfalls als Energieform ständig pulsiert und sich bewegt, muss sich die große Aura des Planeten, der Erde in unserem Falle, ebenfalls bewegen und pulsieren. Damit besitzt sie genauso eine Leuchtkraft und Strahlkraft wie die Aura der Menschen. Diese Strahlkraft wird in dem Sanskritwort »akash« sehr deutlich. Nicht umsonst habe ich unser Zentrum »Akasha-Zentrum Berlin« genannt – einen besseren Namen für ein Zentrum der Medialität kann es nicht geben.

Durch die Strahlkraft fungieren die Gitternetze nun ebenfalls als Sendestation – als riesengroße! So, wie wir Lebewesen also alle Sendestationen sind, muss nun nach dem Gesetz der Analogie auch im Großen die Aura des Planeten als Sendestation arbeiten können.

Und wo ein Sender ist, gehört auch ein Empfänger hin, sonst nützt das System nichts! Und das sind wiederum wir Menschen! Damit ist der Prozess nun auch umgekehrt nachzuvollziehen. Erst senden wir, speisen die Gitternetze mit Informationen, und dann können wir auch empfangen – eben aus diesen Gitternetzen – alle Informationen, die uns zur Verfügung stehen. Ist das nicht genial?

Wie funktioniert dieses Empfangen der Informationen? Wie bei einem Radio. Die ausgesendeten elektromagnetischen Schwingungen empfangen wir und setzen sie dann so um, dass wir sie verstehen können. Wie ein Radio diese Wellen in Sprache, Töne und Musik umsetzt, tun wir dies ebenso.

Unser technisches Hilfsmittel ist unser Kronenchakra. Unser geöffnetes Kronenchakra arbeitet wie eine Antenne. Über unser Kronenchakra und eventuell unser Drittes Auge lassen wir diese Strahlung aus den Gitternetzen in uns ein. Damit haben wir im wahrsten Sinne des Wortes einen Einfall gehabt.

Wo hinein fällt der Einfall nun genau? Erinnern wir uns an die Lage und den Aufbau unserer Chakren. Unser Wurzelchakra und unser Kronenchakra bilden als wichtige Verbindung in unserem Körper einen Lichtkanal, der von allen anderen Chakren horizontal gekreuzt wird. Die Schwingung oder noch verschlüsselte Information lassen wir nun über das geöffnete Kronenchakra (Drittes Auge) in den Lichtkanal. *Dort wird er verarbeitet und aufgeschlüsselt.* Dafür nutzen wir unsere fünf feinstofflichen Sinne. Eine Umsetzung ist also möglich:

- hellsehend
- hellriechend
- hellwissend
- hellfühlend
- hellschmeckend
- hellhörend

Wie in diesem Teil im Kapitel 5 *»Die fünf feinstofflichen Sinne der Medialität«* ausführlich beschrieben ist, entschlüsseln wir nun die Information.

Der Mensch als Empfänger der feinstofflichen Strahlung, der Wissensspeicher mit Hilfe des Kronenchakras

9. Medialität als natürliche Form der Kommunikation

Neben ganz praktischen Beispielen, die ich schon zum Thema Medialität in diesem Teil des Buches im Kapitel 5 *»Die fünf feinstofflichen Sinne der Medialität«* aufgeführt habe, möchte ich nun ein Thema in Bezug auf Medialität ansprechen und ebenfalls mit Beispielen belegen, welches unseren täglichen Umgang miteinander ausmacht: *Typische mediale Kommunikationsformen, die wir mehr oder weniger bewusst praktizieren.*

Viele kennen die Situation, dass eine Verkäuferin oder ein Vertreter irgendeines Produktes einem mit freundlicher Miene, sehr nett und zuvorkommend, etwas verkaufen will und die Ware anpreist. Über den Verstand können wir nichts sagen: Es gibt gegen die Verkäuferin oder den Vertreter nichts einzuwenden, aber trotzdem fühlen wir uns total unwohl und möchten auf der Stelle das Gespräch abbrechen und den Laden verlassen. Wenn wir klar und bewusst sind, tun wir dies. Überzeugen uns die Argumente des Vertreters und wir geben unserem sechsten Sinn keinen Raum, ärgern wir uns eventuell zu Hause über das abgeschlossene Geschäft. Hier läuft nonverbale Kommunikation ab.

Über den Verstand sagt uns der Vertreter, wie toll das Produkt ist und welch großen Vorteil wir haben, wenn wir es besitzen. Das registrieren wir. Nun läuft parallel aber eine weitere Kommunikation ab, die wir ebenso wahrnehmen, nur leider manchmal nicht registrieren, wenn der Kopf, das Rationale – also unsere männliche Gehirnhälfte – uns beherrscht. Wir nehmen medial die wahren Gedanken des Vertreters wahr und sind abgeschreckt oder eben sehr verwirrt, da er mit Worten eventuell etwas Entgegengesetztes sagt. Vielleicht: »Mensch, Oma, nun kauf den blöden Staubsauger endlich und zicke nicht so rum. Du klaust mir nur meine Zeit. Ich muss in zwei Stunden beim nächsten Kunden sein. Nun unterschreib endlich!« Oder eine Verkäuferin versichert dir, wie toll dir das Kleid steht, denkt aber (und damit sagt sie es nonverbal zu dir): »Eh, du siehst schrecklich in dem Kleid aus. Was hast du nur für einen Geschmack, dass du solch ein Kleid überhaupt anprobierst? Nun kauf es aber endlich, damit mein Umsatz steigt!«

Je wacher, bewusster und medialer wir sind, empfangen wir beide Botschaften: die verbale und die nonverbale. »Reden können die Menschen viel, wenn der Tag lang ist«, heißt es in einem Sprichwort.

Wir sollten weniger auf das Gerede hören, als auf das Nichtgesagte. Das ist die meistens wahre Botschaft.

Jahrelang habe ich im Sommer immer an einem mehrwöchigen Retreat teilgenommen – Meditation und Schweigen ohne jeglichen Blickkontakt. Also das vollständige Programm, um ganz bei sich anzukommen. Ich liebe Retreats. Zum täglichen Tagesablauf gehörte auch Karma-Yoga, der tägliche Hausputz. Jeder hatte seine Aufgabe bekommen, die er nun stillschweigend zu erledigen hatte. Manchmal gab es auch eine größere Aufgabe zu zweit oder zu dritt. Man musste miteinander kooperieren, ohne zu reden und ohne sich anzusehen. Das funktionierte! Und wie! Purer als in dieser Form der Stille können wir uns mit Menschen nicht unterhalten. Das einzig Unangenehme war immer die Zeit nach dem Retreat – der Schreck, wie doch Menschen immer wieder versuchen, sich über die Sprache gegenseitig zu manipulieren, sich zu verstellen oder sich selbst etwas vormachen. Wenn wir in wirklicher Stille sind, brauchen wir gar keine Sprache mehr. Die Sprache des Herzens ist ausreichend. Und um sie sprechen zu können, hilft uns die Fähigkeit der Medialität.

Schulkinder beschweren sich zu Hause manchmal, dass sie der Lehrer oder die Lehrerin nicht leiden kann. Aber der Lehrer hat dem Kind nichts getan, ist gewissenhaft in seiner Arbeit, und im Elterngespräch beteuert der Lehrer, dass er versucht, die Leistungen des Kindes zu unterstützen. Aber trotzdem gibt es Spannungen, sodass das Kind eventuell sogar auffällig schlechte Noten mit nach Hause bringt.

So kann es möglich sein, dass der Lehrer auf der bewussten Ebene in der Verantwortung seines Berufes wirklich alles versucht, die Leistung des Kindes zu fördern. Privat – also persönlich – ist dem Lehrer aber das Kind wirklich unsympathisch. Das kann er aber gar nicht zugeben, weil es ihm nicht wirklich bewusst ist. Denn sein Grundsatz im Unterricht ist es: alle Kinder gleich zu behandeln und niemanden zu bevorzugen. Das merkt das Kind sehr wohl in Worten oder Taten des Lehrers. Trotzdem spürt es aber auch medial, dass er, aus welchen Gründen auch immer, Spannungen und Ablehnung ihm gegenüber hegt.

An dieser Stelle möchte ich Eltern bitten, ihre Kinder in ihren Empfindungen ernst oder noch ernster zu nehmen. Kinder sind noch viel offener für nonverbale Kommunikation, weil ihr rationales Wesen noch nicht so stark ausgeprägt ist. Sie agieren bis zur Pubertät noch verstärkt aus ihrer weiblichen, emotionalen Gehirnhälfte heraus, die, wie wir wissen, für das Intuitive steht. *Gerade der Satz »Das bildest du dir doch alles nur ein, so ein Quatsch!« kann sehr viel Schaden anrichten.* Denn als Eltern sagen wir damit: »Deine Empfindungen sind Blödsinn, du kriegst nicht mit, was wirklich ist!« Aber es kann ebenso andersherum sein – die Eltern kriegen es nicht mit!

Das folgende Beispiel ist aus meiner Praxis. Eine Klientin klagte darüber, dass ihr Mann fremdginge – seit zwei Jahren. Ihr Mann stritt alles ab, lachte sie aus und beschimpfte sie sogar. Ich machte ihr Mut, zu ihrem Gefühl, ihrem wunderbar ausgeprägten sechsten Sinn zu stehen und damit in die Offensive zu gehen. Sie ließ nicht mehr locker, hatte sie ja nichts mehr zu verlieren. Ein Jahr später gab ihr Mann es endlich zu. Er sagte, er habe nicht mehr die Kraft gehabt, dieses Doppelleben zu führen, weil er das Gefühl hatte, dass seine Frau durch ihn wie Glas sehen könne und er sich nur noch als Lügner fühle.

Mit dem nächsten Beispiel begeben wir uns in eine liebevolle, gut funktionierende Beziehung. Sie hat eine dreiwöchige Fortbildung, 500 km von der Familie entfernt. Ihr Mann bringt sie noch zum Zug und wünscht ihr alles Gute. Sie soll sich eine schöne Zeit machen und von der Familie gut erholen. Innerlich kämpft er fast mit den Tränen, weil er jetzt schon weiß, wie sehr er sie vermissen wird, und es graut ihm bei dem Gedanken, für zwei kleine Kinder drei Wochen lang zu kochen. Er fürchtet sich jetzt schon vor all den kleinen Katastrophen, die sie immer mit einem Lächeln gemeistert hat. Mit seinen Worten kann er sie ermutigen, die Zeit zu genießen. Aber auf der nonverbalen Ebene spürt sie, wie er sie braucht und wie besorgt er ist. Und sie amüsiert sich liebevoll ein wenig über ihn, wie tapfer er das wegzustecken versucht.

Fazit:
Die gute Nachricht: **Niemand kann uns wirklich belügen oder uns etwas vormachen! Wir bemerken das!**

Die schlechte Nachricht: Wir sind manipulierbar, weil wir verlernt haben, auf unseren sechsten Sinn, vor allem das Hellfühlen, zu hören und uns von unserem Verstand regieren lassen. Auf diese Weise nehmen wir die Signale, die wir empfangen, nicht wirklich ernst und lassen sie nicht in unser Bewusstsein dringen.

... und wieder eine gute Nachricht: **Je mehr wir unseren sechsten Sinn trainieren, bewusst diese Informationen registrieren und danach handeln, umso freier sind wir davon, manipuliert zu werden!**

Teil III

Vom Einfall zum Zufall

10. Die Bewusstheit beim medialen Empfangen

Wie schon im Teil II des Buches näher beleuchtet, tragen wir alle das Potential der Medialität in uns. Medialität als eine natürliche Form der nonverbalen Kommunikation praktizieren wir täglich. Das Entscheidende aber ist nicht wirklich die Fähigkeit der Medialität – sondern unser Bewusstsein darüber! Inwiefern sind wir uns nun bewusst darüber, dass wir nonverbal miteinander kommunizieren? Die Frage lautet also nicht: Sind wir medial oder nicht?, sondern vielmehr: Sind wir uns unserer Medialität bewusst oder nicht? Um das klären zu können, wollen wir beide Formen der gelebten Medialität näher beleuchten:

1. *Das unbewusste mediale Empfangen*
2. *Das bewusste mediale Empfangen*

Was meint bewusste oder unbewusste Medialität? Der wesentliche Unterschied ist das Erkennen und Bewusstwerden des Zustandes, in dem man sich gerade befindet. Ist es etwas, das scheinbar unabhängig von einem passiert, oder ist es ein bewusstes Sich-Öffnen, ein Darauf-Einstellen und Wahrnehmen des Prozesses, der abläuft? Das wollen wir uns nun näher ansehen.

10.1 Vom Einfall zum Zufall

In diesem Kapitel möchten wir uns langsam an das Thema herantasten, in dem wir uns einmal unsere deutsche Sprache mit einigen dazugehörenden Wörtern näher ansehen wollen, um zu erkennen, wie sinnträchtig unsere Sprache eigentlich ist.

Vom Einfall zum Zufall

Diese Formulierung ist ein schönes Wortspiel, welches ideal zu diesem Thema passt. Wollen wir nun beide Wörter, Einfall wie Zufall, näher unter die Lupe nehmen: Mit dem Einfall haben wir uns schon im zweiten Teil dieses Buches im Kapitel 8.6.3 *»Der Mensch als Empfänger«* näher beschäftigt. Noch einmal zur Erinnerung: Beim Einfall fällt etwas ein. Aber:

Wo kommt es her? Wo fällt es hin? Es fällt ein: in uns. Etwas außerhalb von uns, aus dem Kosmos, aus dem Wissenden Feld. Da Kreativität sehr viel mit Medialität zu tun hat, wartet ein kreativer Mensch also auf den Einfall, darauf, dass ihn etwas jenseits von seinen Gedanken erreicht, um es in seiner Art und Weise dann umzusetzen. Genau genommen sind wir bei Einfällen immer Dolmetscher. Wir übersetzen die Energie in die Materie!

Widmen wir uns nun dem Zufall. Es gibt eine Redewendung, die heißt:

Es gibt keine Zufälle!

Was bedeutet diese Redewendung? Alles, was uns geschieht, hat einen Sinn, eine tiefere Bedeutung, also einen Hintergrund. Um diese Redewendung wörtlich nehmen zu können, müssen wir das Wort Zufall definieren, damit es verständlich wird. Im Umgangssprachlichen steht Zufall für etwas, das unabhängig von uns ist und uns aus heiterem Himmel zufällt – ohne Absicht, ohne Sinn, eben zufällig! Stimmt das? So wird das Wort angewendet, aber das bedeutet es noch lange nicht! Was steckt denn wortwörtlich hinter einem Zufall?

Es fällt uns etwas zu. Wo fällt es denn her? Warum gerade zu uns? Warum verfehlt es uns nicht? Es ist also ein Bezug da zum Fallen, es fällt zu: uns, unseren Freunden, unseren Eltern, Geschwistern, Nachbarn, Kollegen, wem auch immer, es ist jedenfalls eine gerichtete Absicht dahinter. Also gibt es eine gerichtete Kraft, die nach dem Gesetz der Resonanz Dinge geschehen lässt, die wir bestellt haben.

Also müsste es richtig heißen:

Es gibt nur Zufälle – denn der Zufall ist gesetzmäßig!

Fazit:

Stellen wir eine Verbindung zwischen Einfall und Zufall her, können wir erkennen, dass der Zufall die gesteigerte Form des Einfalls ist! Damit ist in unserer deutschen Sprache selbst die Medialität in den Worten verankert, ohne dass es uns vielleicht bewusst ist. Damit uns die Häufigkeit von medialen Erlebnissen bewusster werden kann, widmen wir uns im Folgenden dem unbewussten und dem bewussten medialen Empfangen, um erkennen zu können, wie komplex dieses Thema ist.

10.2 Das unbewusste mediale Empfangen

Beim unbewussten medialen Empfangen öffnen wir uns für Schwingungen, Energien oder sogar Botschaften aus der geistigen Welt. Aber es ist keine bewusste Entscheidung. Es geschieht einfach. Unbewusst sind wir bereit, feinstoffliche Energien zu empfangen, ohne es wirklich zu wollen. Oft ist uns nicht einmal bewusst, dass dies überhaupt etwas mit Medialität zu tun hat und es ein Einfluss von außen ist, der sich in unserer Wahrnehmung zeigt. Wir fühlen uns urplötzlich komisch, verunsichert oder ängstlich, weil wir das Geschehene nicht einordnen können, oder aber plötzlich getröstet, beschützt, umhütet und friedlich. Alles ist möglich, je nach Situation und Energieform.

Ich möchte hierfür ein paar Beispiele anbringen. Öffne dich beim Lesen einfach dafür und fühle hinein, ob dir das eine oder andere bekannt vorkommt.

Es kann sein, du sitzt in deinem Zimmer auf deinem Lieblingsplatz, müde und ausgelaugt vom Tag. Plötzlich hast du das Gefühl, es streichelt dir jemand liebevoll über den Kopf. Es ist niemand im Raum, den du siehst, aber du fühlst dich auf einmal getröstet und vielleicht sogar aufgetankt und gekräftigt. Das kann auch wahrgenommen werden wie ein »Eingehülltwerden« in eine kuschelige Decke. Dir wird plötzlich ganz warm – körperlich und auch ums Herz. In einer Situation, in der du dich im Stich gelassen oder ungerecht behandelt fühlst, meinst du plötzlich, in dir eine Stimme zu hören, die dich tröstet, die dir sagt, was du am besten tun solltest, und die dir Trost gibt. Es kann aber auch sein, dass du einen Raum betrittst, in dem dich sofort ein eisiger Wind umgibt, wo es dich fröstelt und das, obwohl die Heizung voll aufgedreht ist. Genauso kann dies eine Landschaft oder ein Straßenzug sein, wo du so etwas empfindest.

Wenn du am Grab eines dir am Herzen liegenden verstorbenen Menschen stehst, kann plötzlich ein Windhauch um dich wehen, obwohl es total windstill ist. Es kann sich aber auch die gerade verstorbene Person spontan zeigen, um sich vielleicht von der Familie zu verabschieden. Das habe ich von vielen Angehörigen gehört und auch schon selbst erlebt.

Das alles sind Energien, meist wohlwollende, die entweder umherirren, weil sie noch nicht frei sind, oder die dir liebevoll etwas geben oder mitteilen wollen. Für weniger wohlwollende, aufdringliche Energien, mit denen du nicht umgehen kannst, folgt im nächsten Kapitel eine Liste von »Erste-Hilfe-Maßnahmen«.

Ein anderes Phänomen sind Gerüche. Mich selbst bat einmal eine Freundin, ihre Wohnung zu inspizieren, weil ein unerklärlicher scheußlicher Geruch aus ihrer Wohnung drang, der verstärkt auftrat, wenn sie verreist war. Es stellte sich heraus, dass der Vormieter, der zwar längst verstorben war, immer noch der Meinung war, dass er hier wohne, und nun die neue Bewohnerin verdrängen wollte. Er saß in seinem Schaukelstuhl und ärgerte sich über den Eindringling in seiner Wohnung. Als wir dem alten Mann klarmachten, dass er tot sei, und ihm den Weg in das Licht ebneten, nahm er diese Hilfestellung dankend an und der Geruch war seitdem verschwunden.

Eine andere, ganz unspektakuläre Art der Medialität ist das Kochen, ohne zu kosten. Medial empfangen wir, was in den Kochtopf soll, ohne uns darüber im Klaren zu sein, weshalb das funktioniert. Oder das liebe Telefon. Wir wissen einfach manchmal, wer am anderen Ende ist und rennen schon erfreut zum Hörer. Oder aber wir sind froh, nicht abgenommen zu haben, wenn wir den unangenehmen Anruf dann auf dem Anrufbeantworter bestätigt bekommen.

Zum Schluss noch zwei Beispiele für unbewusstes mediales Empfangen im Bereich Straßenverkehr: Viele Menschen, die Verkehrsunfälle hatten oder solchen gerade so entgangen sind, erzählen von mysteriösen weißen Autos, die plötzlich wie aus dem Nichts auf der Fahrbahn standen und sie deshalb scharf bremsen mussten. Andere berichten von Verkehrunfällen, Auffahrunfällen oder anderen Katastrophen am Straßenrand, die plötzlich auftauchen und dann wieder verschwinden. Wenn sie dann vielleicht zurückfahren, um helfen zu wollen, ist dort alles friedlich und niemand ist da. Wie ist das zu erklären?

Es kann passieren, dass wir durch das monotone Autofahren, was ohne Frage ein für die Verkehrssicherheit gefährlicher meditativer Zustand sein kann und unsere Ratio ausschaltet, in andere Dimensionen eintauchen. Wir rutschen sozusagen in Parallelwelten. Der Physiker und Autor Franz Bludorf beschreibt in einigen seiner Bücher solche Zustände und Erlebnisse und erklärt sie physikalisch näher.

Vielleicht kam dir die eine oder andere Geschichte vertraut vor oder hat dich an eigene unheimliche Erlebnisse erinnert. Dazu nun überleitend das »Erste-Hilfe-Programm«.

10.3 Erste Hilfe beim unbewussten Empfangen

Du findest im Folgenden eine Art Checkliste als »Erste-Hilfe-Maßnahme« beim unbewussten Empfangen, wenn dir eine Situation unheimlich wird und du mit den Energien nicht umgehen zu können glaubst. Da mich öfter Menschen zu diesem Thema um Rat fragen, halte ich es für hilfreich, diese von mir entwickelten »Erste-Hilfe-Maßnahmen« hier zu veröffentlichen. Sie sind erprobt und haben sich gut bewährt.

1) Laut ansprechen

2) Laut fragen

3) Bitten, sich zu zeigen

4) Vertreiben, wegjagen

5) Verbieten

6) Dreimal sprechen

Du brauchst nicht unbedingt alle Punkte durchzugehen. Das hängt ganz von der Situation, der Energiequalität und natürlich auch von dir ab, wie klar du bei der Durchführung bist. Je nach »Härtefall« kannst du dich mit jedem Punkt steigern, aber manchmal verschwinden die Energien schon nach der ersten Maßnahme.

1) Laut ansprechen

Als Erstes ist es fast eine goldene Regel, Energien – im Raum oder Gelände –, die dir unheimlich sind, immer laut anzusprechen. Damit signalisierst du ganz klar, dass du sie wahrgenommen hast, und es entsteht eine Klarheit auf beiden Ebenen. Hierbei ist es gleichgültig, was du sagst. Rede einfach so, als wenn wirklich optisch etwas da wäre. Erzähle, was du festgestellt hast, oder teile der Energie mit, dass es dich bei der Arbeit stört oder du ja vielleicht auch selber neugierig geworden bist. Erfahrungsgemäß verschwinden die Energien dann schon, weil sie sich bestätigt fühlen und zufrieden sind. Falls die Energien sich aber ganz bewusst zeigen, weil sie etwas sagen möchten beziehungsweise ein Anliegen haben, dann kommen wir zum nächsten Punkt.

2) Laut fragen

Steigere dich nun. Sprich die Energie nicht nur an, sondern frage sie laut und deutlich Folgendes:

a) Wer sie ist?
b) Was sie hier will?
c) Warum sie sich gerade bei dir zeigt?

Damit gibst du dir und der Energie die Chance, die Situation zu klären. Das ist sehr hilfreich, denn immerhin musst du dir vorstellen, dass es sich hier um einen sehr komplizierten Vorgang auf zwei völlig unterschiedlichen Schwingungsebenen handelt: einmal die grobstoffliche, in der Materie verankerte, und zum anderen die feinstoffliche Ebene. Unter diesen Umständen eine Verständigung aufzubauen ist schon ein kleines Kunststück. Weil wir durch unseren Körper und unsere Sprache mehr Möglichkeiten der Verständigung beherrschen, ist das laute klare Nachfragen ein hilfreiches Mittel. Gerade auch die dritte Frage ist eine sehr aufschlussreiche Sache, denn es hat immer einen besonderen Grund, warum die entsprechenden Energien oder Seelen sich gerade bei dir melden.

3) Bitten, sich zu zeigen

Wenn du keine Angst hast und stattdessen neugierig bist, wer oder was sich hinter der Energie im Raum oder Gelände verbirgt, kannst du sie bitten, sich dir zu zeigen. Wichtig dabei ist aber, dass du ganz ehrlich zu dir bist und diese Bitte wirklich nur dann aussprichst, wenn du auch den Mut hast, dem zu widerstehen. Du weißt ja nicht unbedingt, wer oder was sich dir da zeigt. Ich fühle immer aus dem Herzen heraus, welche Energiequalität sich hinter der Störung oder veränderten Frequenz verbirgt, und entscheide dann. Manchmal zeigen sich dann ganz harmlose Wesen: verstorbene Personen, Tierseelen, Kobolde oder Engelwesen, die eine Nachricht haben beziehungsweise etwas mit unserer Hilfe klären wollen. Bei Unsicherheiten aber lasse diesen Punkt unbedingt aus und komme gleich zum nächsten!

4) Vertreiben, wegjagen

Wenn es dir unheimlich ist oder dir die Kommunikation mit der Energie nicht gelingt, ist es dein gutes Recht, diese Energie wegzujagen. Nutze deinen freien Willen! Es ist dein Recht und sogar deine Pflicht, für dich zu sorgen!

Nun könnte sich abschließend noch folgende Frage stellen: »Aber wenn die Energie nun eine »liebe« ist, ein nettes Seelchen, welches vielleicht eine ganz wichtige Botschaft für mich hat? Die soll ich dann wegjagen?« Die Antwort lautet ganz klar: »Ja!«

Wenn es dich in dem Moment nervt, du keine Offenheit dafür haben kannst, weil du mit für dich wichtigen anderen weltlichen Dingen beschäftigt bist, hast du alles Recht der Welt dazu. Du entscheidest! Auch kleine Gartenspitzmäuse sind niedliche Tierchen, aber muss ich sie deswegen in meinem Haus wohnen lassen? Jeder hat seinen Lebensraum, und das gilt es zu respektieren. Wenn ich Lust auf Gartenspitzmaus habe, dann gehe ich gerne hinter den Schuppen, beobachte sie und kann auch mit ihnen kommunizieren, aber in meinem Wohnzimmer haben sie nichts zu suchen! Und genauso ist das mit den feinstofflichen Energien. Sonst machen wir uns wieder zum Opfer! Ich muss nicht mit der Maus in einem Haus wohnen, obwohl ich Mäuse sehr liebe.

So brauchst du dich analog dazu nicht mit jeder Energie in deinem Umfeld auseinanderzusetzen, auch wenn du für sie offen bist. Alles zu seiner Zeit! Auf diese Weise erkläre ich Energien, die sich mir zu unpassenden Momenten zeigen, dass es jetzt nicht geht. Dann habe ich Ruhe. Mit manchen mache ich dann einen Zeitpunkt aus, an dem es mir passt, andere schicke ich gleich weg, weil ich merke, sie haben keine Absicht, die mir zusagt.

Als junge Frau musste ich ziemlich radikal lernen, mir viele Energien vom Halse zu halten – mir fehlte noch die Klarheit. Jetzt habe ich eine Art inneren Filter eingebaut, sodass gewisse destruktive Energien den Weg zu mir gar nicht erst finden können. Das mag vielleicht ein wenig hart klingen, aber es ist einfach klar! Klarheit ist eine wichtige Voraussetzung beim medialen Arbeiten, deshalb ja auch ein Teil der Technik des Empfangens.

5) Verbieten

Wenn das Vertreiben nicht hilft, dann steigere das Ganze noch mehr. Setze alle deine Energie und Kraft dazu ein und verbiete der Energie oder Seele, in deinem Umfeld zu sein. Das darfst du! Vielleicht hast du sie bis dato nur lieb gebeten, »... doch jetzt mal bitte zu gehen ...«. Das könnte so eine Energie nicht unbedingt ernst nehmen. Es ist wie mit kleinen Kindern, die vertieft im Sandkasten spielen. Wenn du sagst »Ach, bitte, kommt jetzt wieder her, wir wollen wieder nach Hause gehen!« und fröhlich lächelnd auf der Parkbank weiter sitzen bleibst, passiert erfahrungsgemäß nichts, gar nichts. Es sei denn, es liegt schon eine Erfahrung der Kinder vor, dass Widerstand sowieso zwecklos ist. Sprichst du aber klar aus: »Anna und Gunnar, jetzt kommt ihr sofort zu mir, wir gehen jetzt!« und machst dich dann selbst schon auf den Weg, dann wetzen dir die lieben Kleinen was das Zeug hält hinterher. Warum? Weil sie merken, dass du es ernst meinst, dass du authentisch bist.

Wenn du also einen »Geist« bittest, deine Wohnung zu verlassen und im Stillen aber sehr stolz bist, dass du von einem solchen belästigt wirst (und bei deinen Freunden auch immer stolz jammerst, dass du nachts wegen dem Geist nicht schlafen kannst), welche Botschaft gibst du der Energie? Natürlich: »Bleib bei mir, ich finde es toll, endlich einen Grund zu haben, zu jammern und dadurch Aufmerksamkeit zu erhalten!« Denn auch hier funktioniert das Gesetz der Resonanz. Hast du für dich entschieden, energetisch saubere Räume zu haben, hast du sie auch. Dann setzt du aus tiefster Seele alles daran, dass sie sauber sind. Mit deiner eigenen Willenskraft.

6) Dreimal sprechen

Dieser letzte Punkt gilt für alle fünf Punkte. Er ist eine Art Zusatzpunkt.

Was verbirgt sich hinter dem dreimaligen Sprechen? Es ist ein kosmisches, wenn auch unausgesprochenes Gesetz im Universum, dass wir mit einem dreimal gesprochenen Wort die jeweilige Sache versiegeln. Darum ist es beim Sprechen mit einer Energie gut, wenn du sie alles dreimal fragst. Das mag dir ein wenig albern vorkommen, ist aber wichtig. Zweimal können dir destruktive Energien vorgaukeln, dass sie pure Liebe sind und aus dem Licht kommen. Wenn du das glaubst und dich auf sie einlässt, na dann: Gute Nacht! Ich selbst war als junges Mädchen einmal knapp zwei Tage einseitig gelähmt, weil ich diesen Fehler machte. Irrtümlicherweise hatte ich mich für solch eine destruktive Energie geöffnet, die von meinem Körper Besitz ergreifen wollte.

Nach der dritten Frage können die Energien nicht mehr lügen. Wenn sie dann wieder behaupten wollen, sie seien reine Liebe, dann versiegeln sie das und werden wirklich Liebe. Davor aber haben destruktive Energien mächtige Angst und zeigen auf diese Weise dann ihr wahres Gesicht, platzen oder ziehen sich schlagartig zurück, weil du sie durchschaut hast. Dasselbe gilt für deine Aufforderungen, dass sie verschwinden sollen. Nach dreimaliger Bitte versiegelst du deine Absicht und manifestierst, dass du es wirklich ernst meinst.

Du kannst diesen Trick auch im täglichen Leben anwenden, bei deinen Kindern, deinem Ehemann oder deinen Kollegen. Du wirst erstaunt sein, welche neuen und interessanten Erfahrungen du machen wirst! Dieses Gesetz wirkt im ganzen Kosmos – feinstofflich wie grobstofflich.

10.4 Das bewusste mediale Empfangen

Das bewusste mediale Empfangen ist nun die Steigerung vom unbewussten Empfangen. Der Vorgang ist wieder derselbe, nur nehmen wir ihn nun bewusst wahr. Es ist, als ob wir bewusst den Schalter auf Empfang umstellen, das impliziert gleichzeitig – und damit wird es so interessant und hilfreich –, dass wir auch bewusst den Schalter wieder umlegen können. Damit hören wir auf, Opfer der eigenen Medialität zu sein, und haben die brillante Chance, uns aus unserem freien Willen heraus zu entscheiden, uns für die feinstoffliche Welt zu öffnen. Wir müssen nicht mehr in Angst leben, dass wir hoffentlich nicht irgendetwas »Schlimmes« sehen oder mitkriegen. Wir bestimmen es selbst und sind somit unserer Eigenverantwortung wieder ein Stück näher gekommen.

Sehr häufig werde ich von Menschen gefragt, ob es denn nicht sehr anstrengend sei, so stark medial zu sein – alles immer auf allen Ebenen sehen zu müssen und nie »normal« durch die Straßen gehen zu können. Eine ganz berechtigte logische Frage, die ich an dieser Stelle gerne beantworten möchte. Die Frage muss allerdings auf zwei Ebenen erklärt werden.

Erste Ebene – das bewusste Empfangen: Ich kann ganz bewusst den »Schalter« auf »aus« und »an« schalten, je nach Situation. Wenn der Postbote in der Praxis klingelt, bin ich in einem anderen Zustand als bei einer Beratung oder in der Therapie. In der Beratung habe ich den Schalter total auf »an« und bei dem Postboten normalerweise auf »aus«. Macht eine Klientin mit mir nach der Sitzung noch einen neuen Termin aus, habe ich den Schalter ebenfalls auf »aus«. Je nach Bedarf kann ich also an- oder ausschalten.

Zweite Ebene – das Bewusstsein: Da ich durch meine Lebenserfahrung als Mensch und Medium über viele Leben hinweg ein Bewusstsein erreicht habe, das es mir erlaubt, mich nicht vor medialen Visionen, Botschaften oder Bildern zu fürchten, sondern diesen mit Gelassenheit und Gleichmut entgegenzusehen, gibt es oft keinen Grund für mich, den Schalter auf »aus« zu stellen. Ich bin damit nicht überlastet, sondern gehe sehr selbstverständlich damit um. Kommt also der Postbote – der übrigens sehr nett ist – zu mir in die Praxis, dann sehe ich mir auch gerne mal seine Aura beim Unterschreiben für die Paketsendungen an und freue mich darüber, wie sie leuchtet. Fahre ich hingegen in Berlin in der übervollen U-Bahn, stelle ich lieber auf »aus« und lese gemütlich ein Buch. Frau soll sich ja keinen Stress machen. Aber wenn ich mal kein Buch dabei habe, lasse ich mich auch gerne mal auf die »Romane« ein, die jeder so mit sich trägt. Es ist fließend. Irgendwann braucht man dazu keine Technik mehr, sondern hat die Medialität in sein Leben integriert. Dann ist das so, als wenn man seine körperlichen Augen auf- oder zumacht.

Nun möchte ich noch einige Beispiele für bewusstes mediales Empfangen und Einstellen aufführen. Ein jegliches Gebet ist ein gutes Beispiel, egal, ob wir mit unserem Schutzengel sprechen, in der Kirche sitzen und um Heilung bitten oder um einen Einfall bei der Klausur – natürlich auch, wenn wir ganz klar formulierte Botschaften der geistigen Welt zu bestimmten Themen einfordern. Alle, die leidenschaftlich die Fernsehsendung »Wer wird Millionär?« sehen, mitraten oder selber teilnehmen, sind ebenfalls immer ein Stück bewusst medial dabei, denn sie wollen ja die richtige Antwort empfangen!

Zusammenfassend können wir sagen, dass es sich beim bewussten Empfangen also immer um die bewusste Entscheidung handelt, aus anderen Dimensionen eine Botschaft unterschiedlicher Art und Qualität einzufordern.

11. Was alles empfangen werden kann

Erinnern wir uns an das Kapitel 8 »*Wie funktioniert Medialität?*« im zweiten Teil dieses Buches: Wir können alles, was lebt und damit eine Aura hat, empfangen. Die Aura eines Lebewesens entsteht durch elektromagnetische Wellen und wird durch sie gespeist. Diese Wellen sind nicht nur auf den jeweiligen Körper des Lebewesens beschränkt, sondern speisen ebenso das Wissende Feld des Kosmos, die Gitternetze. So viel zur Wiederholung.

In Kurzform wären das folgende Lebewesen:

- → Mineralien
- → Pflanzen
- → Tiere
- → Menschen
  - · Erdbewohner
  - · andere humanoide intelligente Wesen
- → Lichtwesen
  - · verstorbene Menschen
  - · Engelwesen
  - · aufgestiegene Meister

Im Folgenden möchte ich nun die einzelnen Bereiche näher erläutern, um damit die Vielfalt der Medialität und deren Anwendung sichtbar zu machen.

11.1 Mineralien

Mir persönlich bereitet es riesige Freude, mich mit Mineralien zu unterhalten. Für einige mag das ungewohnt klingen, da Mineralien scheinbar nur leblose Steine sind. Dem ist nicht so. Mineralien sind Lebewesen auf der untersten Bewusstseinsebene. Ihr Mineral- oder Kristallkörper, welcher unterschiedliche Strukturen aufweisen kann, ist ebenfalls beseelt. Mineralien haben Gruppenseelen. Um mit Mineralien sprechen zu können, nehme ich sie in die Hand, wenn es wegen der Größe möglich ist.

Dann stimme ich mich medial darauf ein, was sie mir erzählen wollen. Manchmal frage ich sie auch, wie es ihnen geht, ob sie sich etwas wünschen, ob sie etwas stört oder ob sie etwas Spezielles vermitteln wollen. Mit Mineralien zu sprechen, ist immer sehr anrührend. Man hat die Möglichkeit und den Einblick in diese kleine Welt und kann auf diese Weise seinen Horizont wieder ein wenig erweitern.

Manchmal veranstalte ich Abende, zu denen die Menschen ihre Mineralien und Kristalle mitbringen können und wir mit diesen über mich Kontakt aufnehmen. Mineralien können von ihrer Heilkraft berichten, ihrer ganz persönlichen Beziehung zu dem Menschen, bei dem sie wohnen, von ihren Lebensbedingungen und Wünschen. Es ist auf jeden Fall ein lohnendes Erlebnis, sich mit den steinernen Freunden zu beschäftigen und sich für sie medial zu öffnen. Ich finde es bedeutend interessanter und lehrreicher, als ein Mineralienbuch zu studieren.

Wenn du in einem Steinladen bist und dir einen Heilstein kaufen möchtest, finde ich es viel effektiver, medial nach dem Stein zu rufen, indem du deine Wünsche und Bedürfnisse für Heilung und Wachstum an die Steine aussendest, als dem Verkäufer dein Anliegen zu vermitteln. Das kannst du ja hinterher zusätzlich tun, damit dein Kopf auch noch Futter hat! Bist du ganz offen, wird sich bei dir genau der richtige Stein melden, der für dich da ist. Auf diese Weise bin ich zu einem sehr großen Schneeflockenobsidian gekommen, der ein guter Freund von mir geworden ist. Er zog mich magisch an und sagte mir, er will in meine Hosentasche beziehungsweise ganz nah an meinen Körper. Wenn ich sehr anstrengende Phasen in meinem Leben habe, merke ich, wie gut er mir dann tut und trage ihn bei mir am Körper. Sonst wohnt er neben meinem Bett. Einige Jahre später las ich durch Zufall in einem Mineralienbuch über genau diesen Stein. Es wurde darauf hingewiesen, dass Schneeflockenobsidiane am besten nur im Garten ausgelegt, nie in Bettnähe und erst recht nicht am Körper getragen werden sollten, weil sie viel zu stark in ihrer Wirkung sind. Der Text war wie eine, wenn auch gut gemeinte, Warnung. Da mag sicher etwas dran sein. Aber jeder Mensch ist unterschiedlich, und jeder Stein auch. Wir sind alle Individualisten – Steine wie Menschen …

11.2 Pflanzen

Mit Pflanzen zu sprechen, das gehört mittlerweile fast zum guten Ton. Es ist ja auch wissenschaftlich durch unzählige Experimente bewiesen, dass die Pflanzen reagieren, dass sie selbst Schwingungen aussenden – aber auch auf die Schwingungen der Umgebung reagieren. Dass Pflanzen beseelt sind, wird auch offiziell nicht mehr in Frage gestellt. Sehr interessant finde ich, dass Kakteen die sensibelsten und empfindlichsten Pflanzen in der Pflanzenwelt sind und schon bei Tests als Detektive eingesetzt wurden. Wer sich medial auf solch sensible Pflanzen einstimmt, kann ganze Geschichten erfahren, welche die Pflanzen von ihren Erlebnissen erzählen können. Kennst du das: Du gehst durch deinen Garten und lobst deine Pflanzen, wie brav sie wachsen. Vielleicht ermahnst du die eine oder andere, dass sie nicht so schief wachsen soll oder sich nicht so frech zum Nachbarn ins Beet ausbreiten soll. Und plötzlich antworten sie dir! Sei offen dafür, nimm es ernst. Du bildest dir das nicht ein!

Bei einer Reiki-Einweihung zum zweiten Grad hatte ich ein schönes Erlebnis, von dem ich gerne an dieser Stelle erzählen möchte. Alle drei Schülerinnen hatten von mir den Auftrag erhalten, nach der Einweihung in das zweite Symbol dieses zur energetischen Raumreinigung anzuwenden. Anschließend sollten sie es auf dieselbe Weise bei unterschiedlichen Pflanzen anwenden, um auch diese energetisch zu reinigen und sich daran zu üben. Normalerweise sage ich immer dazu, dass sie auf alles, was dabei passiert, achten sollen. Diesmal hatte ich es vergessen. Bei der Auswertung berichtete eine Schülerin ganz verstört, dass sie wohl alles falsch gemacht hätte, denn ihr sei was ganz Komisches passiert: Die Pflanze hätte mit ihr gesprochen! Ob das denn sein könne? Auf meine Frage, was sie ihr denn gesagt hätte, erzählte sie, die Pflanze hätte sich beschwert, dass sie das Reinigungsritual nicht wolle. Sie sei schon energetisch sauber! Als ich laut anfing zu lachen, klärte sich das Gesicht meiner Schülerin auf. Ich gratulierte ihr zu ihrer wunderbaren medialen Fähigkeit und bestätigte ihr, dass die Pflanzen gereinigt sind, weil wir einen Tag zuvor mit anderen Teilnehmern genau diese Übung gemacht hatten. Auch Pflanzen können also nörgeln!

Zum Thema Schneiden: Viele Pflanzen – seien es nun Zimmerpflanzen, Garten- und Balkonblumen oder Bäume – müssen auch mal beschnitten oder abgeschnitten werden. Dafür ist ein mediales Gespräch sehr hilfreich. Da ich es nie übers Herz bringe, abgeschnittene Teile wegzuschmeißen, mache ich aus allem immer Stecklinge. Sie wurzeln alle! Warum? Weil die Pflanzen mir genau gesagt haben, wo ich sie abtrennen soll. Damit gibt es keine wirklichen Verletzungen und die abgeschnittenen Teile bleiben lebendig.

Pflücke ich im Garten Kräuter zum Kochen, frage ich meine Kräuter, an welcher Stelle ich mir ein Stück abschneiden darf – was sie mir also gerade von sich geben wollen. Sie erklären mir sehr genau, wo und wie ich mein Messer ansetzen soll.

Eine tolle Sache ist es auch, Pflanzen, wenn sie nicht richtig wachsen oder voller Ungeziefer sind, gut zuzureden. Es ist möglich, eine Erklärung von ihnen zu erhalten, was die Ursache dafür ist. Pflanzen können erzählen, was sie brauchen, sich wünschen oder was sie stört. Manchmal sind es die merkwürdigsten Dinge! Manche Blumen stehen echt auf Heavy Metal und andere lieben Chopin oder Opernchöre. Andere stört es, dass sie von so vielen Menschen umgeben sind. Auch Pflanzen sind nur Menschen!

Zum Abschluss noch das in der medialen Ausbildung sehr beliebte Thema: Feen, Elfen, Devas und Naturgeister. Natürlich können wir uns auch mit den zuständigen Pflanzenwesen, die die Pflanzen oder Bäume bewachen, medial unterhalten. Das ist ein fließender Übergang. Viele Schüler/innen erhalten bei unseren Ausflügen auf Mallorca wirklich anrührende Botschaften, die hilfreich sind, ein anderes Verständnis für die Natur zu bekommen und ihr dankbar und voller Achtung zu begegnen.

11.3 Tiere

Mit Tieren Kontakt aufzunehmen, hat sich mittlerweile zu einem richtigen Beruf entwickelt – dem Tierkommunikator. Verständlicherweise möchten wir, wenn wir Tiere als unsere Freunde und Weggefährten sehen (Haustiere wie Nutztiere), gerne wissen, wie es ihnen geht, was ihnen fehlt beziehungsweise was sie benötigen. Denken wir im Umgang mit Pferden – früher unser wichtigstes Nutztier – an den Pferdeflüsterer.

Ein anderer wichtiger Helfer des Menschen ist der Hund: Als Wachhund, Fährtenleser, Spürhund, Blindenhund oder einfach als treuer Freund des Menschen hat er unzählige Aufgaben zu bewältigen. Es kann lebenswichtig sein, die Sprache des Hundes zu verstehen. Es gibt unzählige Berichte, in denen Hunde versucht haben, Leben zu retten, oft erfolgreich, mit ihren eigenen Mitteln, aber manchmal auch erfolglos, weil sie nicht verstanden worden sind. Es ist eine wunderschöne Arbeit, mit Tieren zu kommunizieren.

Natürlich kann der geübte Tierkenner viel an der Körperhaltung eines Tieres ablesen, aber auch da bietet sich der mediale Kontakt zu den Tieren gut an. Sie können uns viele erstaunliche Dinge über sich berichten, über ihre Welt und ihre Sichtweise der Dinge. Was ich persönlich als sehr bereichernd empfinde, ist die Möglichkeit, durch den Kontakt zu Tieren die Qualität von Liebe und Mitgefühl weiterzuentwickeln. Zu mir sind oft Klienten mit der Bitte gekommen, mit ihrem Hund Kontakt aufzunehmen, mit ihm zu reden, ihn zu fragen was er hat, braucht oder was ihm fehlt. Genauso kann natürlich das Wohlbefinden von allen anderen Tieren medial durchgecheckt werden. Interessant ist für mich immer die Rückmeldung zwei, drei Wochen später – was sich alles Positives bei dem Tier verändert hat.

Auch bei verstorbenen Tieren kann ein medialer Kontakt aufgebaut werden. Manchmal möchte die Tierseele noch etwas vermitteln oder bleibt noch einige Zeit bei ihrem Besitzer. Andere Tierseelen steigen auf und dienen voller Dankbarkeit dem Menschen, der sie zu Lebzeiten betreut hat, weiter. Nicht immer steckt in einem Tierkörper eine Seele mit einem Tierbewusstsein; manchmal sind es sehr hoch entwickelte Seelen, die aber noch eine wichtige Erfahrung in diesem Tierkörper machen wollten.

In einer Ausstellung von Greenpeace machte ich einmal eine hochinteressante Erfahrung zum Thema Medialität mit Haien. Es gab ein riesiges Haifischbecken mit Katzenhaien. Nun hatte ich gehört, dass Haie sehr sensibel auf feinstoffliche Schwingungen reagieren. Sie sollen auch Angstschwingungen wahrnehmen. Die Wissenschaft ist sich noch nicht sicher, ob es nur das Blut ihrer Opfer ist, welches sie anlockt, oder die entsprechende Schwingung. Ich wollte es testen. Dazu wählte ich mir einen Haifisch als Kandidaten aus und begann mit ihm medial, also energetisch zu reden. Ich bat ihn, auf kürzester Strecke zu mir zu schwimmen. Kaum sprach ich diese Bitte aus (natürlich lautlos), schoss der Hai von ganz hinten auf mich zu (er hatte ungefähr eine Schwimmstrecke von acht

Metern zurückzulegen). Schnurstracks eilte er so auffällig zu mir, dass alle Leute auf mich und den Hai schauten, weil es eindeutig verdächtig wirkte. Mir war das richtig peinlich, denn mit so einer prompten Reaktion hatte ich nun wirklich nicht gerechnet.

11.4 Menschen

Da wir uns, die wir selbst Menschen sind, für uns selber aber auch für andere Menschen medial einstimmen können, gilt es erst einmal folgende Unterscheidung zu machen:

Mediale Botschaften können empfangen werden

- *für andere*
- *für uns selber*

Für uns selber medial zu arbeiten, ist immer ein ganzes Stück schwieriger als für fremde Menschen. Warum? Da kommt die berühmte Betriebsblindheit zum Tragen. Wir selber kennen uns am besten, haben unsere Träume, Wünsche, Sorgen und Ängste. Wenn wir dann also eine Botschaft erhalten, dass wir zu Tante Lieschen gehen sollen, um sie zu fragen, ob sie uns ihren alten S-Klasse-Daimler vermacht, da der sowieso nur noch in der Garage steht, dann glauben wir dem nicht unbedingt. Ist es doch schon immer unser größter Wunsch gewesen, dieses edle Teil zu fahren! Je sicherer wir aber beim medialen Arbeiten sind, umso besser merken wir auch da den Unterschied, aber am Anfang ist das schwer. Ich persönlich freue mich auch manchmal, wenn ich bei brenzligen Sachen andere für mich medial empfangen lassen kann. Auch wenn die Antwort dann nur lautet: »Beate weiß das schon selbst!« – aber das gibt Beruhigung. Punkt.

Alles weitere Aufgeführte gilt nun für uns selber genauso wie für andere Menschen. Der anwendbare geistig-spirituelle Prozess, den die Medialität mit sich bringt, wird von mir allerdings noch einmal extra im letzten Teil des Buches, im Teil VI *»Medialität und gelebtes Wissen«,* detailliert aufgeführt. Dabei geht es um einen inneren Prozess.

Vorerst widmen wir uns Elementen, die medial empfangen werden können. Diese Elemente können natürlich auch wieder in diesem geistig-spirituellen Prozess enthalten sein. Das Gesetz der Analogie hat uns also wieder einmal eingeholt.

Wenn wir von Menschen sprechen, gilt es noch eine andere Unterteilung durchzuführen. Nämlich nach dem Ort, an dem sich die Menschen aufhalten. Wir unterscheiden:

a) Erdbewohner

b) andere humanoide intelligente Wesen

Der kosmische Bauplan für einen Menschen erstreckt sich weit durch die Galaxien. Es ist für intelligente Wesen einfach ideal, zwei Beine zu haben, auf denen sie stehen, zwei Arme, einen Kopf mittig und einen – je nach Spezies – unterschiedlich ausgeprägten Leib. Da sich intelligente Wesen nicht nur aus den Primaten entwickelt haben, wie es bei uns auf der Erde der Fall war, könnte die Formenvielfalt von Menschen sehr unterschiedlich sein. Ich möchte damit allen, die sich mit diesem Thema noch nicht beschäftigt haben, die Möglichkeit geben, ein wenig weiter, als unsere irdischen Geschichtsbücher es erlauben, über Evolution nachzudenken. Da wir aber hier auf dem Planeten Erde wohnen und dies meine Hauptleser sind (nehme ich jedenfalls an …), möchte ich andere humanoide Wesen nur am Rande erwähnen und mich hauptsächlich auf die Erdbewohner beschränken.

a) Erdbewohner

Wir wollen uns nun detailliert anschauen, welche Elemente beziehungsweise konkrete Möglichkeiten wir haben, sinnvolle Informationen für unseren weiteren Lebensweg empfangen zu können, die uns helfen, ein Leben in Liebe, Verantwortung und Lebensfreude führen zu können.

Lebensaufgabe/Lebensweg

Es gibt ohne Zweifel einen triftigen Grund, dass wir hier auf diesem Planeten inkarniert sind. Dieser ist mit unserer entsprechenden Lebensaufgabe stark verwurzelt. Unsere Lebensaufgabe zu erfahren, verbunden mit unserem Lebensthema in der jetzigen Inkarnation, ist eine sehr hilfreiche Information. Für manche Menschen ist das total neu und für andere eine Bestätigung, weil sie »so etwas schon immer geahnt haben«. Manchmal ist die Lebensaufgabe mit bestimmten Menschen verbunden, zwischen denen es etwas zu klären gilt, manchmal mit einer Mission, die es im Beruflichen oder auch Privaten zu erfüllen gilt, und manchmal spielen viele Menschen oder ein Kollektiv darin eine Rolle. Stets ist die Lebensaufgabe aber mit der Entwicklung des eigenen Bewusstseins verknüpft, denn es geht immer darum, dass wir uns geistig und auch spirituell weiterentwickeln. Dass wir immer mehr in unsere Liebe, unsere Verantwortung und Hingabe gleiten, um als Ziel in das große Ganze, in völlig erwachtem Bewusstsein, wieder einzutauchen und damit zu verschmelzen.

Beruf/Berufung

Schön und beglückend ist es, wenn wir den Beruf ausüben können, der gleichzeitig zu unserer Berufung zählt. Den geeigneten Beruf zu finden, hat oft auch mit der Lebensaufgabe der Person zu tun, muss aber nicht zwingend so sein. Manche Lebensthemen sind ganz privater Natur. Dabei ist es egal, auf welche Weise die Person ihr Geld verdient. Andere Menschen hingegen sind sehr unglücklich, weil sie noch immer auf der Suche nach der richtigen Arbeit für sich sind. Sie fühlen, wie entscheidend ein sie befriedigender Beruf für sie ist. Die klassische Frage in einer medialen Beratung lautet dann häufig: Welchen Beruf soll ich denn ausüben? Diese Frage kann medial nicht beantwortet werden! Warum nicht?

Weil eine konkrete Antwort die Person, welche die Frage gestellt hat, aus ihrer Verantwortung bringen würde. Kein Mensch der Welt und auch kein Lichtwesen des Universums kann uns sagen, was wir tun sollen. Das wäre statt Unterstützung ein Abbringen der Person von ihrem freien Willen. Damit wären wir fremdbestimmt und abhängig! Das ist nicht der Sinn von konstruktiver medialer Beratung. Wie kann nun aber trotzdem Unterstützung zu diesem so wichtigen Thema gegeben werden?

Die Lösung heißt Eigenverantwortung! Wenn die fragende Person aktiv Vorschläge macht, wie sie sich ihre Arbeit vorstellen könnte und was sie interessiert, kann medial hinterfragt werden, ob diese Wünsche in Übereinstimmung mit dem Lebensthema und der Lebensaufgabe stehen. Das ist sehr hilfreich und fördert auf diesem Wege die Kreativität zu regelrecht neuen Berufsbildern.

Genauso kann medial eine Problemanalyse im Beruf stattfinden, wenn die Arbeit einem nicht behagt, aus welchen Gründen auch immer. Sei es der Stress mit den Kollegen, dem Chef, der Arbeitsverteilung, dem Gehalt oder der fehlenden Bereitschaft. Alles ist möglich – das Feld zur Klärung und Unterstützung ist unendlich groß!

Finanzen/Geschäftliches Coaching

Geld ist in Materie umgesetzte Energie. Wer kein Geld hat, hat also auf irgendeine Weise oder einer Ebene keine Energie für sich zur Verfügung. Das kann vielfältige Gründe haben, die ganz individuell angeschaut werden müssen. Vielleicht kannst du nicht geben, oder du gibst nur und traust dich nicht, dir zu nehmen, was dir zusteht. Oder du meinst, du hast es gar nicht erst verdient, etwas zu besitzen. Der eigene Selbstwert spielt bei dem Thema Finanzen eine sehr große Rolle. Medial kann auf diese Weise nach Ursachen gesucht werden, nach hindernden Glaubenssätzen und nach Möglichkeiten, die finanzielle Situation zu verbessern oder zu verändern.

Auch auf der geschäftlichen Ebene kann die mediale Arbeit eine große Hilfestellung sein: bei getätigten Investitionen einer Firma, im Umgang mit den Mitarbeitern, der Firmenstruktur an sich oder der Aura des Unternehmens – der Geist des Unternehmens als feinstoffliche Energie. All das ist hilfreich, um eine Geschäftsidee erfolgreich umzusetzen und ein Unternehmen gewinnbringend und stressfrei zu führen.

Gesundheitscheck

Sehr förderlich ist ein medialer Gesundheitscheck. Dieser kann über die einzelnen Auraschichten auf Wunsch der Person vollzogen werden (das ist bei sich selbst wirklich sehr schwer), und auch ergänzend über die einzelnen Chakren. Von der Zustandsbeschreibung auf der rein körperlichen Ebene ausgehend, wirkt es sehr unterstützend, die Zusammenhänge bei körperlichen Beschwerden mit der geistigen und seelischen Ebene zu verknüpfen und aufzuzeigen (so arbeite ich jedenfalls).

Da Körper, Geist und Seele nie voneinander getrennt betrachtet werden können, ist es wichtig, den Menschen in dieser Ganzheit zu sehen und nicht, wie leider noch häufig in der Schulmedizin, nur auf der körperlichen Ebene. Die Ursachen liegen immer im Geist, der sich im Laufe der Zeit, wenn es keine geistige Korrektur gibt, körperlich manifestiert. Diese geistigen »Fehlschaltungen«, also Verhaltensmuster und Konditionen in einer medialen Beratung aufzuzeigen, bringt einen wahrhaftig allumfassenden Heilungsprozess. Wenn dann noch die Diagnosemittel der Schulmedizin zur genauen Überprüfung eingesetzt werden können, ist das ideal. Mir liegt es fern, die Schulmedizin abzuwerten. Mein größter

Wunsch ist es, dass Ärzte mit alternativen Heiltechniken und medial begabten Menschen Hand in Hand arbeiten.

Beziehungsklärung

Beziehungen sind ein leidiges Thema, welches die Menschen beschäftigt, seit es sie gibt. Das Thema Beziehung ist sehr vielschichtig. Dabei ist es möglich, im Zusammenhang mit der Lebensaufgabe beider Personen zu schauen, welches gemeinsame Lebensthema vorliegt. Unter Umständen ist an die Beziehung auch ein karmisches Thema geknüpft, das heißt, die Personen wollen und müssen ein Thema aus einem vergangenen Leben gemeinsam klären. Das Beziehungsthema kann sehr unterschiedlich sein. Es kann mit der persönlichen, geistig-spirituellen Entwicklung genauso in Zusammenhang stehen wie mit der beruflichen Entwicklung. Manchmal ist mit Erledigung und damit Beendigung des Lernthemas auch die Beziehung beendet. Manchmal lautet das Lernthema aber auch, einfach endlich voneinander loszukommen. Es ist sehr hilfreich, die energetischen Hintergründe einer Beziehung zu verstehen, damit man sich in schwierigen Zeiten der Beziehung nicht gegenseitig bekämpft, sondern die Chance und Herausforderung in Liebe und Dankbarkeit annehmen kann.

Die Vergangenheit – karmische Zusammenhänge

Es ist sehr heilend, wenn wir bestimmte karmische Zusammenhänge begreifen, denn dann können wir selber unser Dasein besser verstehen. Da wir ständig, sei es nun bewusst oder unbewusst, auf der Sinnsuche sind, kommen wir durch Vergangenheitsbewältigung im weitesten Sinne der Sache schon viel näher. Sind das doch schon die drei klassischen Fragen der Philosophie:

- *Wer bin ich?*
- *Wo komme ich her?*
- *Wo gehe ich hin?*

Mit der Beantwortung der Frage: »Wo komme ich her?« können wir auch schon ein Stück mehr verstehen, wer wir sind und wo unser Weg hinführt. Vergangene Leben zu erkennen heißt, uns anzusehen, wie und als welche Person wir schon einmal gelebt und was wir da alles getan haben. Ebenso können wir Zusammenhänge zu anderen Menschen in diesem

Leben erkennen, mit denen wir in vergangenen Leben in Beziehungen standen, sei es liebevoll oder kriegerisch – ob wir einer Person noch etwas schuldig sind oder es etwas wiedergutzumachen gilt. Es gibt unzählige verschiedene Verknüpfungen.

Vergangene Leben präzise medial für andere Menschen zu empfangen, ist nicht so einfach. Es setzt die Fähigkeit voraus, auf der kausalen Ebene arbeiten zu können und das entsprechende Bewusstsein dafür entwickelt zu haben. Wenn wir selber Informationen über unsere vergangenen Leben erfahren wollen, halte ich persönlich eine Rückführung in vergangene Leben, also eine Reinkarnationssitzung, für angebrachter als die mediale Arbeit, da diese emotionaler ist. Durch tiefe Meditation ist es ebenfalls möglich, selber an vergangene Leben zu gelangen. Es ist, als wenn sich ein Schleier hebt und wir uns wieder erinnern können.

Vergangenheit muss aber nicht unbedingt so viele Leben zurückliegen, genau genommen beginnt sie schon gestern.

Es gibt Menschen, die sich an bestimmte Ereignisse in ihrem Leben nicht oder nicht mehr erinnern können, es aber gerne würden. Vielleicht gab es einen Autounfall, der noch ungeklärt ist, oder die Vermutung eines sexuellen Missbrauchs, oder die unverstandene Familiensituation in der Kindheit, die nicht gelöst wurde. Auch solche Themen aus der näher zurückliegenden Vergangenheit können medial geklärt werden. Ich persönlich gehe methodisch immer so vor, dass ich versuche, die Rat suchende Person über eine Regression so weit zurückzuführen, wie es ihr gelingt. Parallel dazu stimme ich mich medial ein. Die fehlenden Bruchstücke vermittle ich ihr gegebenenfalls und lasse sie fühlen, was diese Informationen in ihr auslösen. Das ist ein sehr effektiver und heilsamer Prozess.

Die große Frage nach der Zukunft

Selbstverständlich interessiert uns alle unsere Zukunft. Ob aus unserem scheinbar missratenen Sohn, der uns schon viele schlaflose Nächte beschert hat, vielleicht doch noch was wird; ob der Palmenhain, den wir in unserer Finca auf Mallorca angebaut haben, gut anwächst; oder ob die Aktien gut angelegt sind und Gewinn bringen; oder einfach, ob wir die nächsten zwanzig Jahre gesund bleiben oder bald endlich unseren Traummann oder unsere Traumfrau finden. Stimmt´s? Aber mit der Zukunft ist das so eine Sache. Die Zukunft ist in unendlich vielen Möglichkeiten vorhanden – je nachdem, wie wir uns entscheiden. Wir haben unseren freien Willen. Entscheidest du dich, das Buch weiterzulesen, erfährst du noch viel über Medialität und deren Anwendung. Beendest du es und schenkst es deiner Freundin, passiert wieder etwas anderes. In jeder Sekunde entscheiden wir uns neu und daraus ergibt sich wieder eine unendliche Vielzahl von Möglichkeiten.

Wenn also ein Mensch behauptet, er kann die Zukunft im Detail voraussehen, ist das aus besagtem Grund nicht ganz richtig. Wenn wir den Begriff Zeit nun aber nicht als Chronos sehen, also linear, sondern als Chairos, also alles gleichzeitig, ist das schon etwas anderes. Auf diese Weise haben Propheten unserer Menschheitsgeschichte wichtige Eckdaten lange vorausgesagt. Nun gibt es auch hierbei aber wieder einen Haken: Fragt mich also eine Klientin, ob sie ihre Abschlussprüfung besteht, so sehe ich sie vielleicht mit der Abschlussurkunde in der Hand. Aber: Was könnte passieren, wenn ich ihr das so sage? Sie freut sich und verreist die nächste Woche mit ihrem Freund, anstatt für die Prüfung zu lernen! Wozu soll sie lernen? Sie besteht die Prüfung doch sowieso! Dann bestimmt nicht. Also ist diese Art von Weitervermittlung nicht immer wirklich angebracht und hilfreich. Sie bringt uns aus der eigenen Verantwortung und birgt die Gefahr in sich, passiv zu werden.

Was definitiv gesagt werden kann, sind Tendenzen. Wenn diese an bestimmte Voraussetzungen geknüpft werden, die einzuhalten oder zu beachten sind, dann kann das sehr hilfreich sein. In dem Falle der Beratung unserer Klientin würde es heißen: »Wenn du die nächste Woche konzentriert lernst, jeden Tag, dann besteht die Möglichkeit, dass du die Prüfung erfolgreich bestehst. Achte darauf, dass du das Gelernte gleichmäßig auf alle dir bis zur Prüfung verbleibenden Tage verteilst. Am Abend vor der Prüfung lerne nicht mehr, sondern gehe am besten ins Kino. Zur Prüfung gehe schon eine Stunde vorher hin und mache dich mit den Räumlichkeiten vertraut, damit du nicht so aufgeregt bist.« Und so weiter.

Damit wird es sehr konstruktiv und die Wahrscheinlichkeit ist sehr hoch, dass das eintritt, was dir medial angezeigt wurde. Denn auf diese Weise helfen wir der Rat suchenden Person, sie in ihre Verantwortung zu bringen und sie zu unterstützen, aktiv etwas für ihr Glück zu tun.

b) Andere humanoide intelligente Wesen

Es ist sehr unwahrscheinlich, dass Menschen von anderen Planetensystemen bei dir klingeln und dich darum bitten, dass du für sie medial arbeiten mögest. Warum? Weil die meisten um vieles höher entwickelt sind als wir hier auf der Erde. Insofern kann uns unsere Medialität eher gute Dienste leisten, um mit ihnen Kontakt aufzunehmen und einiges Interessantes über ihre Lebensweise, ihre Moral, Ethik und ihre geistig-spirituelle Entwicklung zu erfahren. Sie können uns, ähnlich wie im folgenden Kapitel, Unterstützung für unser Leben, unsere Entwicklung und unseren individuellen Entwicklungsprozess geben. Es gibt in diesem Bereich fließende Übergänge. Deswegen werde ich mich damit nicht so lange aufhalten.

11.5 Lichtwesen

Lichtwesen ist ein schöner übergeordneter Begriff, unter dem viel zusammengefasst werden kann.

Wie definieren wir nun Lichtwesen? Es sind Energien, welche nicht mehr in der Materie dreidimensional verweilen. Sie sind aufgestiegen und können uns aus ihrer Dimension dienen. Mit diesem Dienen entwickeln sie sich wiederum selber weiter. Dabei könnten wir unterscheiden, ob sie jemals in ihrer Erscheinungsform einen Körper besessen haben oder nicht. Aber das wollen wir, damit es nicht zu kompliziert wird, auch vernachlässigen. Um es übersichtlich zu gestalten, möchte ich mich auf folgende aufgeführte Lichtenergien beschränken:

- *Verstorbene Menschen*
- *Engelwesen*
- *Aufgestiegene Meister*

Das Thema ist noch viel komplexer, würde aber den Rahmen sprengen und ich müsste ein »Who's who der Lichtwesen« herausgeben. Wir wollen uns auf wesentliche Aspekte beschränken, die uns wirklich eine Hilfestellung beim medialen Empfangen sind und uns Nutzen im Leben bringen.

Kontakt zu verstorbenen Menschen

Als Erstes müssen wir uns von der Vorstellung trennen, dass Verstorbene nicht mehr leben. Dieser Satz klingt paradox. Ich erkläre ihn. Erinnern wir uns: Wir können alles empfangen, was lebt, weil es eine Schwingung aussendet. Was geschieht beim Vorgang des Sterbens? Wir verlassen unseren Körper, das heißt, unser Geist in Verbindung mit unserer Seele befreit sich aus dem physischen Körper, der im Leben als eine Art Haus für beide gedient hat. Damit gehen Geist und Seele in eine andere Bewusstseinsebene über und halten sich nicht mehr auf der physischen Ebene auf, der Welt in der materialisierten Form. Daran erkennen wir, dass wir nicht wirklich sterben.

Nun gibt es den bekannten Satz: »Lass die Toten ruhen.« Wie lässt er sich nun damit vereinbaren, mit Verstorbenen zu kommunizieren? Diesen Satz nehme ich sehr ernst, deshalb zitiere ich ihn an dieser Stelle. Alle Seelen, die ihre Ruhe und ihren Frieden gefunden haben, sollten wir ruhen lassen. Sie haben in der Astralebene ihr Leben auf der Erde aufgearbeitet, sich von allen ihnen nahestehenden Menschen verabschiedet und bereiten sich nun auf neue Aufgaben vor – vielleicht auch auf die nächste Inkarnation. Ein Kontakt würde sie nur verwirren. Er ist außerdem völlig überflüssig. Sind aber Dinge zwischen Hinterbliebenen und ihnen noch ungeklärt, ist ein Kontakt sehr hilfreich. Dadurch entsteht Heilung und der angestrebte innere Frieden.

Manchmal fühlt es sich wie Spuk im Haus der/s Verstorbenen an, wenn die Seele sich noch einige Zeit im Haus oder bei der Verwandtschaft aufhält, weil sie noch etwas zu erledigen hat oder einfach noch Zeit braucht, um sich von ihren Lieben zu verabschieden. Wenn Ehepartner sterben, bleibt die Seele des Partners oft noch so lange da, bis der oder die andere auch geht, damit beide zusammen gehen können. Sie warten aufeinander. Das kann sich für die Familie sehr ungewohnt anfühlen, aber auch eine Chance sein, mit der feinstofflichen geistigen Welt in Berührung und sogar in aktiven Kontakt zu kommen. So fragte mich eine Klientin eines Tages in einer Beratung, ob ich einmal nachschauen könnte, wer in ihrer Wohnung spukt. Ich sah medial, dass es ein verstorbener Verwandter war, welcher durch seinen Schabernack, den er trieb, auf sich aufmerksam machte, da er noch eine Mission zu erfüllen hatte. Die Mission war ganz einfach: Die Klientin sollte allen Verwandten von seiner Existenz erzählen, er diktierte mir regelrecht für sie einen Text, den sie übermitteln sollte. Stück für Stück, Zeile für Zeile, für die ganze Verwandtschaft. Die Aufgabe schien ihr erst unlösbar. Doch tapfer nahm sie den Auftrag an und bemerkte völlig überrascht, wie offen die Familie für die feinstofflichen Dinge und die Reinkarnation war, und so schmolzen viele Vorurteile gegenüber anderen Familienmitgliedern und die Familie rückte näher zusammen. Der Verstorbene hatte somit seine Mission erfüllt.

Engelwesen

Mit Engeln zu kommunizieren, ist seit Menschengedenken ein Thema. Es gibt unzählige Aufzeichnungen darüber, historischer Art, aber auch aus der heutigen Zeit. Warum? Engel sind Lebensformen, die ein höheres Bewusstsein haben als wir und die uns damit Dinge vermitteln können, die uns mit unserer beschränkten irdischen Sicht verschlossen sind. Sie geben uns Hilfestellung und Unterstützung im Alltag und sind für uns da, wenn wir sie rufen. Manche Klienten erzählen mir, dass sie sich nicht trauen, sie zu rufen, weil sie meinen, sie wären bestimmt anderswo beschäftigt.

An dieser Stelle wieder ein Mutmacher:

> **Trau dich, von der geistigen Welt Hilfe einzufordern! Sprich ein Gebet oder wähle eine andere Form des Kontaktes! Die Lichtwesen warten nur darauf, dass wir die Hilfe anfordern! Denn wie heißt es?**
>
> **Hilf dir selbst, dann hilft dir Gott!**

Wenn du Hilfe anforderst, dann gehst du in deine Verantwortung, sorgst für dich. Damit bekommst du Hilfe vom Kosmos, von Gott, den Engeln oder von genau dem Lichtwesen, welches dir gerade am besten behilflich sein kann. Es gibt unzählige verschiedene Engel in unterschiedlichen Ordnungen und Hierarchien. Du musst dich aber damit nicht auskennen. Gehe einfach in deine kindliche Unschuld, wenn du nicht weiterweißt, und bitte um Hilfe! Ich selbst spreche immer ganz einfache Kindergebete, manche mögen darüber lächeln, aber ich weiß, wie gut sie helfen. Denn nicht die oder der Erwachsene in uns spricht mit den Engeln, sondern das Kind in uns.

Aufgestiegene Meister

Mit Meistern zu kommunizieren, welche nicht mehr im Körper auf der Erde weilen, ist ein großes Geschenk. Nicht jeder bekommt es. Aber jeder kann es bekommen, wenn er offen dafür ist und bereit, den Prozess, der damit ins Rollen kommt, zuzulassen. All die, die mit lebenden Meistern auf der Erde schon Kontakt gehabt haben oder noch haben, wissen, dass der Übergang zum Meister in der feinstofflichen Welt fließend ist. Die Präsenz eines wirklichen Meisters ist allgegenwärtig, egal, ob er im Körper ist oder nicht. Schüler eines solchen Meisters zu sein, ist das Ziel jeder Seele, um sich selber initiieren zu lassen und die eigene Meisterschaft antreten zu können. Mit einem Meister medial zu kommunizieren, ist ein Band, welches nie abreißt – aber es will integriert werden.

12. Die erreichbaren Bewusstseinsebenen als Medium

Analog zu unseren grob- und feinstofflichen Körpern muss es nun auch die Entsprechung zu den einzelnen Bewusstseinsebenen geben, für die sich ein Medium, je nachdem wie weit es entwickelt ist, öffnen kann.

Diese sind wie folgt:

- *die physische Ebene*
- *die ätherische Ebene*
- *die emotionale oder Astralebene*
- *die geistige oder mentale Ebene*
- *die kausale Ebene*
- *die geistige Welt oder spirituelle Ebene*
- *die allumfassende göttliche Ebene*

12.1 Die physische Ebene

Die physische Ebene ist die Ebene, auf der alles medial empfangen werden kann, was im direkten Zusammenhang mit festem oder materialisiertem Körper steht.

Egal, ob es der feste Körper eines Menschen ist, ein Gegenstand oder eine Umgebung. Es handelt sich um die physische, mit unseren beiden Augen sichtbare Welt. Es geht hierbei also um das Wahrnehmen von räumlichen und damit irdischen psychischen Dingen. Um das zu verdeutlichen, möchte ich einige Beispiele anbringen.

Es gibt durchaus Medien, die im Falle von ungeklärten Straftaten zu Hilfe geholt werden. Solche Medien können erkennen, wo sich beispielsweise das entführte Opfer befindet, wo sich der Täter versteckt hält oder wo bestimmte Instrumente, die für den Nachweis des Straffalles wichtig sind, zu finden sind. Dazu gibt es viele Verfilmungen – Dinge, die phantastisch anmuten, aber sehr real sind. Kommen wir nun aber zu harmloseren Dingen des Alltags.

Ein guter Freund lud mich zu einem Waldspaziergang ein und holte mich auf seinem Motorrad ab. Leider kamen wir nicht weit. Der Motor fing an zu stottern und dann ging gar nichts mehr. Auf halber Strecke standen wir nun am Straßenrand. Er überlegte verzweifelt, was der Fehler sein könne. Ich habe von Motorrädern keine Ahnung und wartete einfach. Doch dann versuchte ich eher aus Langeweile, mich medial auf das Motorrad einzustimmen, und sah immer ein grünes Kabel, welches defekt war. Gleichzeitig hatte ich auch ein Gefühl, wo sich das Kabel räumlich befinden könnte, und zeigte ihm die Stelle am Motorrad. Erst belächelte er mich. Der Macho in ihm kam hoch mit der Bemerkung, dass er nicht wüsste, wo da ein grünes Kabel sein solle. Aber aus seiner eigenen Hilflosigkeit heraus machte er sich doch auf die Suche nach dem grünen Kabel, fand es, stellte den Kontakt wieder her und wir konnten unseren Ausflug fortsetzen.

Soweit mir bekannt ist, wurden auch für technische Belange in der Raumstation »MIR« Medien eingesetzt. Es ist also durchaus möglich, für technische Angelegenheiten, Defekte und bei der Fehlersuche unsere Medialität einzusetzen. Für alle Dinge, die sich auf der physischen Ebene befinden.

Jedes Jahr im Dezember mache ich mit meinen Teilnehmern in unserer medialen Trainingsgruppe ein Spiel: Weihnachtszeit ist Julklappzeit, und alle bringen ein eingepacktes Geschenk mit. Der Höhepunkt des Abends vor dem Geschenkeauspacken ist, dass jeder nun sein erhaltenes Geschenk vor sich liegen hat und medial empfängt, was sich drinnen befindet. Es ist sehr lustig und erstaunlich, wie gut wir Menschen doch auch schon unbewusst medial sind. Nur durch falsche Interpretationen oder eigene Ängste verzerren wir manchmal die Wahrheit. So erhielt eine Teilnehmerin einst Kaminhölzer, deren Verpackung künstlerisch bemalt und beklebt war, eine Zierde an sich. Ihr mediales Bild aber, welches sie erhielt, war Feuer. Feuer, welches alles verbrannte und Not und Unglück zurückließ. Sie war ziemlich entsetzt, was sie da wohl geschenkt bekommt. Nach dem Auspacken lachte sie und erkannte ihre eigenen Projektionen.

Mit Hilfe der physischen Medialität können wir auch »schauen«, ob bestimmte Personen schon an unserem vereinbarten Treffpunkt eingetroffen oder am Zielort ihrer Reise angekommen sind. Auch verlorene Gegenstände können wir medial suchen, den verlegten Autoschlüssel, die Fernbedienung oder die Geldbörse. Diese Technik ist eine wahrhaft nützliche Angelegenheit.

12.2 Die ätherische Ebene

Über die ätherische Ebene können wir die körperlichen und energetischen Zustände von Lebewesen wahrnehmen.

Das gilt für Menschen genauso wie für Tiere, Pflanzen und Mineralien.

Wir können erkennen, wie es um die Gesundheit der Wesen steht. Ob es Störungen in ihrem lebendigen System gibt, wie die einzelnen Organe funktionieren und wie der gesamte Energiehaushalt gesteuert ist. Wenn wir uns auf diese Ebene begeben und medial einstimmen, beginnen wir die Aura der Wesen zu sehen. Wir können sie in unterschiedlichen Farben und Schwingungen, von langsam und zähfließend bis schnell wahrnehmen, können auch Löcher in der Aura wahrnehmen, Einwuchtungen oder andere Defekte. Ebenfalls können wir die Energiezentren, die Chakren, die unsere gesamten Körper mit Energie versorgen und die entsprechenden Ein- und Austrittsstellen zur Versorgung darstellen, auf dieser Ebene erkennen. (Vergleiche Teil II, Kapitel 8.5 *»Die Chakren des Menschen«.)*

Aber nicht nur Menschen, sondern auch Tiere und Pflanzen haben diese Energieöffnungen. Somit ist es möglich, einen richtigen Gesundheitscheck auf dieser Bewusstseinsebene zu machen. Allerdings wissen wir, dass wir ein Zusammenspiel von allen Körpern sind. So genügt es nicht, nur den Ätherkörper anzusehen, sondern alle Körper und deren Aura mit einzubeziehen. Genauso sind, wieder nach dem Gesetz der Analogie, an allen feinstofflichen Körpern die entsprechenden Chakren zu Hause. So kann auf dieser Ebene auch die Aura einer Pflanze wahrgenommen werden und ebenfalls Kontakt zu Pflanzenwesen, Naturgeistern, Feen, Elfen und Gnomen aufgenommen werden.

Dazu zum Schluss des Kapitels wieder eine kleine wahre Begebenheit: Auf unseren Medialitätsseminaren auf Mallorca widmen sich die Teilnehmer einen Tag dem Auramalen und der Kontaktaufnahme mit Naturgeistern und Pflanzenwesen. Eine Teilnehmerin zweifelte total daran, ob es die überhaupt gibt, und ihr Kopf wollte zu gerne alles als Quatsch abstempeln. Aber ihr Seelchen wollte die Wahrheit wissen und sie ließ sich gut auf die Übungen ein.

Eine Aufgabe bestand darin, sich auf unserer Wanderung im Wald eine Pflanze auszusuchen, ihre Aura zu zeichnen und dann eine Botschaft von dem Pflanzenwesen, welches die Pflanze bewohnt, zu empfangen.

Grinsend und skeptisch machte sich die Teilnehmerin an die Arbeit. Für die Auswertung ließ ich alle im Kreis niedersitzen, ihre Zeichnungen zeigen und für eventuelle Korrekturen und Fragen ihre erhaltenen Botschaften vorlesen. Unsere besagte Teilnehmerin war kreidebleich und zeigte mir ihr Bild von dem Wesen. Auf meine Frage, ob sie denn nun glaube, dass es so etwas gibt, nickte sie eifrig, noch immer nicht lachen könnend, und zeigte mir ihren linken Arm. Dort war eine Bissstelle zu sehen, rote Abdrücke. »Es hat mich gebissen!«, stammelte sie. »Es hat mich gefragt, ob ich jetzt endlich glaube, dass es seinesgleichen gibt.« Dann lachte sie endlich wieder und schaute nochmals ehrfurchtsvoll zu dem Strauch, in dem das Wesen wohnte.

12.3 Die emotionale Ebene oder Astralebene

Die Astralebene ist der Schauplatz für all unsere Wünsche, Sehnsüchte, Gefühle und vor allem unsere Emotionen, die sich hier manifestieren können. Auf dieser Ebene können wir schaffen und auch wieder entschaffen.

Auf der Astralebene können wir ebenfalls erkennen, inwieweit wir durch unser Ego in Illusionen verfallen sind und Trugbildern hinterherlaufen. Wir können uns das wie einen großen Abenteuerspielplatz vorstellen, in dem uns alles, was wir wünschen, widerfahren kann. Je nach Bewusstseinszustand der Seele halten wir uns auf den unterschiedlichen Ebenen der Astralebene auf. Deshalb können wir diesen Abenteuerspielplatz noch einmal in drei separate Ebenen unterteilen.

- die untere Astralebene
- die mittlere Astralebene
- die höhere Astralebene

Im Folgenden eine kurze Erläuterung der einzelnen Ebenen:

Die untere Astralebene

Wenn wir des Nachts haarsträubende Alpträume haben, sind wir auf der unteren Astralebene zu Gange. Es ist die Ebene der Schattenwesen, Geister und Dämonen – der destruktiven Welt.

Das Bewusstsein auf dieser Ebene ist noch sehr gering, denn in der gelebten Destruktivität ist noch kein Platz für Liebe und Erkenntnis. Hier ist Platz, sich in Emotionen wie Rache, Vergeltung oder Töten auszuprobieren. Seelen, welche nach dem Tode ihren Körper verlassen haben und diese Emotionen in sich tragen oder sich gar selber umgebracht haben, kommen als Erstes hier an. Gleichzeitig ist es die nächste Verbindung zur Materie, zur Erde. Alle Destruktivität, die auf der Erde herrscht, kann und wird hier noch einmal auf der feinstofflichen Ebene erfahren. Umgekehrt beinhaltet diese Ebene als Abenteuerspielplatz die Möglichkeit, sich feinstofflich auszutoben und nicht alle Destruktivität unbedingt in der Materie auf der Erde umsetzen zu müssen. Die Wesen, die hier hilfreich zugegen sind, nenne ich gerne die kosmischen Sozialarbeiter. Als Medium Zugriff zu dieser Ebene zu haben, setzt eine große physische und psychische Stabilität, ein großes Herz und eine innere Klarheit voraus. Sich medial für die untere Astralebene zu öffnen, um beispielsweise mit Seelen in Kontakt zu treten, die sich hier verirrt haben oder aus verschiedenen Gründen hier verweilen müssen, kann eine sehr hilfreiche und heilsame Arbeit sein.

Menschen, die sich das Leben genommen haben, sind zum Beispiel erst einmal an diese Ebene gebunden. Wenn verzweifelte Hinterbliebene Kontakt mit ihnen wünschen, muss ein Medium schon Qualitäten besitzen, um diesen Kontakt konstruktiv und heilend aufzubauen. Diese Arbeit kann dann großen Frieden bringen und bietet der Seele die Chance aufzusteigen.

In meiner frühesten Jugend wurde ich selbst mit diesem Thema konfrontiert. Ich war als Jugendliche, wo ich längst noch nicht die Stabilität wie heute besaß, manchem Gruselerlebnis ausgesetzt worden. Heute spüre ich die Liebe auch in dieser Ebene und baue mit innerer Gelassenheit und Neutralität solch einen Kontakt auf. Ich weiß, dass meine damaligen Erlebnisse mit zum kosmischen Plan gehörten – als Initiierung meiner Arbeit.

Menschen, welche sehr offen und manipulierbar sind, haben oft unbewusst Zugang zu dieser Ebene und betrachten das als den totalen Horrortrip. Durch ihre fehlende Stabilität und Angst können sie zu Opfern von destruktiven Energien werden, die sich als Dämonen oder Ähnliches zeigen. Bei Unsicherheit unbedingt Hände weg von dieser Ebene! Neugierde kann hier schnell zu einem grässlichen Erlebnis werden, welches eher Schaden anrichtet als Freude bereitet. Auch hier tritt das Gesetz der Resonanz auf: Gleiches zieht Gleiches an! So erleben Menschen, deren eigene Destruktivität vordergründig ist, diese untere Astralebene als das ultimative Gruselkabinett, denn sie ziehen diese Energien regelrecht an!

Als Trost aber: Es gibt nichts wirklich Böses, Dämonen oder den Teufel. Es sind kosmische Kräfte, die destruktiv, also zerstörerisch wirken. Zerstörung ist eine wichtige Kraft im Kosmos. Sie ist nicht schlecht oder böse. Der Winter, ein Ausdruck dieser Kraft in der Materie, der alles absterben lässt, ist auch nicht böse. Liebe verbindet alles. Doch um das zu erkennen und diese Fähigkeit zu besitzen, wird ein hohes Bewusstsein benötigt. Wenn wir dazu in der Lage sind, können uns diese Energien nichts anhaben. Medial mit ihnen in Kontakt zu treten, ist dann genauso gleichwertig und neutral wie mit helfenden Engeln.

Die mittlere Astralebene

Die meisten Seelen, die ihren Körper verlassen haben, kommen auf dieser Ebene an. Hier werden sie von hilfreichen Wesen, die als kosmische Sozialarbeiter, Krankenschwestern und Pfleger auf dieser Ebene den angekommenen Seelen dienen, in Empfang genommen, energetisch betreut und gesund gepflegt.

In dieser Ebene lernen wir unser Leben zu verstehen, haben die Chance, es hier mit Hilfe von geistigen Lehrern, Licht- und Engelwesen zu verarbeiten und in unser Bewusstsein zu integrieren.

Wenn wir einen bestimmten Level an Bewusstsein über unser Lernpensum erreicht haben, können wir aufsteigen in die höhere Ebene. Sich in diese Ebene medial einzustimmen, ist bei der Trauerbegleitung von Hinterbliebenen sehr hilfreich. Ich habe schon viele anrührende Sitzungen gehabt, in denen die Verstorbenen noch liebende Worte mit ihren Hinterbliebenen ausgetauscht, letzte Unklarheiten beseitigt haben oder auf diese Weise endlich friedlich und würdevoll Abschied nehmen konnten. Diese Sitzungen sind auch für mich immer Geschenke, die Liebe zu spüren, den Frieden und vor allem den größeren Sinn zu erkennen, der hinter allem steckt.

Die höhere Astralebene

Manche, wenn auch wenige sehr bewusste Seelen, kommen nach dem Tode gleich in der höheren Astralebene an.

In dieser Ebene sind Geistwesen, Schutzengel, persönliche Führer und Engelwesen zu Hause. Es ist wiederum eine Ebene des Lernens, setzt aber ein höheres Bewusstsein voraus. Nur wer sein Herz geöffnet hat und in liebender Absicht kommt, hat hier Zugang.

Für andere ist diese Ebene versiegelt. Von hier wird uns kosmisches Wissen vermittelt, mit dem es verantwortungsvoll umzugehen gilt. Wir üben uns in bedingungsloser Liebe voller Hingabe und Gefühl und Verständnis für das allumfassende große Ganze. Analog dazu muss ein Medium diese Qualitäten besitzen, um sich für diese Ebene zu öffnen und mit den entsprechenden Geistführern und Engelwesen in Kontakt treten zu können. Das Medium sollte nicht nur das mediale Potential als Voraussetzung haben, um es mit der höheren Astralebene aufnehmen zu können, sondern über den entsprechenden geistigen Resonanzboden verfügen, das heißt, ein hohes Bewusstsein und die entsprechende geistig-spirituelle Entwicklung besitzen.

12.4 Die geistige oder mentale Ebene

Die Mentalebene beherbergt den großen Fundus all unserer Gedanken – unseres Geistes. In dieser Ebene gibt es keine Täuschungen wie vielfach auf der Erde, alle Gedanken liegen offen.

Wie ich anfangs erwähnte, dass die Körper und somit auch die Ebenen miteinander verbunden sind und ineinander übergreifen, können wir dies hier sehr deutlich am Beispiel Mentalebene und Astralebene erkennen. Beide Ebenen sind eine Art Wissensspeicher, aber jede Ebene auf ihre eigene Art.

Die Astralebene ist für die große Welt der Emotionen und die Mentalebene für die Welt der Gedanken zuständig. Trotzdem bedingen sie einander. Die Gefühls- und die Gedankenwelt sind eng miteinander verknüpft. Wir kennen es von uns selbst. Gedanken können bestimmte Gefühle hervorrufen und andererseits produzieren bestimmte Gefühle wiederum ganz bestimmte Gedanken. Auch Gedanken in Form von Wünschen spielen hierbei eine große Rolle.

Die Mentalebene ist eine Art aktiver Speicher, durch den wir lernen können und durch den wir ständig gespeist werden.

Die Astralebene ist mit der Mentalebene direkt verbunden. Des Nachts gehen wir dort zur Schule. Diese Traumschulen, die wir auf dieser Ebene besuchen, bereiten uns auf den nächsten Tag vor, auf die nächsten Jahre, oder wir werden Prüfungen unterzogen, um zu sehen, wo wir schon stehen, und damit im Alltag präpariert zu sein, um unser Leben dreidimensional erfolgreich meistern zu können. Neben diesen Traumschulen gibt es regelrechte Schulen und Universitäten, Forschungsstätten und Bibliotheken. Lichtwesen, die hier angesiedelt sind, dienen uns als geistige Lehrer, inspirieren uns.

Auch die Mentalebene können wir, wie die Astralebene, in höhere und niedere Ebenen einordnen. Je nach Bewusstsein der Seelen wird unterschiedliches Gedankengut von unterschiedlichen Qualitäten gespeichert und zum Ausprobieren und Anwenden zur Verfügung gestellt. So wie die niedere Mentalebene eher düstere, destruktive Absichten, Gedanken und Impulse hegt, gibt die höhere Mentalebene schöpferische, inspirierende heilende Impulse und Absichten frei, die über die Gedanken in die Tat umgesetzt werden können. In die höhere Mentalebene aufzusteigen ist aber im Allgemeinen einfacher als in die höhere Astralebene, denn die Beherrschung unserer Gedanken gelingt uns erfahrungsgemäß im täglichen Leben doch viel eher als die Beherrschung unserer Gefühle und vor allem unserer Emotionen. Auch hier gilt wieder die Regel der Analogie zum Medium wie auf der Astralebene.

In der Klärung von Träumen, Traumdeutungen oder Traumanalysen kann die mediale Anwendung genauso liegen wie im Abfragen von alten hemmenden Glaubenssätzen und Verhaltensmustern, blockierenden Gedanken oder irrationalen Wünschen auf der Mentalebene. Diese aufzuzeigen und Möglichkeiten zur Auflösung und Transformation mit auf den Weg zu geben, ist eine sehr effektive heilsame und klärende Arbeit.

12.5 Die kausale Ebene

Die Kausalebene ist eine besondere Ebene. Zwar fügt auch sie sich in die Abfolge der einzelnen Ebenen mit ein, trotzdem gebührt ihr eine Extrastellung.

Die Kausalebene ist ein großer Wissensspeicher. In diesem Wissensspeicher ist die gesamte Weisheit unseres Planeten mit allen Bewohnern gespeichert. Alle vergangenen Ereignisse, seien es ganz persönliche von einzelnen Menschen oder kollektive von Menschengruppen oder Völkern, sind hier verborgen. Das bezieht sich auf historische Ereignisse genauso wie auf gegenwärtige und zukünftige Ereignisse.

Dieses gespeicherte Wissen ist frei von Bewertungen und Emotionen gänzlich emotional neutral als Fakt gespeichert. Erwähnenswert ist in diesem Zusammenhang, dass jedes System – nicht nur unser Planet Erde – solch einen eigenen in sich abgeschlossenen Wissensspeicher besitzt.

Wir können uns diesen Speicher auf der Kausalebene wie ein riesiges Archiv oder eine riesige Bibliothek vorstellen. In dieser Bibliothek hat jeder Mensch sein persönliches Buch, sein Lebensbuch oder auch Schicksalsbuch genannt. Hier ist alles gespeichert, was die Seele im Einzelnen erlebt hat, alles Wissen, Erfahrungen und Gelerntes. Die gespeicherten Informationen sind Erfahrungen aus der Vergangenheit, der Gegenwart und der Zukunft. Allerdings liegt die Zukunft immer nur bis zu einem bestimmten Teil fest, da wir ja alle einen freien Willen haben und uns jederzeit neu entscheiden können.

Wir können uns die Zukunft in unserem Buch des Lebens so vorstellen, dass es bis zu dem Zeitpunkt, in dem wir uns gerade befinden, also der Gegenwart, in einer deutlich lesbaren Tinte geschrieben ist. Ab der Gegenwart in Richtung Zukunft, natürlich wieder linear gedacht, sind all die unzähligen noch offenen Möglichkeiten übereinander gelagert in Geheimtinte geschrieben. Je nachdem nun, wie wir uns entscheiden, wird die entsprechende Möglichkeit sichtbar und die anderen verlöschen. So wird aus unserer Zukunft dann die entsprechende Gegenwart und Vergangenheit.

Auch bei dem Buch des Lebens gilt wieder das Gesetz der Analogie, im Großen wie im Kleinen. So wie jeder Mensch, jede Seele, ihr Buch besitzt, so gibt es auch im Großen ein Buch über den Planeten Erde und seine Ereignisse. Dabei können wir uns die Bewohner wie Zellen dieses großen Lebewesens Erde vorstellen. Dieser symbolische Buchspeicher wird auch Akasha-Chronik genannt. Aufgestiegene Meister, die sich vom Erdenkarma befreit haben, wirken auf dieser Ebene genauso wie Erzengel, geistige Führer und Schutzengel. Sie bewachen und bedienen den großen

Wissensspeicher der Akasha-Chronik und gewähren denen Einblick und offenbaren die Inhalte, die als Mittler zwischen den Welten dienen.

Als Medium Einblick in diese Ebene zu erhalten heißt, aus der Akasha-Chronik lesen zu können. Das gibt Rat suchenden Menschen die Möglichkeit, über ihre Seelengeschichte, ihren Lebens- oder Seelenweg vieler Leben hinweg, Informationen zu erhalten. Darüber hinaus können zu bestimmten Personen, Familienmitgliedern und Situationen karmische Zusammenhänge vermittelt werden oder aber die karmischen Ursachen bestimmter Verhaltensmuster oder auch Krankheiten aufgezeigt werden. Auf dieser Ebene zu arbeiten, bereitet mir die meiste Freude. Es ist immer wieder sehr inspirierend für mich zu sehen, welche Wege sich Seelen wählen, um zu lernen und um bewusst zu werden. Als Medium auf der Kausalebene zu arbeiten, setzt neben den medialen Fähigkeiten ein wert- und urteilsfreies Verhalten und innere Gelassenheit mit psychischer Stabilität voraus, da sonst die Gefahr besteht, von den manchmal schon extremen oder tragischen Schicksalsschlägen der entsprechenden Seele mitgerissen zu werden. Wenn die innere Klarheit schwindet, weil einem die karmischen Geschichten noch zu nahegehen, ist es ein Hinweis, dass die eigene innere Heilung noch nicht abgeschlossen ist. Dann sollte von der Arbeit auf der kausalen Ebene vorerst Abstand genommen werden, da die Aussagen dann nicht sauber empfangen werden können.

12.6 Die geistige Welt oder spirituelle Ebene

Die spirituelle Ebene können wir als ein Tor zur allumfassenden göttlichen Ebene sehen. Eine Art Vorstufe, eine Verbindung, ein Übergang von der noch körperhaften, formbaren – wenn auch nur energetisch – in die formlose allumfassende Ebene.

Hier befindet sich unser Höheres Selbst – der nicht inkarnierte erleuchtete Teil unserer Seele und unseres Geistes, welcher von hier aus in Verbindung mit uns tritt. Je nach Bewusstseinsstand kann ein Mensch diese Verbindung wahrnehmen oder auch nicht. Unabhängig davon existiert diese Verbindung immer. Auch das ist eine beliebte Möglichkeit, medialen Kontakt zum Höheren Selbst aufzunehmen, um mehr über die eigene Seelenstruktur, über die Seelenthemen und die Lebensaufgabe zu erfahren. Diese Ebene ist die Ebene des Spirituellen, unserer reinen Gefühle und der hohen Bewusstseinsenergien, die innere Kraft und Stärke vermitteln.

Lichtwesen, welche am geistig-spirituellen Entwicklungsprozess der inkarnierten Menschen mithelfen, große Welten- und Weisheitslehrer und wahre Heilige sind hier zu Hause und wirken von hier aus. Wie auf der astralen oder mentalen Ebene können wir auch hier zur Schule gehen und werden unterrichtet. Dieser Unterricht bezieht sich nun aber auf die Herausbildung unserer Herzensqualität, unseres Mitgefühls, unserer Liebesfähigkeit und auf das Begreifen- und Annehmen-Können unserer wahren Größe und Macht. Es ist eine Vorbereitung darauf, die göttliche Verschmelzung und Auflösung der Dualität vollziehen zu können.

Auf dieser Ebene medial zu arbeiten, kann sehr unterschiedlich sein. Häufig geschieht es über das Channeln von bestimmten Meisterenergien. Allerdings betrachte ich das Channeln von Meisterenergien sehr kritisch, denn wenn das Medium nicht selbst die geistig-spirituellen Voraussetzungen für diese Arbeit mitbringt, können diese Botschaften vom Ego sehr verzerrt sein und die Gefahr von Missbrauch kann entstehen. Eine andere mediale, in meinen Augen sehr inspirierende und initiierende Möglichkeit auf der spirituellen Ebene ist das Kanalisieren und Übertragen von heilenden Energien.

12.7 Die allumfassende göttliche Ebene

Diese Ebene, die allumfassende göttliche, ist eigentlich nicht mehr in Worten zu beschreiben. Unsere Sprache ist zu beschränkt dazu, weil Sprache, wie wir sie benutzen, nur dreidimensional praktiziert wird.

Schon in den Zehn Geboten heißt es: *»Du sollst dir von Gott kein Abbild machen.«* Damit ist eigentlich genau das gemeint. Es ist nicht möglich. Trotzdem möchte ich versuchen, diese Ebene zu erklären und dies zu verdeutlichen.

Es ist die Ebene der höchsten Intelligenz und damit des höchsten Bewusstseins, die formlos ist, reine Schwingung, harmonisch und vollendet schön. Es ist die Ebene der reinsten Liebe. Der formlosen Liebe, die alles miteinander verbindet.

Keine persönliche, besitzergreifende Liebe, wie sie auf der Erde gelebt wird, sondern allumfassende, alles verschmelzende und verbindende Liebe.

Was heißt alles verschmelzende, verbindende Liebe? In dieser Dimension löst sich alle Polarität auf, die Dualität ist aufgehoben und alle Gegensätze sind wieder vereint. Auf dieser Ebene besteht keine Notwendigkeit der Dualität mehr. Diese Ebene kann nur durch tiefe Meditation und hohes Bewusstsein erreicht werden, jenseits vom Denken, denn solange wir noch denken, befinden wir uns in der Dualität – Denken spaltet. Es ist die höchste spirituelle Ebene, die Menschen erreichen können. Sie kann als wirklicher Himmel auf Erden erfahren werden, als Ekstase, Segen, innere Glückseligkeit, tiefe Verbundenheit mit der gesamten Existenz und der dazugehörenden Erkenntnis. Hier leben Heerscharen von Engeln und Lichtwesen, ebenso Meister und Eingeweihte. Sie sind frei von Dualität, von Polarität und tragen mit ihrer allumfassenden Liebe dazu bei, göttliches Bewusstsein zu vermitteln. Wenn ein Mensch Zugang zu dieser Ebene bekommt und diese Verbindung lebt, ist dies ein tiefgreifendes Erlebnis und es hinterlässt unvergessliche Spuren in ihm. Dann erst kann die Aussage begriffen werden, dass wir alle göttlich sind – und unbeschreiblich schön.

Auf dieser Ebene kann die höchste Macht und Einheit erfahren werden, die sich aus der Auflösung der Dualität und der formlosen Erkenntnis, dem puren Seinszustand, ergibt. Deshalb kann nicht mehr davon gesprochen werden, diese Ebene medial zu erfassen. Wenn wir diese Ebene erklimmen, haben wir unseren Lichtkörper vollkommen entfaltet, leben unsere Medialität genauso wie unseren Instinkt und die sich daraus ergebende Intuition. Alles ist eins, wir sind mit allen unseren Anteilen verschmolzen, innen wie außen. Wir müssen nicht mehr zwingend in der Dreidimensionalität verweilen, einen Erdaufenthalt gibt es nur noch aus Liebe oder reiner Lebensfreude.

13. Die unterschiedlichen Qualitäten in der medialen Arbeit

Es gibt beim medialen Arbeiten immense Unterschiede in den Qualitäten. Medium ist nicht gleich Medium. *Jedes Medium hat erfahrungsgemäß seine eigenen Stärken und auch Schwächen.*

Trotz aller Individualität und persönlichen Ausprägungen spielt natürlich auch hier das Gesetz der Resonanz eine große Rolle. Umso mehr wir selber entwickelt sind, können sich auch unsere Fähigkeiten im Medialen auf die vorher im Einzelnen aufgeführten existierenden Bereiche ausdehnen. Unser Resonanzboden ist demnach gut ausgebaut für das Empfangen der entsprechenden Ebene. Deshalb ist es wichtig, wirklich zwischen Medien zu unterscheiden. Ein Medium, welches zum Beispiel auf physischer Ebene brillant arbeitet, muss noch lange nicht im spirituellen Bereich exakte Botschaften übermitteln können beziehungsweise die Fähigkeit besitzen, sich geistig-spirituellen Prozessen präzise widmen zu können, wenn der Resonanzboden nicht vorhanden ist. Genauso bedienen sich Channel-Medien oder Engel-Medien einer speziellen Form der Medialität, auf die ich im nächsten Kapitel näher eingehen werde.

Je weiter wir uns geistig-spirituell entwickeln, desto mehr feinstoffliche Ebenen können wir medial erreichen. Deshalb sehe ich Medialität als einen Weg, ein Werkzeug, welches uns wundervoll begleiten kann, damit wir es dann, wenn wir es beherrschen und uns zu eigen gemacht haben, wieder loslassen können. Denn es ist wie mit allem: Wir sind erst dann frei, wenn wir aus uns heraus die Dinge können!

»Töte mich, wenn du mich triffst!«, sagt Buddha. Genau das meint er damit. Lass dich total darauf ein und dann geh durch! Denn alles, durch das du gegangen bist, musst du wieder loslassen, um die wahre Essenz zu begreifen. Wenn du das nicht tust, dann bleibst du stecken, dann wirst du Opfer deiner eigenen Fähigkeiten, dann wirst du dogmatisch. Wenn du im Dogma feststeckst, ist kein Platz für Liebe. Also lass irgendwann einfach wieder los – dir selbst zuliebe!

Hast du dir erst einmal die Fähigkeiten und das Bewusstsein erarbeitet, an die allumfassende göttliche Ebene zu gelangen, die pure Essenz des SEINS, dann löst sich alles auf. Auch das Handwerkszeug der Medialität. Du bist es einfach. Du bist alles und nichts.

14. Channeln – ein Teilaspekt der Medialität

Fassen wir noch einmal zusammen: Medialität besteht aus den fünf feinstofflichen Sinnen: dem Hellsehen, Hellhören, Hellschmecken, Hellriechen und dem Hellfühlen. Alle fünf Sinne stehen für sich und können aber beim medialen Arbeiten auch ineinander übergehen.

Channeln ist nun ein spezieller Sonderfall, bei dem zwei dieser feinstofflichen Sinne einzig in den Vordergrund treten: das Hellhören und das Hellfühlen. Als Grafik können wir es uns so vorstellen:

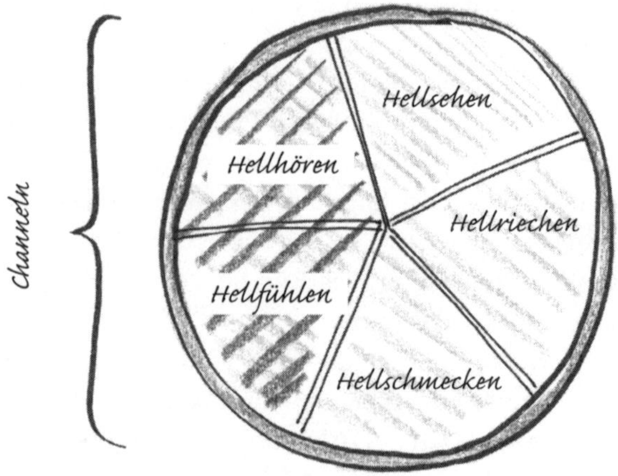

Channeln besteht aus Hellhören und Hellfühlen – aus zwei Segmenten des im Kreisdiagramm sichtbar gemachten Aufbaus der Medialität

Damit wird Channeln zu einem Teilaspekt der Medialität, aber keinem unbedeutenden. Wie können wir nun Channeln definieren?

> **Channeln ist die Vermittlung von Botschaften in Worten oder durch Übertragen, also Kanalisieren von Energien.**

Es ist das Sich-Einstellen auf eine oder auch mehrere bestimmte Energien mit dem Zweck, diese in verständlicher Weise, meistens über die Sprache, zu kanalisieren und zu übersetzen. Somit ist es das Sich-Einstimmen auf eine Energie, ein Wesen oder eine Person, welche/s durch einen spricht oder Botschaften weitergibt. Dabei spielt es keine Rolle, welche Qualität die Energie hat. Natürlich besteht hauptsächlich Interesse daran, Wesen auf hoher Schwingungsebene zu empfangen. Doch natürlich ist es auch möglich, Botschaften von niederen Wesen mit vielleicht sogar destruktiven Inhalten zu channeln.

So viel zur Begriffsklärung des Channelns. Bevor ich nun auf die große Palette der Anwendungsmöglichkeiten beim Channeln eingehe, liegt es mir am Herzen, ein paar kritische Bemerkungen über das Channeln zu äußern.

14.1 Verantwortungsvoller Umgang beim Channeln

Channeln kann ein guter Einstieg in den Bereich Medialität sein. Fälschlicherweise wird Channeln oft gleichgesetzt mit medialem Arbeiten, obwohl es sich hierbei nur um einen Teilaspekt handelt. Wir können es uns so vorstellen, als wenn Weißbrot generell für Brot schlechthin gehalten wird und damit die Möglichkeit anderer Brotsorten und Herstellungsmöglichkeiten von Brot ignoriert wird: Weißbrot wird dann als Kastenbrot, als Baguette, als spanisches Pan oder Partybrötchen gesehen. Dass Brot mit Hefe oder mit Sauerteig hergestellt werden kann und es Vollkornbrot, Mischbrot, Roggen-, Dinkel-, Weizenbrot, Schrotbrot oder sogar Knäckebrot und Pumpernickel gibt, wird damit völlig ausgeblendet. So erlebe ich es öfter, dass Menschen in meinen medialen Trainingsgruppen zwar gut channeln können, aber bei anderen medialen Übungen erst am Anfang ihres Könnens stehen. Denn channeln zu können heißt noch lange nicht, ein gutes Medium zu sein.

Das Problem beim Channeln ist, dass manche Menschen kein sauberer Kanal (Channel) sind. Sie bringen ihre eigenen Wünsche und Reflexionen mit hinein und verkaufen dies aber als *endgültige Weisheit einer Wesenheit.* Damit kann sehr leicht Missbrauch getrieben werden.

Wenn der Resonanzboden des Channels (vergleiche Teil IV *»Die Verantwortung als Medium«)* nicht stark ausgeprägt ist, was im Zusammenhang mit der seelischen Reife und der geistig-spirituellen Entwicklung des Channel-Mediums steht, dann können die empfangenen Botschaften gar nicht wertfrei und klar vermittelt werden. Da nützt auch die beste Absicht nichts. Manchmal wird mit liebevollem, einfühlsamem Vermitteln von Botschaften geworben – aber was will ein Drittklässler denn schon einem Diplomingenieur erklären? Er kann noch so lieb sein, es fehlen ihm einfach die Voraussetzungen.

So habe ich Bücher mit gechannelten Texten gelesen, in denen man ganz genau erkennen konnte, wo das Channel-Medium geistig und seelisch steht. Es gab Passagen, die waren ein Genuss, sauber empfangen und wirklich sehr inspirierend, informativ für alle Leser und eindeutig aus einer anderen Quelle kommend. Und dann folgten wieder Passagen, die waren einfach falsch. Die Gefahr sehe ich aber weniger beim Versuch, sich durch Channeln in seiner Medialität zu üben, als in der Vermarktung der oft angeblich gechannelten Inhalte. Die meisten Menschen hinterfragen die Inhalte nicht, wenn sie sie schwarz auf weiß gedruckt vor Augen haben. Ich persönlich bin ein sehr kritischer Mensch und hinterfrage alles.

So gibt es leider Bücher, die unter dem Deckmantel »Channeling« Unwahrheiten verbreiten. Allerdings gibt es auch sehr gute, wirklich wertvolle gechannelte Bücher von guten zuverlässigen Medien. Aus dieser Verunsicherung heraus verstehe ich so manche esoterische Buchläden, welche es ablehnen, gechannelte Bücher in ihr Verkaufssortiment aufzunehmen.

In diesem Leben habe ich schon vor über 20 Jahren mit Channelgruppen begonnen, in denen ich mich auf bestimmte Wesenheiten eingestimmt habe. Persönliche Fragen konnten an diese Wesenheiten gestellt werden und die Besucher der Gruppe bekamen gechannelte Antworten der Wesenheiten darauf. Diese Gruppen waren sehr beliebt, aber im Laufe meiner Entwicklung stellte ich fest, dass ich mehr wollte, dass es um die Ausbildung meiner eigenen Persönlichkeit ging und nicht nur darum, mich willenlos einem Wesen hinzugeben und es zu kanalisieren. Das mag für viele schon ein großer erster Schritt sein, denn es bedarf völliger Hingabe, verbunden mit tiefer Demut.

Die Palette der Medialität ist aber riesengroß und die Gefahr beim Channeln besteht darin, die eigene Entwicklung und Persönlichkeit hintanzustellen und irgendwann schlimmstenfalls dem »Der-Geist-hat-gesagt«-Syndrom zu verfallen, auf welches ich im Teil IV des Buches im Kapitel 30 *»Opfer der eigenen Medialität«* ausführlicher eingehen werde.

So ist Channeln ohne Frage ein sehr guter Einstieg – aber nie der Weisheit letzter Schluss. Ich persönlich habe mich ein wenig davon distanziert und muss ziemlich weit ausholen, wenn mich Menschen fragen, welche Wesenheit ich denn als Medium channele. Das bin ich schon oft gefragt worden, wenn Menschen erfahren haben, dass ich Medium bin. Eine für diese Menschen befriedigende Antwort wäre dann gewesen, den Geist X oder Y zu benennen oder Erzengel Z aufzuzählen.

Der Vorteil ist, dass ich durch das Integrieren meiner medialen Fähigkeiten bei meiner beratenden medialen Tätigkeit in der Praxis auf die Menschen »ganz normal« wirke, sodass ich ebenfalls mediale Unternehmensberatung und Firmencoaching durchführen kann – ganz ohne »Zirkus und Zauberei«. Denn Channeln verführt auch immer zu etwas ganz Besonderem, Spektakulärem, woraus sich schnell ein Egotrip ergeben kann, der für die eigene Entwicklung nicht gerade von Vorteil ist. So geht es in unserer Entwicklung schon darum, sich vielleicht erst einmal mit den Fähigkeiten des Channelns von den anderen abzuheben – aber Ziel ist es, diese Fähigkeiten so in den Alltag zu integrieren, dass wir damit nichts Besonderes sind und uns nicht profilieren wollen.

Channeln ist eine sehr hilfreiche Möglichkeit für unseren Bewusstwerdungsprozess, wenn wir sie weise und verantwortungsvoll nutzen.

14.2 Anwendungsmöglichkeiten des Channelns

Trotz aller kritischen Anmerkungen ist das Channeln eine sehr sinnvolle Angelegenheit, und ich nutze diese Fähigkeit nach wie vor ergänzend, auch manchmal in Beratungen. Sie leistet mir gute Dienste. Für folgende Themen, die ich im Anschluss kurz erläutern möchte, ist sie ideal:

- *Channeln von Meisterenergien und Geistführern*
- *Kontakt mit Engelwesen und dem Schutzengel*
- *Kontakt mit Verstorbenen*
- *Kontakt mit Kristallenergien und -wesen*
- *Tierkommunikation*
- *Kontakt mit Pflanzen, Blumen und Bäumen*
- *Kontakt mit Naturgeistern, Devas, Elfen*
- *Channeln von Glaubenssätzen, karmischen oder gegenwärtigen Verhaltensmustern*

Channeln von Meisterenergien und Geistführern

Das ist die beliebteste und bekannteste Art des Channelns – ohne Frage auch die attraktivste, denn: Wer hat denn schon so ohne Weiteres einen Kontakt zu einer Meisterenergie? Durch Channeln besteht die Möglichkeit, die Energie eines Meisters zu fokussieren und zu kanalisieren, aber auch seine Worte, sein Wissen und seine Weisheit weiterzugegeben. Auf dieselbe Weise können ein Kontakt zu einem bestimmten Geistführer aufgebaut und Botschaften von ihm für entsprechende Personen vermittelt, also gechannelt werden.

Kontakt mit Engelwesen oder dem Schutzengel

Genauso gerne wird ein Kontakt zu Engeln aufgebaut. Viele Menschen möchten wissen, welche Engel sie umgeben und wie diese heißen. Gerade auch der Kontakt mit dem klassischen Schutzengel gibt Sicherheit und das Gefühl, sich behütet zu wissen. Es gibt eigens dazu so genannte Engelmedien. Das sind Channel-Medien, welche sich ganz bewusst auf die Schwingung der Engel einstimmen und diese channeln. Das kann eine sehr heilende Arbeit sein.

Aber auch da ist Vorsicht geboten! Das Engel-Geschäft boomt seit einigen Jahren auf allen Ebenen – vom Engel-Tarot über Kaffeetassen und Kerzen bis hin zum Briefpapier und der Unterwäsche …

Achte darauf, dass du an ein seriöses Channel-Medium gerätst.

Kontakt mit Verstorbenen

Diesen Kontakt aufzunehmen bedeutet, die Verstorbenen, welche nun in der Astralebene weilen, zu kanalisieren und ihre Botschaften für die Hinterbliebenen und Angehörigen zu übersetzen. Wenn ich Kontakt mit Verstorbenen aufnehme, channele ich diese. Das heißt, ich übersetze wortwörtlich die Schwingung, die sie mir an ihre Hinterbliebenen oder Angehörigen vermitteln. Das hilft, alte Verletzungen aufzulösen, Ungeklärtes zu verarbeiten und hilfreiche Energien auszutauschen. So kann Heilung und Frieden für beide geschehen – für die Verstorbenen und für die Hinterbliebenen.

Aber das Channeln ist nur ein Schritt bei der Kontaktaufnahme. Es gehört bedeutend mehr dazu, um respektvoll und würdevoll eine heilende Wirkung bei der Kontaktaufnahme zu erzielen. Ich möchte davon abraten, dies einfach so auszuprobieren. Du brauchst viele Erfahrungen und Fähigkeiten, um mit den freigesetzten Energien verantwortungsvoll umzugehen.

Kontakt mit Kristallenergien und -wesen

Kristalle sind ebenfalls Lebewesen, nur mit geringerer Schwingung. Auch ihre Botschaften können wir channeln, können vermitteln, was sie uns oder dem jeweiligen Besitzer des Kristalls zu sagen haben. Genauso können wir Wissenswertes über ihre Geschichte, ihr Wohlbefinden und ihre Heilwirkung und Pflege erfahren.

Tierkommunikation

Da Tiere nicht in der Form wie wir Menschen sprechen können, besteht über das Channeln die Möglichkeit, ihre Botschaften in Worte umzusetzen. Es ist also ein direktes Einstimmen auf das jeweilige Tier. Beim Channeln von Tieren geben wir eine Art Übersetzungshilfe. Das gilt für Haustiere wie für Nutztiere, aber auch für die, die uns Schutz und Kraft spenden. Genauso hilft uns das Channeln von Tieren, der Tierwelt näher zu kommen und zu erfahren, was die Tiere bedrückt oder was sie brauchen, um zu heilen oder einfach um glücklich zu sein.

Kontakt mit Pflanzen, Blumen und Bäumen

Was für Tiere gilt, gilt natürlich auch für Pflanzen. Wir können deren Energie, ihren Wesenszustand ebenfalls kanalisieren und in Worte umwandeln. Es kann aber auch pur die Energie der jeweiligen Pflanze oder des Baumes sein, die ja sehr mit der heilenden Energie dieser Pflanze verbunden ist. Durch das Channeln können wir diese Heilenergie übertragen.

Kontakt mit Naturgeistern, Devas, Elfen

Parallel zum Channeln der Pflanzen können wir auch die Naturgeister, die in der gesamten Pflanzenwelt eingebettet sind, empfangen und deren Botschaften für uns Menschen weitergeben. So erfahren wir Wissenswertes über die Natur, das Zusammenspiel zwischen Tieren und Pflanzen und deren Kommunikation untereinander.

Channeln von Glaubenssätzen, karmische oder gegenwärtige Verhaltensmuster

Dieser letzte Punkt ist ganz anderer Natur als die vorangegangenen. Hierbei handelt es sich nicht um das Channeln von nicht sichtbaren Wesen oder solchen, die nicht unsere Sprache sprechen. Es handelt sich hier genau genommen um das Channeln von lebenden Menschen, welche Rat suchend zu einem Medium oder einem Channel kommen. Ich nutze diese Technik als therapeutische Möglichkeit, meinen Klienten nach Wunsch ihr Inneres zu übersetzen. So kann man Glaubenssätze channeln, was man beispielsweise von sich oder über andere denkt. Durch das Bewusstwerden derselben hat man die Chance, diese Glaubenssätze aufzulösen. Das können Glaubensmuster oder Verhaltensstrukturen aus vergangenen Leben, aber auch aus diesem Leben sein. Haben sie ihren Ursprung in der weiteren Vergangenheit, so kombiniere ich es gerne mit einem Einblick in das damalige Leben – arbeite also noch parallel dazu auf der Kausalebene, um das entsprechende Karma zu verdeutlichen. Dies ist eine sehr wirkungsvolle Technik, welche Blockaden löst und wieder offen für das Neue im Leben macht.

Teil IV

Die Verantwortung als Medium

15. Die Verantwortung

Die Verantwortung beim medialen Empfangen ist ein heißes Thema. Warum? Weil sie oft falsch verstanden wird und an der falschen Stelle angesetzt wird. Für zwei Dinge sind wir beim medialen Arbeiten verantwortlich:

a) für die Durchführung einer sauberen, strukturierten Technik und damit für neutrale, klare Durchsagen oder Übermittlungen

b) für uns selbst als Person

Mit Punkt a) beschäftigen wir uns in den nächsten vier Kapiteln sehr genau. Zu Punkt b) komme ich dann ab Kapitel 19 und zusammenfassend gehe ich in Kapitel 22 *»Mediale Arbeit als Dienstleistung in der Gesellschaft«* sehr ausführlich auf das Thema Verantwortung für uns selbst beim medialen Arbeiten ein.

Um zu begreifen, dass wir wirklich nur für die beiden oben aufgeführten Dinge verantwortlich sind, wollen wir uns gleich zu Anfang den entscheidenden Irrtum ansehen.

Die Verantwortung für die Inhalte

Wir haben keine Verantwortung für den Inhalt! Genau das macht ja eine mediale Durchsage oder Botschaft aus, dass sie nicht unserem Geist entsprungen ist, sondern aus einer anderen Dimension kommt. Unsere Verantwortung liegt einzig in einer sauber ausgeführten Technik. Wenn wir körperlich und geistig-seelisch alle Voraussetzungen geschaffen haben, wie es in Teil V des Buches sehr ausführlich beschrieben wird, sind wir unserer Verantwortung als Medium schon gerecht geworden. Damit fehlt nur noch eins: *die Verantwortung für neutrale Durchgaben, frei von eigenen Reflexionen, Wünschen, Ängsten oder sonstigen subjektiven Verzerrungen.* Mit diesen beiden Themen beschäftigen wir uns nun in den nächsten beiden Abschnitten.

15.1 Keine Verantwortung für Inhalte

Was heißt es nun genau, keine Verantwortung für die Inhalte zu haben? Könnte sich doch dabei so manche/r aufplustern und sagen: »Ja, wenn das doch so einfach wäre, da könnte ja jeder wild medial empfangen, wenn es doch egal ist, wie der Inhalt ist!« So ist es natürlich nicht gemeint.

Ich möchte es anhand meines Lieblingsbeispiels erklären, mit Hilfe meines imaginären Freundes – des Briefträgers Hugo: Unser Briefträger Hugo hat gefrühstückt, sich frohen Mutes aufs Rad geschwungen und radelt nun zum Hauptpostamt. Dort sortiert er mit vielen anderen Kollegen die Post entsprechend seines Zustellbereiches. Nachdem er die Post nach Straßenzügen und Nummern sortiert hat, alles in seiner großen gelben Tasche verstaut hat, radelt er los, um die Post zu verteilen.

Die Post ist sehr unterschiedlich: Er hat Liebesbriefe, Drohbriefe, Mahnungen zu verteilen, Rechnungen, Zahlungsaufforderungen vom Finanzamt und anderen Institutionen, Urlaubskarten, handgeschriebene Briefe von Familienmitgliedern, Freunden, Einladungen zu Hochzeiten und Geburtstagen, Wasser- und Stromrechnungen, Geburtsanzeigen, Beileidskarten, Fördergeldbescheide und noch unendlich vieles mehr auszutragen.

Wie geht nun Hugo mit all den so unterschiedlichen Briefen und Karten um?

Richtig! Er steckt sie einfach alle in die entsprechenden Briefkästen, mehr nicht! Warum? Weil er keine Verantwortung für die Inhalte hat! Seine Verantwortung liegt darin, dass die Briefe bei den richtigen Personen ankommen, mehr nicht! Er fühlt sich weder schlecht, wenn er eine Mahnung des Finanzamts einwirft oder eine Beileidskarte – aber er ist auch nicht aus dem Häuschen und von sich selbst stark beeindruckt, wenn er eine bestätigte Urlaubsbuchung oder eine Einladung zum Polterabend zustellt.

Denn: **Die Inhalte haben nichts mit ihm zu tun, rein gar nichts! Er ist nur der Überbringer, der Vermittler von zwei Stellen – dem Absender und dem Empfänger.**

Bei diesem Beispiel ist es uns immer ganz einleuchtend, aber mit der Medialität ist es ganz genauso! Wir sind Hugo, der Briefträger, das Wissende Feld ist das Hauptpostamt und wir verteilen an einzelne Personen

Botschaften – also symbolisch Briefe. Damit gehen uns die Inhalte nichts an, sie müssen uns weder Sorgen bereiten noch Anlass geben, uns stolz zu fühlen, sie entspringen ja nicht unseren Gedanken und Taten. Wir wären also ganz schön eingebildet, wenn wir auf »schöne Botschaften« stolz wären, auf eine Art größenwahnsinnig.

Natürlich ist das nicht immer einfach, so gelassen die Botschaften weiterzugeben. Es ist Übungssache. Wir sind alle Menschen mit Gefühlen und Emotionen. So kann es schon einmal passieren, dass Botschaften, die wir erhalten, auch wenn sie nicht für uns sind, uns tief berühren. Wenn dies geschehen sollte, ist es ein Zeichen dafür, dass wir noch nicht frei sind von dem entsprechenden Thema.

Deshalb ist die eigene Prozessarbeit so wichtig, um die innere Gelassenheit, Neutralität und damit den richtigen Abstand zu den Inhalten zu haben.

Wir sind beim medialen Arbeiten Zuschauer am Rande, wir bleiben gefühlsmäßig unberührt. Ich persönlich finde, und das ist lebenslange Erfahrung, dass dies am schwersten ist. Die Technik des medialen Empfangens kann jeder ausprobieren und irgendwie kommt da auch immer »was dabei heraus«. Aber in der Neutralität und mit dem inneren Abstand eine Botschaft zu vermitteln – unabhängig von ihrem Inhalt –, dazu bedarf es einer großen Seelenreife. *Deshalb kann ich allen nur raten, die ihre medialen Fähigkeiten ausbauen wollen, die innere geistig-seelische Entwicklung sehr ernst zu nehmen, um die Inhalte würdevoll, achtsam und mitfühlend und nicht mitleidend weiterzugeben.*

So hatte ich einst in einem meiner Basisseminare »Medialität« eine Teilnehmerin, die sich weigerte, die empfangene Botschaft für eine andere Teilnehmerin, nennen wir sie Bärbel, auszusprechen. Sie meinte immer wieder, die Botschaft sei so schlimm und dafür könne sie keine Verantwortung übernehmen. Dabei liefen ihr die Tränen über die Wangen und sie kämpfte sichtlich mit sich, die Fassung zu behalten. Nach einem einfühlsamen Gespräch in der Gruppe gelang es dann doch, ihr die Botschaft zu entlocken. Sie berichtete, dass sich eine Seele bei ihr gemeldet habe, welche ihr mitteilte, dass sie sich kurzzeitig Bärbel als Mama ausgesucht hat und dass sie dieses Seelchen nun grüßen lassen solle. Es handelte sich um einen Schwangerschaftsabbruch. Da die Frau, welche die Botschaft empfing, selber abgetrieben hatte und sich noch immer dafür verurteilte, war es ihr nicht möglich, diese Botschaft auszusprechen. Sie bekam erst dann Mut und erzählte weiter, als sie an der Reaktion von Bärbel, für welche die Botschaft bestimmt war, merkte und erlebte, welche innere Befreiung und welch ein Frieden entstand.

Wir übernehmen keine Verantwortung für die Inhalte. Nachdem unsere verängstigte Teilnehmerin das begriff und sich entspannte, konnten sie und die Gruppe das Wunder der Heilung miterleben, welches durch die korrekt empfangene und ausgesprochene Botschaft für Bärbel ausgelöst werden konnte.

Fassen wir zusammen und kehren zurück zu unserem Beispiel mit Hugo: »Wir stecken nie drin« – so lautet eine Redewendung. Wir können gar nicht wissen, ob sich Herr Merkur nun über die Einladung zum Geburtstag von Tante Erna freut oder nicht. Deshalb lassen wir es einfach und tun es dem Briefträger gleich. Vielleicht stöhnt ja Herr Merkur, weil er bei Tante Erna nicht rauchen darf und der Kaffee da auch nicht schmeckt. Außerdem ist er diesen Monat schon bei seiner Kollegin und bei einem Skatbruder zum Geburtstag eingeladen! Obwohl man meinen könnte, dass eine Einladung zum Geburtstag etwas Schönes sei …

Zum Abschluss möchte ich noch eine Begebenheit aus meiner Arbeit als Medium erzählen, die mich, obwohl sie schon über zehn Jahre zurückliegt, noch immer sehr berührt: Eine Klientin, die ich schon einige Jahre begleitete, suchte meine Unterstützung, weil ihr Vater gestorben war. Sie bat mich darum, mit ihm in medialen Kontakt zu treten, also als Mittlerin zwischen den Welten zu dienen. Diese Arbeit mache ich besonders gerne, weil ich dadurch selber immer Neues über diese Welten lernen und unterschiedlichen Einblick durch die »Verstorbenen« erhalten darf.

Sie nannte mir den vollständigen Namen ihres Vaters und ich wurde in die Astralebe geführt, um ihn zu kontaktieren. Er freute sich sichtlich über den Kontakt und seine ersten Worte an seine Tochter, eine sehr gepflegte Frau im mittleren Alter, waren sehr liebevoll und mitfühlend mit folgendem Wortlaut: »Mein liebes Kind, mal dir deine Fingernägel wieder rot an!«

Das war alles. Ich stutzte. Sollte ich einer Frau in Trauer und Schmerz, schmucklos und noch lange nicht über den Verlust ihres geliebten Vaters hinweg, diese Botschaft vermitteln?

Ich begann zu zweifeln. An mir? An dem Vater? An der Situation? Dann erinnerte ich mich, ich bin nur die Botin, die Briefträgerin – es wird schon seine Richtigkeit haben …

Nun, wenn ich unsicher bin, was wirklich selten ist, beginne ich einfach wieder von vorne und überprüfe die erhaltene Antwort. Wieder kam: »Liebes Kind, mal dir deine Fingernägel wieder rot an.« Und diesmal flehte mich der Vater zusätzlich an: »Nun sag es ihr doch endlich, bitte!«

Ich holte tief Luft und überbrachte doch ein wenig fragend die Botschaft. Die Frau fing sofort an zu lachen und heiße Tränen der Rührung liefen ihr übers Gesicht. Ich wurde neugierig und bat sie um Aufklärung. Sie erzählte mir, dass sie sich gerade in dem Moment die Fingernägel knallrot angemalt hatte, als der Anruf aus dem Krankenhaus kam, dass ihr Vater verstorben sei. Daraufhin nahm sie sofort Nagellackentferner und entfernte den Nagellack wieder, weil ihr die roten Nägel im Trauerfall peinlich waren. Aber sie war über den fehlenden Nagelschmuck auch schon traurig gewesen, denn die Nägel sahen so gut aus mit dem neuen Nagellack! Das ist eben wahre Liebe, wenn Papa noch im Himmel genau weiß, was seinem Töchterchen gefällt …

15.2 Verantwortung für neutrale Durchgaben

Für die Inhalte haben wir also keine Verantwortung, vorausgesetzt wir erfüllen alle Bedingungen, um sauber empfangen zu können – wohl aber sind wir verantwortlich für die Neutralität der Durchgaben und Botschaften. Was heißt das?

Es bedeutet, dass wir frei von eigenen Egoeinflüssen die Durchsagen weitergeben. *(Vergleiche dazu auch Teil V, Kapitel 23.2.4 »Die Bedeutung und Wirkungsweise des Ego«.)*

Je mehr wir unser Ego beherrschen und es nicht mehr uns bezwingt, umso mehr befinden wir uns in innerem Gleichmut sowie innerer Gelassenheit und nehmen die Dinge so an, wie sie sind. »**Es ist so, wie es ist**«, lautet ein buddhistischer Grundsatz. Die Dinge neutral und wertfrei anzunehmen

– das ist die große Kunst. Dazu benötigen wir eine bestimmte innere Reife. Das heißt aber nicht, dass junge Menschen nicht medial arbeiten können. Nein, meine Erfahrung geht sogar so weit, dass man gerade durch mediale Arbeit so vieles hinzuerfahren kann, dass dadurch eine innere Gelassenheit und damit Neutralität entstehen kann. So beobachte ich es an einigen meiner Schüler/innen.

Diese innere Neutralität befreit uns davon, eigene Projektionen und damit verzerrte Realitäten mit einzuflechten.

Wodurch entstehen diese? **Was sind also oben genante Egoeinflüsse?**

Ursache dafür sind eigene, noch nicht ausgelebte und/oder verarbeitete:

- *Wünsche*
- *Sehnsüchte*
- *Verstrickungen, Abhängigkeiten*
- *Verletzungen*
- *Emotionen und Gefühle*

Und wieder möchte ich unser Beispiel Hugo, den Briefträger, aufgreifen: Hugo hat nun also im Hauptpostamt seine Tour zusammengestellt und radelt wieder los. Da ist die Geburtstagspost an Herrn Merkur in der Rosenallee. Wie schön für ihn – leider bekommt Herr Merkur auch Post vom Finanzamt und von der Telekom. Dann im Nachbarhaus gibt es eine Urlaubskarte von ihrem Enkel für die alte Frau Albrechts und noch eine Mahnung vom Bauamt wegen ihrer schon zu lange leer stehenden Villa. Die junge Studentin Lena Marischinewski, die schräg über Frau Albrechts wohnt, bekommt schon wieder Post von ihrem Freund, von ihrer Mutter Renate einen Brief und eine Karte aus Italien, wo ihr Bruder gerade studiert.

Stellen wir uns nun Folgendes vor: Unser Freund Hugo ist ein sehr mitfühlender Mensch und macht seinen Job schon 15 Jahre lang, kennt alle Leute in der Straße und weiß gut über die neuesten Ereignisse Bescheid. Herr Merkur und Frau Albrechts sind ihm über die Jahre besonders ans Herz gewachsen und die Neue, diese Studentin, sieht einfach immer sexy aus. Hugo geht die Arbeit gleich schneller von der Hand, wenn er Fräulein Marischinewski sieht! Und weil diese Menschen so nett zu ihm sind, wünscht er ihnen nur Gutes. Nun bringt er ja allerhand Post täglich – und weil er weiß, dass nicht jeder Brief eine Glücksbotschaft ist, ist unser Briefträger kreativ geworden: Er trägt immer einen Stift bei sich, damit er die Nachrichten für seine geliebten Hausbewohner in der Rosenallee freundlicher gestalten kann.

Herr Merkur soll 10.000 Euro Steuern nachzahlen, schreibt ihm das Finanzamt. Hugo streicht erst einmal zwei Nullen durch – hundert Euro reichen doch aus. Und die Geburtstagskarte? Was, so alt wie Herr Merkur ist, wünscht Lotti ihm gar nicht viel Gesundheit? Hugo fügt es selbstverständlich hinzu.

Und nun Frau Albrechts: Hugo wusste schon immer, dass der Enkel ein sehr fauler Mensch ist: »Wetter gut, Essen schmeckt, Hotelbetten bequem …« – keine lieben Grüße? Nur den Namen so lieblos hingekritzelt? Auch das muss Hugo ändern! Frau Albrechts soll sich doch über ihren Enkel freuen! Wenn schon das Bauamt schreibt und um einen Besichtigungstermin bittet, an dem Hugo nun wirklich nichts rütteln kann!

Nun zu der schicken Lena: Was, ihr Bruder will schon wieder Geld von ihr? Das wollte er doch schon letzten Monat? Nein, Hugo ändert den Text, diesmal soll Lena Geld von ihm kriegen, das ist pfiffig! Und der Brief von Mama? Schon wieder ein halber Kontrollbrief. Was, sie soll auch noch die Kontoauszüge kopieren und ihr schicken? Diese Passage im Brief wird von Hugo gleich mal gestrichen. Sicherheitshalber …

Wenn wir nun Hugo, unseren Briefträger, die Änderungen vornehmen lassen, klingt das urkomisch und wir fragen uns:

Wer macht denn so was? Natürlich: Niemand! Aber beim medialen Arbeiten ist das leider weit verbreitet.

Deswegen hoffe ich, es mit dieser kleinen fiktiven Geschichte ein wenig ins Absurde geführt zu haben.

Abschließend möchte ich das Thema noch einmal mit einem Beispiel aus meiner Arbeit belegen. In der medialen Trainingsgruppe wurde von mir die Aufgabe gestellt, gegenseitig mediale Botschaften zum Thema Gesundheit zu empfangen. Beim Vortragen der Botschaften fing eine Teilnehmerin schon mit einer Einleitung an, die alle aufhorchen ließ: Was jetzt kommt, tue ihr ja sehr leid, aber so sei es eben, und sie bedauere den Inhalt sehr. Alle waren gespannt, denn diese Aussage hatte ja schon eine sehr subjektive Färbung. Ein Teil der Botschaft war nun, dass die Frau, für welche die Botschaft war, sich besser erden solle. Und dann kam der Hinweis, die Farbe Braun zu tragen. Dabei erfolgte ein ausführliches Bedauern der Vortragenden, dass sie nun gerade so ein hässliches Braun empfangen habe, welches man ja keinem Menschen zumuten könne. Nein, eigentlich sei das ja schon nicht mal mehr eine Farbe, sondern eine Frechheit!

Völlig verunsichert fragte die andere Teilnehmerin (für die die Botschaft war) nun, um was für eine Art von Braun es sich denn nun handele. Daraufhin schaute sich die Vortragende in der Praxis um, ging dann zum Schuhregal und zeigte auf ein ganz bestimmtes Paar Schuhe. Die Spannung stieg, alle hielten die Luft an: »Hier, dieses hässliche Braun wurde mir gezeigt!« »Das sind meine Schuhe!«, flüsterte die andere, musste aber schon dabei schmunzeln, denn so lag sie ja richtig in der Wahl der Farbe ihrer Schuhe.

16. Das Gesetz der Resonanz

Bevor wir uns dem Thema Medialität in aller Ausführlichkeit widmen, wollen wir erst einmal ganz allgemein ein kosmisches Gesetz, das »Gesetz der Resonanz« näher betrachten.

Dieses Gesetz bildet eine wichtige Voraussetzung für erfolgreiches mediales Empfangen. Leider wird es oft vernachlässigt, sodass Menschen aus tiefstem Herzen behaupten, dass sie ganz sauber und verantwortungsbewusst mediale Durchsagen empfangen haben und sie auch als solche der Öffentlichkeit anbieten. Diese aber können trotz allem Halbwahrheiten oder einfach auch falsche Aussagen sein. Woran liegt das nun?

Das Gesetz der Resonanz besagt, dass Gleiches Gleiches anzieht.

Wir kennen das aus dem volkstümlichen Sprichwort »Gleich und Gleich gesellt sich gern«. Es geht hierbei also um Anziehung. Wer wird hier nun von wem angezogen? Dazu wollen wir uns den Begriff Resonanzboden ein wenig näher anschauen. Da dieser Begriff im Musikinstrumentenbau eine wichtige Rolle spielt, wollen wir uns genau in dem Bereich einmal umsehen. Was macht denn eine teure Geige nun zu einer wertvollen Geige? Nur der Name? Bestimmt nicht! Das erlesene Material? Schon eher. Richtig! Sie klingt gut! Warum? Wegen ihrem wunderbaren Klangkörper, auch Resonanzboden genannt. Ein Resonanzboden ist der Raum, der die Töne erst zum Schwingen und damit zum Klingen bringt.

Der beste Geigenspieler der Welt kann keine Musik erschaffen, wenn eine Geige keinen Resonanzkörper hat, dann bleibt es nur ein Quietschen oder Reiben auf gespannten Haar- oder Metallsaiten. Der Resonanzboden macht also erst die Musik. Ein anderes schönes Beispiel ist eine Maultrommel. Sie besteht ja nur aus einem Stück Blech, eine Metallzunge, welche in einer gebogenen Metallform festgehalten wird. Sie ohne Resonanzboden zu betätigen ist völlig sinnlos, man hört überhaupt nichts. Aber sie heißt Maultrommel – warum? Der Mund ersetzt den fehlenden Resonanzboden dieses Stücks Blech. An den Mund gehalten und durch unterschiedliches Aufblasen oder Einziehen der Wangen entsteht ein unterschiedlicher Resonanzboden und damit Klang und Musik, auf einfachste Weise.

An diesem Beispiel können wir uns das Gesetz der Resonanz gut verdeutlichen. Die durch das Blech erzeugte Schwingung geht in Resonanz mit dem Mundraum – es kann also nur der Ton entstehen, den der Resonanzboden bietet.

Im übertragenen Sinne heißt das im praktischen Leben: *Wir haben immer nur das Umfeld, welches wir selbst zu erzeugen in der Lage sind.*

Oder anders herum: **Unsere Umwelt und Umgebung geht mit uns in Resonanz. Damit ziehen wir genau die Menschen an, die mit unseren Lebensthemen zu tun haben, ziehen die Situationen an, die wir gerade bereit sind zu be- und verarbeiten. Und wir ziehen immer die Geschenke des Kosmos an, die wir entsprechend unseres Entwicklungsstandes annehmen und verwenden können.**

Hierzu ein Beispiel: Eine Frau, nennen wir sie Susan, ist in ihrer Kindheit in einer ziemlich lieblosen Familie groß geworden. Die Liebe kam zu kurz. Genau genommen kennt Susan gar keine Liebe, keine Zärtlichkeit, sondern nur Funktionieren, angebrüllt und reglementiert zu werden. Eigentlich sehnt sie sich unendlich nach Geborgenheit, Liebe und Zärtlichkeit und hofft, dies durch ihren Partner zu bekommen, wenn sie erwachsen ist.

Was meinst du, was für einen Partner Susan auswählt beziehungsweise in welchen sie sich verliebt? Richtig! In einen, der sie unterdrückt, reglementiert und der ohne Liebe ist.

Warum ist das so? Weil Susan das Muster in sich hat, dass sie nicht liebenswert ist und keinen anderen Umgang verdient hat. Das mag ihr gar nicht bewusst sein. Aber dies ist auch der Grund, warum sie sich als Kind dieses Elternhaus vor ihrer Inkarnation ausgewählt hat. Mit ihrer inneren Denkeinstellung über sich selbst hat sie also den Resonanzboden geschaffen und zieht damit so lange gewalttätiges, respektloses Verhalten an, bis sich ihr Denken über sich selbst ändert. Nehmen wir nun an, Susan läuft plötzlich ein liebevoller Mann über den Weg. Sie kann die Liebe nicht annehmen, obwohl sie sich sehr danach sehnt. Sie hat Angst davor, weil sie Liebe nicht kennt. Erst wenn sie begriffen hat, dass sie liebenswert ist und alles Recht der Welt hat, geliebt zu werden, kann sich ihre Sehnsucht erfüllen.

So viel ganz allgemein zum Gesetz der Resonanz. Es spielt eine entscheidende Rolle beim medialen Empfangen von Botschaften. Merke: **Wir können auf allen Ebenen immer nur ein kleines Stückchen mehr empfangen, als wir unseren geistig-spirituellen Resonanzboden ausgebaut haben!**

Deshalb ist der eigene geistige und spirituelle Entwicklungsprozess entscheidend für die Qualität eines guten Mediums. Ein gut ausgebauter eigener Resonanzboden ist damit maßgebend für

- *die exakten Inhalte*
- *die individuelle personenbezogene Antwort, die sich aus der richtigen Fragestellung ergibt*
- *die Energiequalitäten und -wesen, die wir anziehen, unterteilt in die Licht- und Schattenwelt*

In den nun folgenden Kapiteln werden wir uns damit näher beschäftigen.

16.1 Inhalte

Obwohl im Kapitel 15.1 *»Keine Verantwortung für Inhalte«* anhand unseres Beispiels mit Hugo, dem Briefträger, darauf eingegangen wurde, dass wir keine Verantwortung für die Inhalte zu übernehmen haben, gibt es doch zwischen den Inhalten der Botschaft und uns eine enge Verbindung und Beziehung. Ausschlaggebend dafür ist unsere geistig-seelische Reife und Entwicklung. Auch dabei wirkt das Gesetz der Resonanz – Gleiches zieht Gleiches an. Wenn unser Resonanzboden mit einem gewissen Wissen aus einem bestimmten Gebiet relativ gut ausgebaut ist, können wir damit auch in Resonanz mit der entsprechenden Botschaft zu dem Thema gehen.

Dazu ein Beispiel aus meiner Arbeit: Oft biete ich an den medialen Trainingsabenden folgende Übung an: Alle Teilnehmer/innen stimmen sich medial auf ein bestimmtes Thema ein und empfangen dann alle einzelnen Botschaften zu dem Thema. Das sind Themen wie: Was ist Verantwortung? Was ist Respekt?

An den empfangenen Botschaften können wir dann in der Gruppe erkennen, wer wo genau steht. Es gibt immer einige in der Gruppe, die sonst brillante Botschaften empfangen und sich plötzlich wirklich herumquälen und regelrecht nur ein paar Wortgruppen auf dem Papier abstottern. Andere schreiben seitenweise Botschaften auf und maulen, wenn die Zeit zu Ende ist, weil sie noch lange nicht fertig sind. Das sind dann immer die, welche mit dem jeweiligen Thema kein Problem haben. Den anderen, im Gegensatz dazu, fehlt der Resonanzboden, das heißt, sie können die empfangene Schwingung nicht umsetzen, weil ihnen sozusagen die Worte und das Verständnis zu diesem Thema fehlen.

Diese Übung ist gerade als Gruppenübung eine schöne Übung zur Überprüfung des eigenen Wissens- und Bewusstseinsstandes und hilft gut, sich durch die Gruppe auszutauschen und weiterzuentwickeln.

Aus diesem Grunde ist es unumgänglich, wenn wir ein spirituelles Medium sein wollen, uns auch selber weiterzuentwickeln.

Die Arbeit an uns selbst ist damit eine notwendige Voraussetzung, ohne die wir keinen erwünschten Erfolg haben können. Leider sehen das nicht alle Menschen so und wundern sich aber dann über die unbefriedigenden Resultate.

Dadurch, dass wir immer ein bisschen mehr empfangen, als uns eigen und bekannt ist, können wir auf diese Weise regelrecht wachsen, uns weiterbilden und -entwickeln. Ich höre immer ganz neugierig auf alles, was ich durch- und weitergebe, denn in vielen medialen Beratungen gibt es auf diese Weise auch für mich immer etwas zu lernen.

16.2 Die richtige Fragestellung

Die richtige Fragestellung beim medialen Arbeiten ist wirklich nötig. Aus meiner Erfahrung heraus sind dreißig Prozent der Fehler, die zu unsauberen, falschen oder auch überhaupt keinen Botschaften führen, auf ungenügende, ungenaue oder unklare Fragestellung zurückzuführen. Gerade in den Basisseminaren denken die Teilnehmer oft, sie können gar nicht medial arbeiten, weil sie auf Anhieb keinen zufriedenstellenden Erfolg haben. Aber wenn ich nachhake, stellt sich heraus, dass sie ungenügend, unklar oder auch überhaupt nicht nachgefragt haben, sondern im Extremfall nur darauf gewartet haben, dass sie etwas empfangen. Woran liegt das? Ja, an der richtigen Fragestellung!

Was ist nun die richtige Fragestellung? In Analogie zum Gesetz der Resonanz können wir aufzeigen:

Klare Frage → klare Antwort

Unklare Frage → unklare Antwort

Worin unterscheidet sich nun eine klare von einer unklaren Frage? *Eine klare Frage ist dann gestellt, wenn sie ein gewünschtes Ziel beinhaltet. Des Weiteren muss ein Fragewort darin enthalten sein. Außerdem sollte die Energie der Frage auf genau das erwünschte Ziel gerichtet sein.* Daraus ergibt sich folgende Frageformel:

Fragewort → gerichtete Energie → gewünschtes Ziel

Wenn diese Frageformel nicht beachtet wird – und das gilt nicht nur beim medialen Arbeiten –, können auch im Alltag Verständigungsschwierigkeiten auftreten. Nämlich immer da, wo mehrere Ziele auf einmal in einer oder auch keiner Frage verpackt werden und damit die Energie nicht mehr gerichtet ist. Man weiß dann gar nicht, worauf man dann antworten soll, es ist zu viel. Um das auch als Formel zu verdeutlichen, würde dieses Vorgehen so aussehen:

Ziel ← Geschichte ←		**→ Geschichte → Ziel**
Ziel ← Geschichte ←	**(k)ein Fragewort**	**→ Geschichte → Ziel**
Ziel ← Geschichte ←		**→ Geschichte → Ziel**

Wir sehen daran, wie chaotisch die Energie nach allen Seiten verläuft, wir könnten noch unzählig mehr Pfeile anbauen. Wie soll ein Mensch darauf eine Antwort geben können? Kann er nicht. Wie soll dann die geistige Welt eine Antwort finden? Merken wir uns also zusätzlich:

Je einfacher die Frage gestellt ist – desto klarer ist sie!

Natürlich gibt es auch Entscheidungsfragen – so genannte »Ja-Nein-Fragen«. Das heißt, dass es auf solche Fragen nur die Antwort »Ja« oder »Nein« geben kann. Diese sind mit Vorsicht zu genießen. Sie werden oft von Menschen gestellt, die sich aus ihrer Verantwortung ziehen und der geistigen Welt ihre Verantwortung überstülpen wollen. Denn Entscheidungsfragen heißen ja nicht umsonst so! Wir wollen Entscheidungen fällen. Soll die geistige Welt uns etwa unsere Entscheidung abnehmen? Warum sind wir dann auf der Erde inkarniert und leben hier, wenn andere die Arbeit für uns machen sollen? Das geht natürlich nicht, aber darauf gehen wir ausführlich in einem anderen Kapitel ein. Weiter gibt es den verantwortungslosen, aber – so finde ich – auch sehr witzigen Menschentyp, der einem das Herz ausschüttet, wie schlecht es ihm geht und einen dann auffordert, »... doch nun mal zu gucken ...«, ohne eine Frage zu stellen.

Nehmen wir an, Bert hat ein Problem mit seiner Frau. Sie redet nicht mehr mit ihm und will sich scheiden lassen, obwohl sie ihn noch liebt. Das ist erst einmal ein Fakt, der noch lange keine Frage darstellt, die der geistigen Welt gestellt werden könnte. Es ist aber typisch, dass Menschen mir ihr Problem erzählen und dann sagen: »Na, dann gucken Sie doch mal bitte!« Wo soll ich denn da gucken? Nach Bert? Nach seiner Frau? Nach der Ursache?

Wie wir sehen, gibt es viele Möglichkeiten, und die wollen auch im Vorfeld mit unserer rationalen Seite abgeklärt werden. Wichtig dabei ist immer die Absprache mit unserem Gegenüber. Denn das ist eine riesige Stolperfalle, Vorsicht! Nicht wir stellen die Fragen, sondern unser Gegenüber, also die Rat suchende Person, die zu uns kommt. Gerne können wir Vorschläge machen, aber immer im Zusammenspiel. Denn schlimmstenfalls kann hinterher der Vorwurf kommen, dass die Person diese Informationen ja gar nicht haben wollte. Ein gut gemeintes, aber überverantwortliches, vorschnelles Handeln durch Abnehmen der Fragestellung kann ein Medium schnell ins Stolpern bringen. Achtung, der Größenwahn lauert überall.

Nutzbringende Fragen könnten in diesem Falle zur Klärung der Beziehung beispielsweise sein:

- *Was kann Bert Ermelt tun, um seine Ehe mit Roswitha wieder zum Laufen zu bringen?*
- *Was ist die Ursache für die Ehekrise von Bert und Roswitha Ermelt?*
- *Was hilft Roswitha Ermelt, um sich für Bert wieder zu öffnen?*
- *Was gibt es in der Beziehung zwischen Bert und Roswitha Ermelt zu lernen und zu klären?*
- *Welche karmischen Ursachen gibt es für den Konflikt zwischen Bert und Roswitha Ermelt?*

Bei diesen aufgeführten Fragen ist immer eine klare Absicht, ein gewünschtes Ziel dahinter und deshalb kann auch eine klare Antwort empfangen werden. Je klarer die Frage gestellt ist, umso leichter wird es auch fallen, eine mediale Antwort darauf zu erhalten. Das ist wie im täglichen Leben.

16.3 Klarheit beim medialen Empfangen

Was Klarheit im Einzelnen bedeutet, wird ausführlich in Teil V, im Kapitel 25 *»Erläuterung der einzelnen Schritte der AKHESY®-Technik«* beschrieben. Darum möchte ich mich hier ein wenig kürzer halten.

Klarheit ist eine notwendige Voraussetzung beim medialen Arbeiten. Ohne Klarheit kann eine Botschaft nicht sauber weitergegeben werden. Klarheit ist dem Element Luft zugeordnet, dem Prozess des Denkens. Es ist eine männlich gepolte Energie, die strukturbildend wirkt. Ohne Struktur würden wir uns beim medialen Arbeiten auflösen. Struktur ist also notwendig – sie ist das »Gerippe«, um welches sich alles aufbaut. Wir werden auch sehen, dass Klarheit ein wichtiger Bestandteil und ein maßgebliches Element in der vermittelten Technik des Empfangens ist.

Es gibt viele verschiedene Kriterien, bei denen Klarheit beim medialen Empfangen nötig ist. Wobei dient uns die Klarheit? Hier möchte ich die wichtigsten Kriterien aufführen:

- *klares Nachfragen, um Struktur hineinzubringen*
- *konfuse Fragen führen zu konfusen Antworten – Resonanz*
- *klar sein beim Empfangen*
- *klare Formulierung der empfangenen Energie in entsprechende Sätze oder Bilder usw.*
- *immer Bezug zur Frage herstellen, nicht abschweifen*
- *keine eigenen Interpretationen*
- *nur das beantworten, was wirklich gefragt wurde*
- *Vorsicht! Falle bei Entscheidungsfragen*
- *neutraler Kanal sein und bleiben*
- *keine Bewertungen*
- *persönliche Empfindungen ausblenden*

16.4 Energiequalitäten – die Licht- und Schattenwelt

Da jegliche mediale Arbeit Energiearbeit ist, möchte ich vorweg einiges zur Energie im Allgemeinen sagen.

Energie ist immer neutral.

Es gibt keine gute und auch keine schlechte Energie. Aber es gibt unterschiedliche Wirkungsweisen von Energie, nämlich destruktive und konstruktive Wirkungen.

Nehmen wir als Beispiel die große Energiequelle Strom. Strom an sich ist neutral, er ist nicht schlecht und nicht gut, aber er kann hervorragende Wirkungen erzeugen, die Geschenke für die Menschheit sind, wie das Betreiben der Waschmaschine, des Geschirrspülers, der guten alten Glühbirne oder von Licht im Allgemeinen. Aber der Strom kann auch verheerende Wirkungen verursachen, wie einen Hausbrand durch einen Kurzschluss, und er kann als Mord- oder Folterwerkzeug eingesetzt werden. Das alles sind Wirkungen, die unterschiedlich gepolt sind. Merken wir uns generell:

Es gibt nichts wirklich Gutes und nichts wirklich Böses.

Es gibt unterschiedliche Polungen, die unterschiedliche Wirkungen erzielen. Aber auch darin ist immer der Gegensatz enthalten. In jedem noch so leidvollen Geschehen ist ein Geschenk, und in jeder noch so tollen Erfahrung gibt es den berühmten Wehmutstropfen. Anders gesagt:

In jedem Licht gibt es einen Schatten – und – in jedem Schatten gibt es Licht.

Das ist die gute Nachricht: *Nur* Dunkelheit gibt es nicht! Die Erlösung wird uns immer gleich mit angeboten, wir müssen sie nur erkennen. Dieses Wissen und diese Weisheit symbolisiert das bekannte »Yin-und-Yang«-Zeichen. Aus dieser Dualität heraus, die in unserem Kosmos herrscht, tragen wir analog ebenfalls beide Pole in uns – den lichten sowie den schattigen. Wir bestehen sozusagen aus fünfzig Prozent Licht und aus fünfzig Prozent Schatten. Symbolisch wird dies ja auch gerne als das innere Engelchen und das innere Teufelchen (oder den inneren Schweinehund) bezeichnet.

Wir bestehen zu fünfzig Prozent aus Licht und zu fünfzig Prozent aus Schatten

Irgendwann im Laufe eines von unzähligen Leben muss die Entscheidung gefällt werden, wofür wir uns nun entscheiden, für Licht oder Schatten. Es gibt Seelen, die kommen auf diesen Planeten und haben diese Entscheidung längst gefällt. Sie sind voller Liebe und Licht. Sie erschrecken, wie viel Schatten, also Machtmissbrauch und Egoismus hier herrscht. Sie müssen lernen, sich abzugrenzen, ihr Licht auch unter diesen Bedingungen weiter zum Leuchten zu bringen. Andere müssen lernen, dass es noch eine andere Qualität gibt außer der des Schattens. Sie sollen irgendwann zu der Einsicht kommen, dass der lichtvolle Weg der leichte, der einfache und kontinuierlich unterstützende ist. Wollen wir nun beide Welten, die Licht- sowie die Schattenwelt, ein wenig näher unter die Lupe nehmen.

16.4.1 Die Lichtwelt

Die Welt des Lichtes symbolisiert all die Kräfte des Kosmos, die aufbauend, helfend und unterstützend sind. Es sind die Kräfte, die für die Entwicklung des einzelnen Individuums zuständig sind, die den Fortschritt, schlechthin das Leben, bejahen und unterstützen. Viele materialisierte, aber auch nicht materialisierte Wesen sind uns auf verschiedenen Ebenen des Lichtes dabei behilflich, diesen Weg zu gehen. Lichtwesen, Engelwesen, geistige und spirituelle Lehrer, Meister im Körper auf der Erde, nicht mehr inkarnierte und aufgestiegene Meister halten sich in dieser Welt auf.

Für das Licht zu leben, muss eine Entscheidung aus tiefstem Herzen sein. Alles andere ist Heuchelei und Scheinheiligkeit. Wenn ein Mensch der Gute sein will, dann lebt er nicht das Licht, sondern schon den Schatten, denn er ist der Illusion verfallen. Falls du dich dabei angesprochen fühlen solltest, ein guter Tipp: Höre auf damit! Sei lieber egoistisch, neidisch, gemein oder faul – so wie es ehrlich deinem momentanen Naturell entspricht!

Aber: *Beobachte dich dabei! Beobachte deine Taten und vor allem deren Auswirkungen! Was lernst du daraus?*

Wenn du aus deiner *ehrlichen* Einstellung heraus lebst, kannst du viel über dich lernen und erkennen, wer du wirklich bist. Damit bist du authentisch – du bist wahr und kannst aus den Folgen deiner Taten lernen. Wenn ein Mensch vorgibt, ein Guter zu sein, ist es im Gegensatz dazu bedeutend schwerer zu erkennen, wer er wirklich ist. Dann lebt er in einer totalen Lüge und baut sich Karma auf. An diesem Beispiel mit der Scheinheiligkeit sehen wir gut, wie dicht Licht und Schatten beieinanderliegen.

Zum anderen ist es ebenfalls eine Lüge – wer immer sie in die Welt oder Galaxie gesetzt haben möge –, dass ein erleuchteter Mensch ein guter Mensch ist. Ein erleuchteter Mensch ist ein vollständig erwachter Mensch.

Ziel aller Entwicklung ist nicht, ein guter Mensch zu sein, sondern vollständig mit einem hohen Bewusstsein zu erwachen.

Wenn du dir deiner Taten bewusst bist, wirst du also automatisch das eine oder andere von dir aus nicht mehr tun, weil du es verstehst, einsiehst und es dir wehtun würde. Die Idee vom guten Menschen ist also der Weg, der in die Falle lockt, das Pferd von hinten aufzuzäumen, wie man so schön sagt. Ohne Frage kann es aber ein Weg sein, der auch zum Ziel führt – der Weg der guten Taten. Ein Weg voller Disziplin, Vorschriften und Regeln, der aber wiederum nur funktioniert, wenn du dich von der Illusion des guten Menschen befreit hast. Die Gefahr dabei ist aber, dass dieser Weg sehr mühselig und anstrengend ist und man sich dabei mächtig verlaufen oder sogar dogmatisch darin stecken bleiben kann.

Sich für das Licht zu entscheiden heißt, sich für das Leben zu entscheiden und für die eigene Entwicklung, für ein Leben voller Liebe, Respekt und Verantwortung.

16.4.2 Die Schattenwelt

Die Welt des Schattens symbolisiert all die Kräfte des Kosmos, die zerstörerisch sind und von der Entwicklung des einzelnen Individuums abhalten, diese einengen und behindern.

Auch dieser Ebene gehören Engelwesen, Schattenwesen, Lehrer und Meister an. Wichtig ist, die Dualität zu verstehen. Diese Ebene ist nicht böse, sie ist die Umkehrung von Entwicklung. Da es nie nur Dunkelheit gibt, kann auch das ein Weg sein, um ins Licht zu finden. Aleister Crowley, dessen Tarotkarten vielleicht einigen bekannt sind, war ein erleuchteter Meister, der seinen Weg über die schwarze Magie gegangen ist. Es ist ein Weg der Extreme, der Totalität und es gehört viel Mut dazu. Aber es kann auch ein sehr gefährlicher Weg sein, denn es gibt nicht den Begleitschutz wie im Licht. Wer sich aus Neugierde auf diesen Weg macht, kann daran zerbrechen. Starke Persönlichkeiten, die die große Herausforderung suchen, können diesen Weg vielleicht auch erfolgreich gehen.

Jeder Mensch entscheidet seinen Weg selbst. Mein Anliegen hierbei ist es, die Färbung vom Bösen herauszunehmen. *Alles im Kosmos ist gleichwertig, alles – auch in seiner Dualität.*

Der Schatten spielt eine total wichtige Rolle. Denn nur über ihn können wir das Licht erkennen, genau genommen führt der Schatten uns zum Licht. Kennst du das?

Dein größter Erzfeind im Leben ist genau genommen dein Erlöser, dein Meister. Über all den Schmerz, den er dir zufügt, hast du die Chance, stark zu werden, bewusst, klar und frei.

Darum gibt es keinen Grund, sich über so genannte »böse« Nachbarn, Schwiegermütter, Tanten, Ex-Freundinnen oder Ex-Ehemänner und -frauen zu beschweren, sondern ihnen für die Lektionen zu danken, für die Chance, dem Licht wieder ein Stück näher gekommen zu sein. Denken wir an Luzifer. Er ist der gefallene Engel – aber er ist ein Engel! Und so ist unser Ego analog zum Großen die Energie des Luzifers in uns. Unser Ego ist der Teil in uns, der uns von Entwicklung abhalten will, unser berühmter innerer Schweinehund, den es zu überwinden gilt.

Sich für den Schatten zu entscheiden heißt, sich gegen das Leben zu entscheiden, gegen Entwicklung und für ein verantwortungsloses, liebloses Leben im Machtmissbrauch und voller Leid. Aber den Schatten zu nutzen, ihn zu integrieren, ihn nicht zu bekämpfen, sondern in Liebe anzunehmen, hilft uns, in die Liebe zu kommen, unsere Herzen zu öffnen und das Licht hereinzulassen.

17. Das Gesetz des Impulses

Das Gesetz des Impulses spielt auf seine Weise eine Rolle beim medialen Arbeiten. Auf eine ganz stille und unspektakuläre Art. Das Gesetz des Impulses ist auch ein kosmisches Gesetz, welches im gesamten Kosmos wirkt. Es besagt Folgendes:

> **Alles Leben geht einem Impuls nach. Impulsen nachzugehen hilft uns, unseren Schatten abzubauen und unser Bewusstsein zu erweitern.**

Unterdrückte Impulse können unter Umständen Karma aufbauen. Die Energie staut sich, folgt dann trotz allem dem Gesetz des Impulses und entlädt sich dann nur auf andere Weise, von höherer Warte aus. Somit haben wir eine Verbindung zum Gesetz der Analogie – im Großen wie im Kleinen.

Wo spielt nun das Gesetz des Impulses beim medialen Arbeiten eine Rolle? *Jeglicher Einfall ist ein Impuls, unabhängig von uns.*

Wir erinnern uns: Es geht beim medialen Empfangen darum, passiv zu sein. Über diesen Einfall bekommen wir aber nun auch wieder einen Impuls, nämlich den des Umsetzens. Sei es, dass wir die Botschaft aussprechen wollen oder aufschreiben oder aufmalen. Wie auch immer. Es ist sehr hilfreich, wenn du erfolgreich medial arbeiten willst, dass du dich mit dem Gesetz des Impulses näher beschäftigst. Denn es kann trainiert werden, Impulse – egal wo sie auch herkommen mögen – wahrzunehmen.

Wenn Menschen sich anfangs wundern, dass bei ihnen das mediale Arbeiten nicht funktioniert und sie keine Botschaft erhalten, dann hat das manchmal mit dem Gesetz des Impulses zu tun. Die Botschaft ist längst da, sie wartet quasi, dass sie hereingelassen wird. Nur die Person hat es nicht bemerkt, weil sie den Impuls der Umsetzung nicht wahrgenommen hat.

Auch bei den abwechselnd aktiven und passiven Fragen während des medialen Empfangens, mit welchem wir uns im nächsten Kapitel beschäftigen, spielt das Gesetz des Impulses eine Rolle. Den Impuls wahrzunehmen, wann der Zeitpunkt ist, aktiv selber zu hinterfragen, und wann es an der Zeit ist, einfach zu warten und die Antwort kommen zu lassen. Mehr gibt es zu diesem Thema nicht zu sagen, weil der Rest nicht über den Kopf zu erklären ist. Es handelt sich hierbei ganz eindeutig um einen Prozess der Wahrnehmung, des Bewusstwerdens von Impulsen, die existieren.

Also: Viel Spaß beim Üben und Erkennen von Impulsen!

17.1 Das aktive und passive Fragen während des Empfangens

Der Vorgang des medialen Empfangens an sich ist ein passiver Vorgang, wie wir ja in Teil II im Kapitel 8.6 *»Der genaue Prozess der Medialität«* genauer betrachtet haben. Trotzdem gibt es auch sehr aktive Anteile darin, auf die wir in diesem Kapitel näher eingehen wollen.

Was meint aktive Anteile? Aktive Anteile sind Anteile in dem gesamten Prozess des medialen Empfangens, in dem sehr wohl unsere männliche Seite, die rationale, logische Seite in uns, angesprochen und tatkräftig benötigt wird. Das schlichte Arbeiten mit unserem Verstand.

Wir wären mächtig im Ungleichgewicht, wenn wir nur in der passiven Haltung verweilen würden. Damit würden wir uns unter Umständen zum Opfer unserer eigenen Medialität machen und könnten zu keinem befriedigenden Resultat beim medialen Arbeiten kommen.

Das rationale konstruktive Kontrollieren des passiven Prozesses des medialen Empfangens ist also ein parallel laufender Prozess und schafft somit den positiven inneren Ausgleich zwischen der männlichen und weiblichen Gehirnhälfte.

Folgende notwendige Arbeitsschritte sind aktiv und von unserer linken rationalen Gehirnhälfte auszuführen:

- *Konkretes Nachfragen*
- *Reklamationen*
- *Bezug nehmen auf Person oder Thema*

17.2 Aktive Arbeitsschritte beim medialen Empfangen

Damit die oben benannten Begriffe nicht nur abstrakt im Raum stehen, möchte ich sie im Folgenden näher erläutern.

Konkretes Nachfragen

Die Herangehensweise des konkreten Nachfragens möchte ich wieder anhand unseres Beispiels »Bert und seine Eheprobleme« belegen. Wir haben nun also, wie im Kapitel 16.2 *»Die richtige Fragestellung«* behandelt, ordentlich unsere Frage in Auftrag gegeben. Angenommen, wir haben uns auf die Frage *»Welche karmischen Ursachen gibt es für den Konflikt zwischen Bert und Roswitha Ermelt?«* konzentriert.

Nun wird uns ein Bild gezeigt, in dem unser Freund Bert als damaliger Schmied im Mittelalter seine Frau und die fünf Kinder in Frankreich verlassen hat und auf Wanderschaft gegangen ist. Wir sehen Bert in mittelalterlicher Pumphose über Wiesen und Auen wandern. Hilft das bei der Klärung der Frage? Nein, noch nicht?

Also gilt es »kriminalistisch« nachzufragen. Damit kommt unsere linke Gehirnhälfte zum Einsatz. Es hat also mit purer Logik zu tun und wir sind in keiner Weise von irgendeiner feinstofflichen Energie abhängig oder müssen auf Wunder oder irgendeine Eingebung warten. Das Gesetz des Impulses macht sich bemerkbar: Wir fragen uns einfach innerlich ganz spontan aus unserer Logik heraus.

»Und, was hat das nun mit der Frage zu tun? Hilft das nun Roswitha und Bert weiter?«

Jeder von uns kennt diese Reaktionen, sie kommen ganz spontan, wie bei dem Kind aus dem Märchen »Des Kaisers neue Kleider«, welches ebenso spontan ruft: »… aber er hat ja gar nichts an!«

Das ist das Gesetz des Impulses in seiner reinsten Form – Spontaneität aus dem Impuls –, sie kann der Logik, dem Gefühl oder dem Bauch entspringen. Alle Quellen sind wichtig und richtig, egal um welche es sich handelt.

Dieses Märchen verkörpert auf so lebendige Weise, wozu Menschen in der Lage sind, wenn sie diese Spontaneität verloren haben und in ein unsinniges Anhimmeln, falsche Bewunderung oder Hörigkeit geraten.

Davor möchte ich warnen. Bestimmt hatten alle, der ganze Hofstaat, spontan den Impuls zu stutzen – erst der Diener, dann der Minister, dann das ganze Volk. Aber alle haben den Impuls unterdrückt, bis zu dem Moment, in dem ein kleines Kind diesen Impuls endlich erlöst und ihm einen Namen gibt: »Er hat ja gar nichts an!« Ein wundervolles Märchen!

Nun können wir dieses Prinzip auf das mediale Arbeiten übertragen: Es geht also nicht darum, vor lauter Freude und Entspannung, weil überhaupt irgendetwas kommt und es vielleicht auch quantitativ gut ist, in Bewunderung und falsche Hochachtung vor der medialen Botschaft zu verfallen. Es geht auch nicht darum, blind jede Botschaft anzunehmen, die wir erhalten.

Ziel ist es, wie das kleine Kind spontan zu stutzen, wenn uns etwas komisch, unlogisch oder auch noch nicht ausreichend und befriedigend erscheint, ruhig einen gesunden Zweifel aufkommen zu lassen und nicht zu allem »Ja« zu sagen.

Unser Bild vom mittelalterlichen wandernden Schmied ist ja schon eine wichtige Botschaft an sich, aber in diesem Falle noch nicht ausreichend. Bert und Roswitha können diesem Bild noch keine Unterstützung bei ihren derzeitigen Eheproblemen entnehmen. Das ist der folgerichtige Impuls des Kindlichen, noch mehr zu erfahren, noch weiter zu fragen. Das Formulieren der weiteren Fragen, also des Nachfragens oder Nachhakens, übernimmt nun unser rationaler und logischer Teil in uns, der oder die Erwachsene in uns.

Eine hilfreiche und konstruktive Frage könnte lauten: *»Was hat Berts Wanderschaft als Schmied mit den heutigen Eheproblemen zu tun?«* oder *»Hat Roswitha etwas mit Berts damaliger Familie als Schmied zu tun?«* oder *»Hat die damalige Familiensituation etwas mit Berts und Roswithas Ehekonflikt zu tun?«*

Wir sehen, es gibt viele Ansätze für ein und dieselbe Grundfrage. Ich möchte den Faden über die erste Frage aufnehmen und weiterspinnen: *»Was hat Berts Wanderschaft als Schmied mit den heutigen Eheproblemen zu tun?«* Nun könnte beispielsweise ein Vergleich gezeigt werden.

Ein Bild aus dem heutigen Leben: *Immer wenn Bert das Haus verlässt, weil er vielleicht einen Freund besucht, sich mit seinem Freund Albert auf ein Bierchen trifft, zu seiner kranken Mutter nach Lübeck reist oder einfach seit Jahr und Tag immer mittwochs Skat spielt – immer dann macht seine Frau Roswitha ihm kleine Szenen, will ihn zurückhalten oder inszeniert Situationen, sodass er schließlich doch zu Hause bleibt. Natürlich fühlt sich Bert unter Druck gesetzt und wird auf Dauer nicht mehr freundlich zu seiner Frau sein.*

Dieses Spannungsfeld kann medial als Bilder, als Gefühle oder auch einfach hellwissend als Fakten empfangen werden.

Nun das nächste Bild als Gegenüberstellung: *Wir sehen ganz deutlich, wie unser mittelalterlicher Schmied auf seiner Wanderung umkommt. Strauchdiebe lauern im auf, sein Geld wird gestohlen und anschließend wird er erstochen. Derweil war er mit seinem angesparten Geld auf dem Rückweg zu seiner Familie, die ihn freudig erwartete.*

Nun könnte eine folgerichtige Frage sein, wenn die Antwort darauf nicht schon empfangen wird: »*Ist Roswitha die ihm damals anvertraute Frau gewesen, die Mutter der fünf Kinder?*«

Jetzt wird der Zusammenhang dargestellt, warum Roswitha immer so komisch reagiert, wenn Bert das Haus verlassen will. Ihr sitzt noch immer der Schreck von damals in den Knochen. Sie stand damals allein mit fünf Kindern da – ohne Mann. Dann noch der Schmerz, ihren geliebten Mann verloren zu haben, das hat sie bis heute nicht verkraftet.

Ihr sind diese Fakten nicht bewusst, aber mit dem Aufzeigen dieser Geschichte kann sie ihr heutiges Verhalten verstehen und es kann Heilung geschehen. Heilung bei Roswitha und natürlich auch zwischen beiden, also ihrer Beziehung.

Damit erst ist die gestellte Frage vollkommen und ausreichend beantwortet, sodass nun *unser Herz* wie auch *unser Verstand* eine ausreichende Antwort gefunden hat, die befriedigend ist.

Reklamationen

Es kann sein, dass wir mit einer Botschaft überhaupt nichts anfangen können, deren Sinn und Inhalt nicht verstehen und sie uns auf diese Weise auch nichts nützt. Natürlich, je geübter wir sind, desto weniger passiert uns das, aber es ist eine typische Anfangsschwierigkeit. Es ist völlig in Ordnung, ganz klar zu äußern, dass wir mit der Botschaft oder Antwort auf unsere Frage nichts anfangen können. Was heißt das?

Wir haben das Recht auf Reklamation – auch im Kontakt mit der geistigen Welt!

Stell es dir wie eine Reklamation in einem Kaufhaus vor. Du gehst mit deiner großen Plastik- oder Papiertüte an die Ladentheke zurück und reklamierst deinen gestern gekauften Mohairpullover. Er ist dir zu weit, es war leider die falsche Größe, obwohl das Material sowie die Farbe wunderschön sind. Leider gibt es diesen Pullover nur in dieser Größe. Da du aber unbedingt einen Pullover brauchst, wird dir die Verkäuferin andere Modelle anbieten, von denen dir dann einer passt und du ihn gut brauchen kannst.

Angenommen, du erhältst ein Bild von einem Schmetterling, der über einen hohen Berg fliegt. Das ist die Antwort auf die Frage, *was du für deine morgen anstehende Prüfung noch tun kannst, um sie erfolgreich zu bestehen.* Mit dieser Antwort kannst du nun rein gar nichts anfangen. Du fühlst dich nach dem vielen Pauken weder wie ein Schmetterling noch kannst du nach dem intensiven Lernen mittlerweile fliegen. Außerdem wolltest du ganz praktische Hinweise, mehr nicht, keine poetischen Bildchen oder romantisches Gesäusel.

Dann gib die Antwort einfach zurück! Und fang noch einmal von vorne an! Das ist total in Ordnung.

Die Reklamationen können sich auch dahin gehend ausdrücken, dass du ein Bild, welches du nicht deuten kannst, zurückgibst und dafür eine Übersetzung in Sätzen erhältst oder ein ganz klar zu deutendes Gefühl.

Es kann also auf eine andere feinstoffliche Sinneswahrnehmung umgeschaltet werden, beispielsweise von Hellsehen auf Hellfühlen oder Hellwissen.

Es ist auch sehr wichtig, dass du dir immer der ganzen Palette bewusst bist, die du beim medialen Arbeiten zur Verfügung hast.

Zum Beispiel könnte es sein, dass du auf die Frage *»Ist es ratsam, dass Ilona mit ihrem Mann für ein Jahr ins Ausland geht?« zwei Schwäne siehst, die aufeinander zufliegen und dann in der Luft nicht zusammen fliegen können. Du siehst anschließend, wie der eine Schwan landet, sich gemütlich ein Plätzchen am Ufer sucht und sich daraufhin auch der andere Schwan dazugesellt. Dann leuchtet das Bild in goldenem Licht.* Für dich ist es zwar ein schöner Kinofilm à la Hollywood, aber noch lange keine Antwort auf die Frage. Dann reklamiere sie! Schalte einfach um! Bitte um eine Botschaft in Worten oder versuche einfach, einen der anderen feinstofflichen Sinne beim medialen Arbeiten zu benutzen! Und so kann es sein, dass du dann ganz klare Sätze bekommst, beispielsweise wie folgt:

»Liebe Ilona, wäge diese Entscheidung genau ab. Es wird sehr stressig, nicht nur für dich, auch für deinen Mann. Sein neues Arbeitsumfeld wird ihn immens fordern. Es kann sein, dass eure Beziehung durch den Stress sehr leidet. Bilde einen Ruhepunkt. Wenn du einen Ruhepunkt in all dem Stress schaffst, ein neues Zuhause kreieren kannst, dann ist es wunderschön. Sollte es dir aber nicht gelingen, dann bleibe lieber in Deutschland, schicke ihm alle deine Liebe und freue dich, wenn er zu Weihnachten nach Hause kommt.«

Es kann sein, dass du dann das Bild mit dem Schwan verstehst, es ist ein wunderschönes symbolisches Bild. Eine andere Variante wäre natürlich auch wieder gewesen, einfach konkreter so nachzufragen, wie wir es im vorangegangenen Abschnitt gemacht haben.

Bezug nehmen auf Person oder Thema

Wenn wir aktiv nachfragen, gilt es immer zu beachten, dass der Bezug zu der Person, der gefragten Sache oder der Situation in der Frage hergestellt wird. *Sonst kann es sein, dass sich unsere Botschaften verselbstständigen. Wir erhalten dann seitenweise Botschaften, aber sie haben nichts mehr mit dem anfangs gestellten Thema zu tun.*

Dabei brauchen wir sehr viel Klarheit. Damit ist also auch wieder unsere ganz nüchterne rationale Seite gefordert. Denn wenn wir nach wie vor wissen wollen, *welche karmischen Ursachen es für den Konflikt zwischen Bert und Roswitha Ermelt gibt,* sollte unsere Logik uns sagen, dass die Naturbeschreibung von einem faszinierenden, im Sonnenlicht glänzenden Gebirge mit Schneekuppel noch nichts über die Beziehung zwischen den beiden aussagt. Auch der Hinweis, dass wir selber auf der großen Palme im Wohnzimmer wieder einmal Staub wischen sollten und der Oleander auch schnellstens wieder gegossen werden sollte, lässt uns klar erkennen, dass wir doch wohl vom Thema abgekommen sein müssen und uns vielleicht wieder Bert und Roswitha widmen sollten.

Was lernen wir daraus? Auch wenn es wunderbar fließt mit den Botschaften (wir könnten Seiten füllen), ganz unspirituell kann uns hier unser Verstand sagen, hier stimmt was nicht! Bitte also den Verstand immer parallel einschalten! Bei der Botschaft zu unserer verstaubten

Wohnzimmerpalme ist es vielleicht noch klar, wir fangen einfach noch einmal von vorne an (oder gießen schnell mal den Oleander zwischendurch, damit er Ruhe gibt), aber wie gehen wir nun bei der Naturbeschreibung vor?

Goldene Regel oder Standard-Herangehensweise:

Was hat diese/r ... (Zustand, Situation oder Person einsetzen) mit dem Thema ... (Thema einsetzen) von ... (Name/n einsetzen) zu tun?

Konkret angewandt auf unser Thema mit Bert und Roswitha könnte dann die Frage wie folgt lauten:

Was hat diese Naturbeschreibung mit dem Beziehungsproblem von Bert und Roswitha zu tun?

Schlimmstenfalls kommt die Antwort: »Nichts!« Auch gut, dann noch einmal von vorne, das kann passieren. Heute ist eben nicht unser Tag!

Aber genauso kann die Botschaft uns aufzeigen, dass diese Landschaft die symbolische Beziehung zwischen den beiden verkörpert. Ein uraltes Gebirge im wärmenden Sonnenlicht stellt die Beziehung dar. Natürlich geben wir uns mit dem Bild noch nicht zufrieden und fragen jetzt weiter nach, wie es im Absatz »konkretes Nachfragen« beschrieben wird. Aber bei allen Bildern, Botschaften, Gefühlen, die erst einmal keinen logischen Sinn zum Thema ergeben, die ganz platt schon rein über den Verstand keine ersichtliche Beantwortung der gestellten Frage ergibt, fragen wir sofort nach dem Bezug zum Thema oder zu den in der Frage enthaltenen Personen.

18. Das Gesetz der Analogie

Auch das Gesetz der Analogie spielt beim medialen Empfangen eine große Rolle. Genau genommen ist es ständig präsent. Wie wir im vorhergehenden Kapitel zum Thema Reklamation erkannt haben, kann ein Inhalt in verschiedensten Versionen vermittelt werden und auch auf verschiedenste Weise empfangen beziehungsweise umgesetzt werden. Das macht Analogien aus.

Das Gesetz besagt, dass alles im Kosmos Analogien besitzt:
- **Im Großen wie im Kleinen**
- **Im Mikrokosmos wie im Makrokosmos**
- **Innen wie außen**

Hierbei geht es also um bestimmte Muster, Prinzipien oder Abläufe, die sich immer wieder in anderer Ausdrucksform wiederholen. Für mich hat dieses kosmische Gesetz noch einen liebevollen Spitznamen: **Das Gesetz der Faulen**! Warum? Weil wir über Analogien viel Zeit beim Lernen sparen! Wenn wir das Prinzip einer Sache begriffen haben, können wir es für alle anderen Sachen ableiten. Das spart viel Aufwand und Zeit. Ein wahrhaft tolles Gesetz! Wo können wir nun dieses Gesetz in Bezug auf Medialität überall erkennen und wo hilft es uns?

Die Technik selbst: Egal ob Hellsehen, Hellhören, Hellwissen, Hellriechen, Hellfühlen oder Hellschmecken – das Prinzip in der Technik ist immer dasselbe.

Die Inhalte: Bilder beim Empfangen können Analogien für momentane Beschreibungen, für psychische Zustände oder geistig-seelische Entwicklungszustände sein. Diese Bilder sind schwer über den Verstand zu begreifen, aber ideal, um sich hineinzufühlen und darüber zu meditieren.

Die karmischen Bilder: Geschehnisse aus vergangenen Leben werden in Analogien zum heutigen Leben durch die Existenz eines fortwährenden Lebensthemas gezeigt. Indem wir die damaligen Zusammenhänge verstehen, die zwischen unserer Roswitha und ihrem geliebten Bert existieren, können wir analoge Schlussfolgerungen für das heutige Leben ziehen. Durch das Meistern der Vergangenheit gelingt es uns, unser heutiges Leben analog glücklich zu gestalten.

19. Das Gesetz des energetischen Ausgleiches – das Gesetz des Karmas

Das Gesetz des energetischen Ausgleiches werden wir uns in Teil V, Kapitel 23.2 »*Die geistig-seelischen Voraussetzungen*« näher ansehen. Ich möchte an dieser Stelle dieses Gesetz in seiner Wirkungsweise erweiternd darlegen.

Zur Erinnerung: Bei den geistig-seelischen Voraussetzungen ging es darum, unsere Bereitschaft zum Geben zu überprüfen und gegebenenfalls zu korrigieren, wenn wir erfolgreich medial empfangen wollen – nach dem Zitat in der Bibel: »Wenn du gibst, wird dir gegeben.« Jetzt sehen wir uns dieses Gesetz von der anderen Seite an.

Geben und Nehmen

Wenn du gibst, darfst du auch nehmen. Sollst du sogar, denn sonst entsteht ein Loch. Es geht also darum, den energetischen Ausgleich zwischen Geben und Nehmen zu schaffen. Nur zu geben funktioniert genauso wenig wie nur zu nehmen. Es ist die Balance zwischen beidem, wie bei allem Dualem im Kosmos. Da dieses Kapitel dem Thema Verantwortung zugeordnet ist, wollen wir uns mit unserer Verantwortlichkeit von Geben und Nehmen vertraut machen.

In unserer Verantwortung uns gegenüber zu sein, heißt auf das kosmische Gesetz des energetischen Ausgleiches bezogen:

1. **Wir geben genügend.**
2. **Wir nehmen genügend.**

Beide Aspekte sind wichtig und müssen gleichwertig geachtet werden – ohne Bewertung oder Abstufung. Wenn wir nicht auf diesen Ausgleich achten, also nur geben oder nur nehmen, sorgen wir nicht für uns und es geht uns schlecht. Es zeigt sich an unserer Stimmung und irgendwann zeigt es sich vielleicht auch an unserem Körper durch Krankheit.

Für einige Menschen ist es ein Ideal, nur zu geben. Trotzdem nehmen sie an anderer Stelle, auch wenn es ihnen nicht bewusst ist, sonst könnten sie nicht existieren. Dahinter verbergen sich alte weise Redewendungen wie: *sich die Haare vom Kopfe fressen lassen,* oder *auszubluten, ausgelaugt zu sein, ausgesaugt zu werden.*

Andere Menschen sind ihr Leben lang darauf aus, nur zu haben, also zu nehmen. Das kann erst einmal scheinbar gut gehen, aber irgendwann richtet das Universum auch das. Es wird ihnen vielleicht durch Diebstahl genommen, durch eine Katastrophe oder einen Unfall. Das Universum ist immer gerecht, auch wenn wir das vielleicht manchmal erst auf den »dritten Blick« erkennen können. *Oder anders gesagt: Das Gesetz des energetischen Ausgleiches macht um keinen Menschen einen Bogen – es wirkt bei jedem und vor allem immer.*

Was hat dieses Gesetz nun mit Eigenverantwortung, mit Karma zu tun? Karma ist das Gesetz von Ursache und Wirkung. Es ist somit ein Untergesetz des Gesetzes des energetischen Ausgleiches. Sorgen wir also nicht für uns, indem wir nur nehmen oder auch, indem wir nur geben, erschaffen wir Karma. Somit ist das entstandene Leid, die Krankheit oder das Unglück, welches durch ein Ungleichgewicht von Geben und Nehmen entsteht, eine Art Barometer, wie weit wir in unserer Eigenverantwortung sind oder uns gerade Karma aufbauen.

19.1 Die Einmischung in fremdes Karma

Das oberste Gebot beim medialen Arbeiten ist:

Botschaften nur zu vermitteln, wenn wir danach gefragt werden beziehungsweise darum gebeten werden!

Natürlich setzt das durchaus ein Daraufhinweisen voraus, dass wir mit dieser Fähigkeit arbeiten können und uns gerne dafür zur Verfügung stellen. Wenn niemand weiß, dass wir medial arbeiten, kann uns niemand danach fragen beziehungsweise uns um Botschaften der geistigen Welt bitten. Ich persönlich bin in der Öffentlichkeit sehr zurückhaltend mit meinen Fähigkeiten und viele Menschen in meinem Umfeld wissen gar nichts davon. Das erspart mir, dass Leute vor mir Angst bekommen oder mich als »unnormal« abstempeln. Wiederum mache ich keinen Hehl daraus und spreche offen darüber, wenn ich merke, dass Menschen offen dafür sind. Da ich mit diesen Fähigkeiten so umgehe, als sei es das Natürlichste auf der Welt (was es ja im Grunde auch ist …), macht mein Verhalten all denen Mut, die noch zögern, und gibt ihnen die Chance, mit dem gleichen Selbstverständnis zu handeln wie ich. So gehe ich mit mutigem Beispiel voran, ohne aufdringlich zu sein.

Immer wenn wir uns aufdrängen, mischen wir uns ein und sind damit genau genommen grenzüberschreitend und im Machtmissbrauch. Ich sage das bewusst so klar, mag es auch einigen ein wenig zu hart erscheinen – aber es ist in meinen Augen notwendig. *Viele Menschen meinen, sie müssten anderen Menschen helfen – und das um jeden Preis! Und wenn sie nun medial sind und viel mehr sehen als andere, so müssen sie denen doch das alles sagen. Das ist ein Irrtum! Davon rate ich dringend ab:*

Sprich nie, wenn du nicht gefragt wirst!

Das ist die goldene Regel beim medialen Arbeiten, damit bleiben wir immer respektvoll und wahren die Grenzen der anderen Menschen.

Warum nun mischen wir uns in das Karma der anderen Menschen ein, wenn wir unaufgefordert eine mediale Botschaft übermitteln oder einfach erzählen, was wir auf der energetischen Ebene sehen? Dazu ein Beispiel, um es zu verdeutlichen, wollen wir dazu wieder zu unserem Freund Hugo, dem Briefträger, zurückkehren.

Wir erinnern uns. Hugo hat so seine ganz speziellen Freunde in der Rosenallee, an die er die Post austrägt, wie zum Beispiel unsere Frau Albrechts, die ältere Dame mit ihrem faulen Enkel. Ja, der Enkel ist dem Hugo schon seit längerem ein Dorn im Auge. Kümmert der sich überhaupt um seine Oma? Macht der denn irgendwas für sie? Hugo hat das Gefühl, der kommt nur zu ihr, wenn er mal was braucht. Wenn er kein Geld oder mal Ärger mit seiner Freundin hat. Oder wenn wieder Pflaumenzeit ist, dann backt Frau Albrechts gerne einen leckeren Kuchen für ihn. Toll! Hugo beobachtet das schon seit Jahren. Frau Albrechts tut ihm regelrecht leid, er möchte sie am liebsten fragen, warum sie sich das gefallen lässt, und laut über diesen Schuft von Enkel herziehen.

Aber: Was würde passieren, wenn er das wirklich täte? Geht das alles Hugo etwas an? Hat er das Recht dazu? Nein! Er ist nur der Briefträger und nicht der Therapeut von Frau Albrechts – denn Frau Albrechts geht zu keinem Therapeuten! Sie ist rundum glücklich und zufrieden mit ihrem Enkel und freut sich echt immer sehr, wenn er kommt, egal, warum! Was erkennen wir daran?

Auch wenn der Enkel rein faktisch seine Oma wirklich ausnutzt, sie ist glücklich damit, für sie ist es in Ordnung. Mag sein, dass ihr das sehr bewusst ist, mag sein, dass sie schon überlegt, wie sie ihm das beibringt, und mag auch sein, dass sie gar nicht auf die Idee kommen würde, dass an den ganzen Besuchen des Enkels irgendetwas nicht stimmen könnte. Also: Frau Albrechts braucht keine Hilfe. Weder von einem Therapeuten noch von der geistigen Welt. Aus ihrer ganz subjektiven Empfindung heraus ist alles in Ordnung – auch wenn es objektiv gesehen ganz anders ist.

Wenn sich Hugo dann einmischen würde, sie unaufgefordert auf den Enkel ansprechen würde, würde Hugo Chaos schaffen. Frau Albrechts würde sich von Hugo abwenden, weil sie sich nicht in ihrer Art gesehen fühlt, oder wäre wütend auf Hugo: Was ihm wohl einfällt und was er sich da herausnimmt. Oder Frau Albrechts würde sich genötigt fühlen, mit ihrem Enkel zu sprechen, sich dann mit ihm verkrachen und todunglücklich darüber sein. Denn eigentlich wollte sie ihm das ja nicht sagen, sie liebt ihren Enkel, so wie er ist – nur der Hugo hat so einen Druck gemacht. Das hat sie nun davon … *Und auf einmal ist Hugo der Böse, obwohl er es ja nur so gut gemeint hat mit der Frau Albrechts!*

> Merken wir uns: **Jegliches Einmischen bringt Chaos und fällt letztendlich berechtigterweise auf uns zurück. Denn wir sind damit grenzüberschreitend und respektlos.**

Lassen wir es also. Reden wir nur, wenn wir gefragt werden. Das gilt für das Leben wie für das mediale Arbeiten.

Selbstverständlich aber könnte Hugo mit ruhigem Gewissen seine Meinung über den Enkel äußern, wenn Frau Albrechs ihn danach fragen würde. Denn damit signalisiert sie, dass sie ein Problem damit hat und dass sie bereit ist, sich damit auseinanderzusetzen. Damit ist sie auch offen für eine Antwort. Sollte sie dennoch verärgert über Hugos Antwort sein, ist das aber nicht mehr Hugos Schuld, denn er wurde gefragt. Alles klar?

19.2 Medialität und Geld

Dieses Thema ist eigentlich gar kein brisantes Thema, aber es wird von der Gesellschaft durch Vorurteile und aus Verantwortungslosigkeit heraus zu einem solchen gemacht.

Ab und zu können wir folgenden Satz hören oder lesen: »Wenn man von Gott die Gabe der Medialität geschenkt bekommt, ist es ein Verbrechen, dafür Geld zu nehmen. Wenn man das macht, verliert man diese Gabe.« Dem möchte ich Folgendes entgegensetzen und dich zum Nachdenken anregen:

Fähigkeiten sind keine Geschenke und keine Gnade Gottes! Alle Menschen, die besondere Fähigkeiten besitzen, haben sie sich über viele Leben hin erarbeitet!

Insofern möchte ich diesen sehr seltsamen und schon fast mystischen Spruch mit den Wurzeln herausziehen, der da heißt: Medialität ist eine Gabe Gottes!

Medialität ist keine Gabe Gottes, sondern eine eigene Gabe, mühselig erlernt und erprobt über viele Leben.

Wenn dieser Satz stimmen würde, dann wäre das Gesetz des energetischen Ausgleiches nicht existent. Denn wo wäre dann Gerechtigkeit? Wieso sollte Gott dem einen solche Fähigkeiten geben und dem anderen nicht? Das würde ich eine extreme kosmische Ungerechtigkeit nennen!

Medialität ist ein reines Handwerkszeug. Mag sein, dass ich mit dieser nüchternen Feststellung gerade so manche Illusion zunichte mache. Doch das ist gut so, dass das Mysterium um die Medialität verschwindet.

Medialität ist Handwerk und wir alle tragen die Möglichkeit, dieses Handwerk zu erlernen, in uns.

Ohne Frage trifft es auf den einen oder anderen Menschen mehr oder weniger zu, mit dieser Fähigkeit zu leben und sie anzuwenden, aber damit haben wir uns ja schon in Teil II des Buches sehr ausführlich beschäftigt.

Um die Illusionen noch mehr ins Wanken zu bringen, möchte ich einige Fakten zum Nachdenken, Nachfühlen und Meditieren anführen:

a) **Die Fähigkeit der Medialität hast du dir erarbeitet:**

- *in diesem Leben*
- *in verschiedenen vergangenen Leben*

Deshalb kannst du in diesem Leben so offen dafür sein, damit zu arbeiten und diese Fähigkeiten anzuwenden.

b) Du hast einiges investiert, um diese Fähigkeit zu erlangen:
(Diese Investitionen können viele Leben lang geschehen sein – aber vielleicht beginnst du ja auch jetzt erst damit.)

- *Zeit*
- *Geduld*
- *Kraft*
- *Tränen, Enttäuschung*
- *Liebe*
- *Geld*
- *Schmerz*
- *vielleicht auch einmal oder mehrmals dein Leben*
- *und vieles mehr, ganz individuell je nach Entwicklungsweg*

Reicht das, um zu verstehen, dass alles erlernt werden kann und es in dem Sinne keine Wunder gibt? Auch ein Wunderkind, wie beispielsweise Wolfgang Amadeus Mozart, ist ein Mensch gewesen, der sich schon in vielen Leben zuvor in anderen Inkarnationen immense musikalische Fähigkeiten angeeignet hatte. Wie hätte er sonst in eine solch musikalische Familie inkarnieren können?

Wollen wir uns nun das Gesetz des energetischen Ausgleiches beim medialen Arbeiten ganz konkret in einer medialen Beratung ansehen. Ich möchte auflisten, was ein Medium alles in so einer Beratung gibt, denn leider habe ich schon einige Male in Diskussionen erlebt, dass argumentiert wird, dass das Medium ja nichts gemacht habe, es sei ja passiv. Die Botschaften kommen ja von der geistigen Welt, nicht vom Medium. Damit läuft das Medium unter »ferner liefen«, wird nur benutzt und alle Dankbarkeit richtet sich an die geistige Welt, an Engel und Meister, die ja ach so tolle Botschaften überbracht haben. Die Dualität darin ist natürlich das Anhimmeln eines Mediums, was genauso ungesund und jetzt nicht unser Thema ist.

Was gibt also ein Medium? Was stellt es zur Verfügung?

- *seine Zeit*
- *seine erworbenen Fähigkeiten*
- *seinen Körper als Kanal*
- *sein Energiefeld*
- *seinen Geist und sein Wissen als Resonanzboden*
- *einen Raum für die Beratung*

Das Gesetz des energetischen Ausgleiches (Gesetz von Geben und Nehmen) kommt hier wieder zum Ausdruck!

> **→ Es ist also deine Pflicht, für dich als Medium zu sorgen und einen Ausgleich zu schaffen, etwas zu nehmen.**

Deshalb hast du das Recht, für deine Fähigkeiten eine Bezahlung anzunehmen. Es muss nicht Geld sein, es kann ein herzliches Dankeschön, ein Lächeln, ein Geschenk, eine Einladung zum Essen oder was auch immer sein – aber es muss für dich stimmen! **Es muss dir damit gut gehen!**

Natürlich sollte die Höhe der Gegenleistung für die Leistung, die du inhaltlich in der Lage bist zu bringen, angemessen sein. Es setzt also auch voraus, dass du dir deines Wertes, den du einbringst, selbstkritisch bewusst bist. Wenn du noch am Üben bist, wirst du etwas anderes verlangen, als wenn du deine Leben lang damit gearbeitet hast oder wenn du dir deinen Lebensunterhalt damit verdienst.

Wichtig ist einfach, dass es immer für beide Seiten stimmt. Wenn beide Seiten glücklich auseinandergehen und sich auf das nächste Mal freuen, muss es dir wohl gelungen sein, das Gesetz von Geben und Nehmen eingehalten zu haben!

20. Opfer der eigenen Medialität

Dieses Kapitel ist mir sehr wichtig, da es mit diesem Thema oft Missverständnisse gibt. Was ist damit gemeint, Opfer der eigenen Medialität zu sein?

Diese Formulierung habe ich verwendet, um auszudrücken, dass jede Fähigkeit auch gleichzeitig ein Hindernis sein kann, wenn wir nicht bewusst oder gar verantwortungslos damit umgehen.

Zum Opfer der eigenen Medialität kann man durch folgende Umstände werden:

a) Verunsicherung oder Schwächung der eigenen Persönlichkeit durch aufbrechende Medialität

b) Öffnen für die Schattenwelt, Welt der destruktiven Botschaften

c) Aufgeben des freien Willens

d) Nichtbeachtung des Gesetzes des energetischen Ausgleiches

e) Fehlende Erdung

f) Verantwortungslosigkeit durch unstrukturiertes Ausprobieren beim medialen Arbeiten

Um die nähere Erläuterung dieser Umstände besser verstehen zu können, bedarf es noch ein wenig Theorie über den freien Willen. Der freie Wille oder die Nichtbeachtung und Nichtnutzung des freien Willens spielt immer eine große Rolle dabei, wenn wir uns als Opfer fühlen, egal in welcher Lebenslage. So auch beim medialen Arbeiten. Somit ist es wichtig, genau zu definieren, was freier Wille genau bedeutet und welche Funktion er hat.

20.1 Der freie Wille

Der freie Wille beziehungsweise die weise Benutzung unseres freien Willens spielt beim medialen Arbeiten eine besonders große Rolle. Um das aber zu verstehen, wollen wir erst einmal definieren, was der freie Wille überhaupt ist.

Der freie Wille ist das bewusste und gezielte Einsetzen der Energie der Ausdehnung (Ego).

Er ist ein Werkzeug, welches die Menschen bewusst und weise einzusetzen lernen müssen, um ihr Recht und ihre Pflicht auf Selbstbestimmung zu leben. Die Nutzung des freien Willens dient der Herauslösung aus dem kollektiven Bewusstsein und der Ausprägung des individuellen Bewusstseins.

Durch gezielten Einsatz des freien Willens erkennen wir

- *wer wir sind*
- *was wir wollen (und was nicht)*
- *wen wir wollen (und wen nicht)*
- *wie viel wir wollen*

Natürlich geht es im Leben irgendwann darum, sich hingeben zu können, um einzugehen in das große Ganze. Das ist das Endziel. Das können wir erst dann tun, wenn wir auch das Gegenteil gelebt haben – geschöpft, gestaltet und uns ausgedehnt haben. Denn wir können doch erst dann wunschlos glücklich sein, wenn wir alle Wünsche, die uns ein inneres Bedürfnis waren, ausgelebt haben. Erst dann ist Frieden in uns. Alles andere ist Heuchelei.

Um unser Leben so zu gestalten, wie wir das wollen, benötigen wir unseren freien Willen.

Wenn wir den nicht einsetzen, machen wir uns zum Opfer, erliegen wir dem Machtmissbrauch und sind willenlose Opfer unserer Umstände. Damit kommen wir nicht an die heilsame Kraft der Kreativität, unserer Schöpferkraft heran, die nötig ist, um in unsere Selbstliebe und Verantwortung uns selbst gegenüber zu gelangen.

Insofern spielt das Thema »Was wir alles *nicht wollen*« eine große Rolle beim medialen Arbeiten. Dahinter versteckt sich das Thema Abgrenzung: Klare Grenzen zu setzen, was uns stört, schadet und einengt und vor allem auch aktiv die Fähigkeit, »Stopp!« zu sagen. Dinge, Personen und genauso Energien von uns zu weisen, weil wir sie nicht wollen und sie uns nicht guttun. Das alles umfasst den bewussten Einsatz des freien Willens.

Als Medium ist es also absolut notwendig, klar und entschieden den freien Willen einzusetzen, um verantwortungsbewusst uns selbst und auch unseren Klienten gegenüber arbeiten zu können.

20.2 Mögliche Gefahren

In diesem Kapitel geht es nicht darum, Angst zu machen, aber dennoch will ich auf mögliche vorher angeführte Umstände und daraus resultierenden Gefahren detailliert hinweisen und diese ausführen, da sie bei fehlender geistig-seelischer Reife im Umgang mit Medialität entstehen können.

Grundsätzlich möchte ich an dieser Stelle voranstellen, dass alles hier Aufgezählte auf den gesunden zurechnungsfähigen Menschen zutrifft.

Auf jeden Fall rate ich dringend davon ab, dass Personen, welche medizinisch als instabil oder als psychisch krank diagnostiziert worden sind, sich mit dem medialen Empfangen beschäftigen, geschweige denn praktische Übungen durchführen. Sie sollten unbedingt davon Abstand nehmen und auf keinen Fall damit experimentieren!

Allerdings kenne ich auch umgekehrt Fälle von Menschen, die einfach sehr stark medial waren und Ärzte aber damit nichts anfangen konnten und sie dann mit Medikamenten ruhig gestellt haben. Doch das ist ein anderes Thema, auf das an dieser Stelle nicht näher eingegangen werden soll. Auch solche Geschehnisse haben dann einen Grund und einen Sinn.

Nun zurück zu den aufgeführten Umständen, die eintreten können, und den daraus resultierenden Missgeschicken oder Gefahren bezüglich des medialen Arbeitens. Bevor wir damit beginnen, ein wichtiger Hinweis:

Alle aufgeführten Situationen und Umstände sind Kann-Umstände. Es kann sein, dass sie nie auftreten, aber es besteht die Möglichkeit.

a) Verunsicherung oder Schwächung der eigenen Persönlichkeit durch aufbrechende Medialität

Wenn die Medialität bei einer Person aufbricht, das heißt, die Person beginnt erstmalig Einblick in die feinstoffliche Welt zu erhalten, kann das

Folgen verschiedener Art haben. Es ist in erster Hinsicht eine Horizonteröffnung. Die Person bekommt Einblick in eine ganz neue Welt, was erst einmal verarbeitet werden muss. Es kann verglichen werden mit einem Kulturschock, wenn sie in ein fremdes Land mit einer völlig andersartigen Kultur geht. Es muss nicht so sein, aber es kann so sein.

Auf meiner ersten Reise nach Indien haben mich alle vor dem Kulturschock gewarnt und mich darauf hingewiesen, ich solle doch in wenigstens einigermaßen kultivierte, dem europäischen Maßstab entsprechende Gebiete fahren. Aber dieser Schock kam nicht – nur Freude, weil meine Seele endlich wieder zu Hause war. So kann es auch beim Aufbrechen der Medialität sein. Unsere Seele jubelt, sie erinnert sich an diese Fähigkeiten, die sie in anderen, früheren Leben schon einmal aktiviert hat. Bei diesen Menschen geht das Erlernen und Trainieren der Techniken und Fähigkeiten meist sehr schnell, denn sie sind ja indirekt doch schon »alte Hasen«.

Wenn aber wirklich ein so genannter »Kulturschock« entsteht, also diese neue andersartige Welt zum ersten Mal überhaupt betreten wird, braucht man Zeit, dies alles zu verarbeiten. Man muss langsam und geduldig mit sich vorgehen. Wenn bei Menschen lange Zeit aus verschiedenen Gründen die Medialität unterdrückt worden ist und sie dann plötzlich fast gewaltsam hervorbricht, kann es passieren, dass sie die Welt nicht mehr verstehen. So gibt es auch Fälle, dass dadurch gesunde Menschen für einige Zeit Patienten der psychiatrischen Klinik wurden. Das ist aber nicht die Regel! Solche Menschen wurden von ihrer Umwelt nicht verstanden und hatten nicht die Kraft, sich zu behaupten und mitzuteilen, was wirklich mit ihnen los ist. Eine Ursache dafür ist wirklich fehlende Aufklärungsarbeit in unserer Gesellschaft. Medialität hat bei uns in Deutschland in der Öffentlichkeit noch lange nicht die Anerkennung gefunden wie beispielsweise in England. Wenn ein Mensch seelische Unterstützung, sozusagen einen Fremdenführer an die Hand bekommt, um fremdes, für ihn unerforschtes Land zu betreten, kann dies nicht passieren. Ganz im Gegenteil.

In meine Basisseminare, in denen die AKHESY®-Technik vermittelt wird, kommen einige, die ihre aufgebrochenen medialen Fähigkeiten momentan nicht zuordnen können und denen es dann wunderbar gelingt, inneren Frieden zu finden. Die Energie wird bei ihnen in die richtigen

Kanäle geleitet, sodass die Fähigkeit der Medialität ihnen eine wunderbare Lebenshilfe und Unterstützung ist. Damit wird aus dem viel diskutierten »Fluch« ein riesiges Geschenk!

b) Öffnen für die Schattenwelt, Welt der destruktiven Botschaften

Es kann unter Umständen ein großes Risiko mit sich bringen, sich für die Schattenwelt zu öffnen. Ich rate dir dringend davon ab. Ohne Frage kann auch das ein Weg sein, er kann sogar zur Erleuchtung führen. *Aber mein Weg ist es nicht und ich lehre ihn auch nicht.* Natürlich kann ich den Reiz verstehen, der sich für manche Menschen dahinter verbirgt. Wenn du aber wirklich schon Erfahrungen mit destruktiven Energien gemacht hast, wird dir auch die Power bewusst sein, die dahintersteckt. Es bedarf großer persönlicher Stärke, diese ohne Schaden zu handhaben. Schwache Menschen sind dieser Power nicht gewachsen und können daran zerbrechen. Natürlich spielt hier auch das Gesetz der Resonanz eine Rolle. Gleiches zieht Gleiches an:

Wenn ein Mensch destruktive Energien anzieht, ist es ein Zeichen dafür, dass er selber destruktive Anteile in sich hat. Es ist eine innere Lebensentscheidung, sich für das Licht zu öffnen oder für den Schatten.

Sehnt ein Mensch sich danach, diese ihn quälenden destruktiven Energien loszuwerden, kann er das erreichen, indem er sich selbst wandelt. Wenn er klar wird, konstruktiv und lebensbejahend, haben auch keine destruktiven Energien mehr Interesse an ihm.

c) Aufgeben des freien Willens

Da wir uns im vorigen Kapitel angesehen haben, was den freien Willen im Allgemeinen ausmacht, möchte ich nun auf das Thema freier Wille konkret in Bezug auf Gefahren beim medialen Arbeiten eingehen. Es ist nicht ohne, wenn man seine Persönlichkeit *unter* die der Energie, die man gerade empfängt, stellt. Im Extremfall würde das heißen: Wir nehmen die Botschaften, die wir empfangen haben, so ernst, dass wir nicht überprüfen, ob sie mit unserem Wunsch, unseren Möglichkeiten und auch unserer Lust im Einklang stehen. Die Botschaften stehen dann über der Willensfreiheit der Person – die Person hat nichts mehr zu sagen:

Sie hat keine eigene Meinung mehr zu äußern und auch nicht danach zu handeln. Das ist eine sehr gefährliche Tendenz.

Immer wieder rufen mich Menschen – oft Fremde – an und fragen mich, ob geistige Führer ihnen sagen können, dass sie sich wegen bestimmter Dinge strafen sollen, verurteilen, sich von Freunden gewaltsam trennen oder gar körperliche Verletzungen antun sollen. Ihnen fällt ein Stein vom Herzen, wenn ich ihnen klar sage, dass das destruktive Quellen sind und keine Geistführer und ich sie vor allem an ihren eigenen freien Willen erinnere.

Wir entscheiden selber, was wir tun und lassen wollen und niemand anderes hat ein Recht dazu!

Leider hat dieses Symptom, seinen freien Willen beim medialen Empfangen aufzugeben, gar nicht so viel mit Medialität zu tun, sondern mehr mit »Aus-der-eigenen-Verantwortung-Gehen« und sich nicht der Kraft des eigenen freien Willens bewusst zu sein. Das »Der-Geist-hat-gesagt«-Symptom gibt es überall: in der Wirtschaft, in der Ehe, im Bildungswesen, in der Politik, zwischen Geschwistern und in noch unzähligen anderen Bereichen. Es könnte auch heißen: »Der Lehrer hat gesagt« oder »Meine Frau hat gesagt« oder »Der Minister hat gesagt« oder, oder. Es ist ja auch ganz in Ordnung, dass Personen etwas zu sagen haben, aber es wird dann gefährlich, wenn daraus ein Dogma wird! Wenn diese Meinung über alles gestellt wird und andere Meinungen nicht zugelassen werden!

Da die medial empfangenen Botschaften nun für viele nicht überprüfbar sind, kann leicht ein Dogma entstehen. Damit werden wir Opfer unserer eigenen Medialität. Es kann sogar sein, dass es vielleicht sogar eine völlig stimmige Botschaft ist, die wir empfangen – aber niemand auf der Welt hat das Recht, uns zu zwingen, auf die Botschaft zu hören und sie auszuführen! Und wenn die große Palme im Wohnzimmer sich schon wieder meldet, dass wir sie endlich vom Staub befreien sollen. Es ist unsere eigene Entscheidung, dies zu tun oder es zu lassen! Vielleicht geht sie auch langsam ein, weil sie fast erstickt. Wenn wir uns beim nächsten Besuch unserer Schwiegermutter blamieren wollen ... Bitte schön, warum nicht! OK – wir dürfen entscheiden, es ist unser Recht. Natürlich haben wir dann dafür auch die Konsequenzen zu tragen – aber wir sind frei in unseren Entscheidungen, durch unseren freien Willen.

d) Nichtbeachtung des Gesetzes des energetischen Ausgleiches

Auch durch die Nichtbeachtung des Gesetzes des energetischen Ausgleiches können wir uns sehr schnell zum Opfer machen. Nämlich indem wir uns für jeden zur Verfügung stellen, der unsere Fähigkeiten als Medium in Anspruch nehmen will, ohne dafür etwas zu erhalten. Es muss ja nicht Geld sein, es kann ein herzliches Danke, ein Lächeln, ein Buch oder eine andere Aktivität sein. Aber gerade weil diese Fähigkeit nicht wirklich gesellschaftlich anerkannt ist, wird sie so merkwürdig gehandelt.

Dass wir den Klempner, den Zahnarzt oder unseren Bäcker für ihre Arbeit auch bezahlen, ist selbstverständlich. Mediale Arbeit ist nichts anderes!

Stell dir nur einmal vor, der Bäcker würde alle seine Brötchen täglich verschenken! Wie lange kann er sich halten? Wann wird er Opfer seiner eigenen Güte?

e) Fehlende Erdung

Auf das Thema Erdung wird im Teil V des Buches im Kapitel 23.1.2 *»Die Bedeutung von Erdung«* sehr ausführlich eingegangen. Nun möchte ich das Thema »fehlende Erdung« unter dem Aspekt des »Sich-zum-Opfer-Machens« aufgreifen.

Ein vor allem optisch sichtbares Zeichen von fehlender Erdung ist ein Zittern und Vibrieren des gesamten Körpers beim Empfangen. Natürlich macht das Eindruck bei den Leuten! Nach dem Motto: »Wow, da kann man ja genau sehen, wie der Geist oder die Energie in den Körper eingetreten ist. Das muss ja anstrengend sein, Hut ab vor diesem tollen Medium!« Bei einigen Medien ist es genau aus diesem Grunde reine Show, kommt ja gut an! Ein wirklich gutes Medium hat diesen Zirkus nicht nötig. Aber manche Medien können es wirklich nicht besser, weil ihnen die Erdung fehlt, und dann ist es wirklich anstrengend für sie. In meinen Augen übernehmen sie sich dann. Denn wenn man seine Grenzen kennt und seine Fähigkeit oder auch Unfähigkeit der Erdung, muss man sich nicht aufs Glatteis wagen. Dieses Zittern entsteht durch die fremde Energie, der standzuhalten das Medium nicht gewachsen ist.

Es ist vergleichsweise wie ein Gartenschlauch, den man loslässt, dann wackelt er wie wild, wenn das Wasser herausspritzt. Eine stabile Kupferleitung hingegen, verglichen mit der guten Erdung eines Mediums, bleibt unbewegt, wenn Wasser durch sie hindurch fließt.

Die Gefahr bei fehlender Erdung ist, dass man aus seinem Körper herausgeht, weil man keinen Halt mehr im Körper hat und schlimmstenfalls davon ohnmächtig wird. Zum anderen kann die Ohnmacht auch dadurch eintreten, dass das Medium nicht mehr die Informationen »von oben« empfängt, also vom Wissenden Feld, sondern durch Herausgehen aus dem eigenen Körper in die Aura einer anderen Person. Damit ist das Medium grenzüberschreitend und kann schlimmstenfalls auch Schaden anrichten. Aber darüber wird im Teil V ausführlich berichtet.

Ein weiteres Kriterium für fehlende Erdung ist, dass das Medium sich inhaltlich nicht oder nur schwer wegen der Botschaften beruhigen kann, welche es empfangen und weitergegeben hat.

Erdung meint also wirklich: Mit den Füßen auf dem Boden der Realität zu stehen und nicht weltfremd zu sein.

Auch das spielt bei Medien erfahrungsgemäß oft eine große Rolle, da sie sehr ätherisch, feinstofflich und fast übersensibel sind, sodass sie schnell etwas umwirft. In amerikanischen Filmen werden kompetente Medien meistens von kräftigen Frauen mit tieferen Stimmen gespielt. Das ist sehr stimmig, denn ein kräftiger Körper gibt Masse, die für die Erdung sehr hilfreich ist. *Es bedarf außerdem einer großen Lebenserfahrung, einer gewissen Portion Pragmatismus (das ist auch Erdung) und Fähigkeit der Verarbeitung.*

Ein letztes Problem, auf welches ich näher eingehen möchte, ist das Verabschieden der Energien, die man empfangen hat. Ohne Frage stellt sich ein Medium ganz bewusst zur Verfügung, dass diese Energien durch es hindurchfließen können. Aber nach Beendigung ist der Prozess abgeschlossen und es entsteht eine Trennung. Das ist so, als wenn wir den Telefonhörer nach dem Gespräch wieder auflegen. Bei fehlender Erdung besteht die Gefahr, die Energie nicht loszuwerden, weil das Medium nicht bewusst – und dazu benötigt es Erdung – seinen freien Willen einsetzt, um die Verbindung zu durchtrennen.

f) Verantwortungslosigkeit durch unstrukturiertes Ausprobieren beim medialen Arbeiten

Der Begriff Verantwortungslosigkeit ist ein weites Feld. Genau genommen widmet sich ja der gesamte vierte Teil des Buches diesem Thema. An dieser Stelle möchte ich nun ein spezielles Gebiet beleuchten, welches auch dafür verantwortlich sein kann, dass man sich zum Opfer der eigenen Medialität machen kann: das unstrukturierte Ausprobieren beim medialen Arbeiten.

Was verbirgt sich dahinter? Als Erstes verbirgt sich eine nicht korrekt ausgeführte Technik dahinter. Es muss nicht unbedingt die von mir entwickelte Technik sein, bekanntlich führen viele Wege nach Rom – aber eine, die alle Bedingungen erfüllt, um respektvoll arbeiten zu können. Wenn wir eine Technik nicht exakt einhalten, aus welchen Gründen auch immer, dann geht es uns wie Goethes »Zauberlehrling« und dann jammern wir genauso: *»Die Geister, die ich rief, werd ich nun nicht los!«*. Eine sehr wahre und lehrreiche Geschichte, die sehr vielschichtig ist und für den energetischen, feinstofflichen Bereich eigentlich Pflichtlektüre sein müsste.

Natürlich geht Üben immer mit Ausprobieren einher, aber nicht um jeden Preis. Alle Lehrer, Hexenmeister, weise Frauen oder Priesterinnen, die ihr Wissen weitergeben, geben Wissen mit einer bestimmten Struktur die einen Sinn hat, weiter. Ein Schritt baut auf dem anderen auf. Wenn wir diese Ordnung nicht beachten, funktioniert das System nicht und wir sind wie Goethes »Zauberlehrling« von Chaos umgeben.

21. Weitere typische Fehler beim medialen Arbeiten

Nun möchte ich abschließend noch einige klassische Fehler beim medialen Arbeiten benennen. Es kann sein, dass du dein ganzes Leben nicht damit konfrontiert wirst, aber zum Grundverständnis für Medialität und der Vollständigkeit halber zähle ich sie in Kurzform an dieser Stelle auf:

Die falsche Ausgangsposition

Wenn die geistig-seelischen und auch körperlichen Bedingungen nicht erfüllt sind, so wie ich sie im Teil V beschreibe, gelingt mediales Arbeiten schwer, egal welche Technik angewandt wird.

Sich inhaltlich manipulieren lassen

Manche Menschen wollen, wegen ihres eigenen Misstrauens der Sache gegenüber, ein Medium einfach testen. Sie denken sich dann Dinge aus oder erzählen Quatsch. Ein gutes Medium merkt das und spricht das an. Allerdings bildet ein sich ausgedachter Mensch auch ein Energiefeld und ist gespeichert in den Gitternetzen der Erde. Man darf sich nicht durcheinanderbringen lassen, muss Grenzen setzen und diese Dinge von vornherein ansprechen!

»Mal schnell gucken« lassen

Wenn andere von einem Medium verlangen, doch »nur mal schnell« nach einer Frage zu »gucken«, ist das eine Nichtachtung der Fähigkeiten. Damit soll unter Druck etwas gemacht werden, was nicht »schnell mal« zu leisten ist. Der Friseur schneidet uns auch nicht »so eben schnell mal« die Haare und der Chirurg schneidet auch nicht »so eben schnell mal« den Brustkorb auf. Qualität braucht Zeit und Ruhe!

Ungeduld

Ungeduld ist kein guter Kompagnon, um zum Erfolg zu gelangen – auf keinem Lebensgebiet. Durch Ungeduld kann man sich übernehmen, in Größenwahn verfallen oder auch vor lauter Eile ungenau werden. Durch Ungeduld leidet immer die Qualität, egal in welchem Bereich. Damit ist es auch nicht möglich, die nötige Präzision einzuhalten, die das mediale Arbeiten erfolgreich macht.

Mitleiden

Leidet das Medium bei der Beratung in einer Notlage mit der Rat suchenden Person mit, kann es dieser Person keine Unterstützung und Sicherheit bieten. Dann ist es unklar und quält sich eher, als dass es helfen kann. Es ist immer ein Zeichen dafür, dass das Medium diese Themen selber noch nicht bewältigt hat und damit selbst ein Problem hat. Achtung! Mitleiden hat nichts mit Mitgefühl zu tun! Das gilt es nicht zu verwechseln! Mitgefühl ist eine hilfreiche Qualität, Mitleid wirkt dagegen für alle Anwesenden destruktiv, da es den Schmerz oder die Unklarheit auf beiden Seiten nur vergrößert und keine konstruktive Lösung bietet.

Nicht frei von Emotionen sein

Generell ist es das Ziel, als Medium frei von Emotionen zu sein. Mitleid ist eine davon, aber es kann auch Übermut, Euphorie oder Trauer sein. Alle Emotionen bringen uns aus der Mitte und verhindern eine gute Erdung, die nötig ist, und verwässern oder verfälschen unter Umständen die Botschaften.

Fehlende Neutralität

Wenn das Medium sich mit der Situation des Ratsuchenden identifiziert, kann es Botschaften nicht klar empfangen. Ein gewisser Abstand, gesunde Gleichgültigkeit (alles hat die gleiche Gültigkeit) und Neutralität der Person und dem Inhalt gegenüber ist zwingende Voraussetzung. Sympathie oder Antipathie der Person, der Frage oder der Botschaft gegenüber schafft Projektionen und verfälscht unter Umständen die Botschaften.

Erpressen lassen wegen der »Gabe«

Manche Menschen wollen ein Medium erpressen, für sie doch »mal eben« eine Botschaft zu empfangen. Sie sind der Auffassung, wenn man diese »Gabe« der Medialität hat, muss man sich *jederzeit* zur Verfügung stellen. Das muss gar nicht böse gemeint sein und kann ganz unbewusst als Resultat bestimmter gesellschaftlicher Vorurteile und Glaubenssätze über Medialität geschehen. Damit kann es zur Nötigung führen und ein

Medium in Dinge mit hineingezogen werden, die es gar nicht möchte. Eine meiner Lehrerinnen hatte für den Fall immer einen guten Satz für solche »Erpresser« parat: *»Kauf dir ein I Ging oder ein anderes Orakel und das passende Buch dazu. Dann kannst du das Orakel befragen und im Buch genau nachlesen, wie die Antwort lautet.«*

Dieser Trick hat mir immer gut gefallen. Damit wies sie die Menschen auf ihre Selbstverantwortung hin. Denn wenn generell ein Mensch einen anderen nötigt, ihm zu helfen – das muss ja nicht unbedingt nur bei einem Medium sein –, ist das immer Machtmissbrauch und Grenzüberschreitung. Und dies entsteht, wenn man nicht in seiner Verantwortung ist und andere zwingen will, für sich zu arbeiten, ohne im Respekt und der Beachtung des Gesetzes des energetischen Ausgleiches zu sein.

Sich erpressen lassen durch Bezahlung

Eine Steigerung der Erpressung wegen der »Gabe« ist die Erpressung durch Bezahlung. Mit dem Argument, dass das Medium doch auch Geld dafür erhält, wird auf dem Gesetz des energetischen Ausgleiches herumgeritten. Dabei wird aber ein viel höherstehendes kosmisches Gesetz missachtet, das Gesetz der Ordnung! Denn subtil oder auch ganz offensichtlich wird dem Medium untergeschoben, dass es der um Rat suchenden Person Wissen vorenthält, wenn es den Auftrag verweigert. Dafür soll es sich doch gefälligst schämen und sich schuldig fühlen, wenn es diesen Wunsch ablehnt. Wenn es aber genötigt wird, dann kann es nicht geben – unter Druck kann niemand wirklich geben.

Nach dem Gesetz der Ordnung steht das Medium in der Hierarchie über den Ratsuchenden.

Durch Nötigung steht es aber unter ihnen und soll nach ihrem Willen funktionieren. Denn der Ratsuchende wird zum Täter und das Medium zum Opfer. Damit wird Machtmissbrauch ausgeübt. Wie soll das Medium dann eine mediale Sitzung leiten können? Als Opfer kann es schwer medial ordentlich arbeiten. Das klingt sehr hart, wenn ich das so niederschreibe. Doch gerade wenn mediale Arbeit als Dienstleistung angeboten wird, kann diese Situation sehr leicht eintreten! *(Siehe auch folgendes Kapitel 22 »Mediale Arbeit als Dienstleistung in der Gesellschaft«.)* Dabei sind sich die Klienten oft keiner Schuld bewusst, denn sie zahlen ja schließlich dafür.

Aber: Das Medium entscheidet stets selbst, ob es bereit ist, die Frage medial in Auftrag zu geben oder nicht. Und außerdem: Immer wachsam bleiben und auf die Ordnung im jeweiligen System achten!

In Größenwahn verfallen

Wichtig ist es, als Medium die eigenen Grenzen zu kennen und sich nicht auf Themen beim medialen Arbeiten einzulassen, denen man nicht gewachsen ist. Dabei können Erdungsprobleme entstehen, falsche Botschaften, die fatale Folgen haben können, oder auch absoluter Stress, der nicht gerade förderlich beim medialen Empfangen ist und schnell in die Opferrolle bringt. Doch dieses Thema ist ein generelles im Leben, das trifft natürlich bei jeglicher Arbeit oder Tätigkeit im Leben zu.

Eigene Grenzen nicht respektieren

Die eigenen Grenzen nicht zu respektieren, hat auch etwas mit dem oben genannten Größenwahn zu tun, aber hier geht es noch um mehr. Eigene Grenzen zu respektieren und sich abgrenzen zu können, heißt auch, im Umgang mit Menschen seine Grenzen zu wahren, sich bewusst zu sein, welchem Umgang man standhalten kann und welchem nicht. *Es ist eine gesunde Art, sich zu schützen, sozusagen eine Art Prophylaxe.*

Andere Grenzen nicht respektieren

Wenn ein Medium nicht den korrekten Bezug zu der Person hat, kann es passieren, dass es mit den Botschaften und Übermittlungen die Grenzen des Ratsuchenden überstrapaziert. Es gehört auch dazu, medial mitzubekommen, wie viel die Person verkraften kann und wo ihre Grenzen sind. Je besser das ein Medium bei *sich* kann, umso mehr ist es in der Lage, auch rücksichtsvoll auf sein Gegenüber einzugehen.

Der fehlende Resonanzboden

Wenn das Medium nicht genügend eigene Erfahrung und Bewusstsein in das Leben mitbringt, ist der Resonanzboden nicht sehr groß. Damit kann es nicht sehr viele Themen korrekt empfangen. Eine eigene Weiterentwicklung im geistigen und seelischen Bereich, also eigene innere Prozessarbeit, ist Voraussetzung, um ein großes Spektrum an Wissen weitergeben zu können.

22. Mediale Arbeit als Dienstleistung in der Gesellschaft

Dieses Kapitel ist wichtig in Bezug auf den sicheren Umgang mit der Medialität in der Gesellschaft. Es ist eine wichtige Lehreinheit in meiner Ausbildung zum/r medialen Lebensberater/in. Das vorher aufgeführte Kapitel 19.2 *»Medialität und Geld«* spielt mit hinein, ist aber nur ein Teilaspekt. Nun, zum Abschluss dieses Teiles, möchte ich mit diesem Kapitel eine umfassende Zusammenfassung zur Verantwortung als Medium geben und gleichzeitig auf die gesellschaftliche Stellung dieser Arbeit und auch auf noch gängige Vorurteile diesbezüglich eingehen.

Wir haben erfahren, wie das Gesetz des energetischen Ausgleiches eine wesentliche Rolle spielt, aber gerade auch der bewusste Einsatz des freien Willens macht diese Arbeit erst erfolgreich. Es gibt auf diesem Sektor noch viele vorherrschende Vorurteile, die durch geschichtliche, politische und auch durch religiöse Ereignisse und Einflüsse entstanden sind. Ist doch die Menschheitsgeschichte leider eine ewige Geschichte von Kriegen, Intrigen, Unterdrückungen und Machtkämpfen.

Wenn wir uns bewusst werden, welche Macht und Kraft wir Menschen besitzen, wenn wir unsere Medialität ausbauen und bewusst anwenden, werden Vorurteile, Unterdrückung und Verfolgung solcher Menschen, die es schon immer gegeben hat, verständlich und nachvollziehbar.

Das erste große weitverbreitete Vorurteil oder regelrechte Anmaßung ist, dass sich ein Medium willenlos zur Verfügung stellen muss und damit allen Menschen und allen Energien zur Verfügung stehen soll. Obwohl ein Medium auch nur ein Mensch ist, soll es also seinen freien Willen ausschalten und frei über sich verfügen lassen! Das ist ein schwerwiegender Irrtum, auf dessen Ursachen wir nicht näher eingehen wollen, was sich aber jeder Mensch für sich selbst eins und eins zusammenzählen kann.

Wir haben nun gelernt:

Ein Medium darf seine Persönlichkeit nicht aufgeben!

Das ist das Entscheidende, sozusagen die Erfolgsgarantie. Allerdings darf dieser Fakt nicht falsch verstanden werden. Natürlich ist ein Medium während des Empfangens voller Hingabe. Das heißt aber noch lange nicht, dass es keinen eigenen Willen besitzt.

Ein Medium sollte so viel Bewusstsein besitzen, dass es genau mitbekommt:

1. *welche feinstoffliche Energien es kontaktiert,*
2. *ob die »Aufträge« sich inhaltlich mit dem eigenen Gewissen und der eigenen moralischen und geistig-seelischen Auffassung vereinbaren lassen,*
3. *ob es selber mit dem Auftrag missbraucht wird und*
4. *ob der ausgeführte »Auftrag« einen Machtmissbrauch oder eine Grenzüberschreitung anderen gegenüber darstellt.*

Das ist der Grund, warum ich persönlich nichts von Volltrancemedien halte, denn da ist dieses Bewusstsein ausgeschaltet.

Der Prozess des medialen Empfangens muss vom Medium immer freiwillig hergestellt werden können, ohne Zwang und Nötigung von außen!

Ich habe es selbst schon einige Male in meiner Praxis erlebt, dass Menschen meinten, ich solle dies oder jenes für sie »gucken«, obwohl ich es ablehnte – sie bezahlen mich ja schließlich auch dafür. Oder noch extremere Bemerkungen, die mir zum Glück nicht persönlich zu Ohren gekommen sind: »Immerhin haben Sie ja diese Fähigkeit und ich nicht. Deshalb komme ich ja zu Ihnen. Also sind Sie verpflichtet, mir ihre Fähigkeiten zur Verfügung zu stellen!« Einer Kollegin wurde sogar von einer Klientin gedroht, wenn sie nicht die von ihr gewünschten medialen »Aufträge« erledigte, würde ihr ihre Fähigkeit weggenommen werden, denn als Medium sei es ihre Pflicht. Fragen wir uns nur, wer ihr diese Fähigkeiten nehmen könnte: Gott oder die Klientin?

Ich kann über solche Drohungen nur schmunzeln, führe sie aber ganz bewusst an dieser Stelle an, weil ich von einigen medial arbeitenden Menschen diese Verunsicherungen kenne, ob sie denn einfach »Nein, mache ich nicht!« sagen dürfen oder anderen Menschen bedingungslos dienen müssen.

Das ist tiefstes Mittelalter und klingt nach Hölle und Ablass. Menschen, die solche Drohungen aussprechen, wollen nicht in ihre eigene Verantwortung gehen und schieben sie anderen zu. Sich diese Jacke anzuziehen, würde heißen, in eine totale Überverantwortung als Medium zu gehen, genau genommen in einen Größenwahn, in dem man, wenn man Pech hat, nur mit einem Schaden davonkommt.

Um das zu verdeutlichen, möchte ich einige Beispiele aus dem täglichen Leben anführen. Interessant ist, dass die folgenden Beispiele bestimmt für alle einleuchtend sein werden, aber wenn wir sie nun analog auf die Arbeit als Medium übertragen wollen, entsteht oft Unverständnis, weil in den Gitternetzen der Erde viel Missbrauch zu diesem Thema existiert.

Wählen wir uns nun eine freie Mitarbeiterin im DED, dem Deutschen Entwicklungsdienst. Nennen wir sie Joana. Wenn Joana einen Auftrag in einem Krisengebiet angeboten bekommt, ist es ganz allein ihre Entscheidung, diesen Auftrag anzunehmen oder abzulehnen. Wenn sie es sich selbst gegenüber nicht verantworten kann und um ihr Leben bangt, muss sie diesen Auftrag nicht annehmen. Nur wenn sie sich wohl und sicher fühlt, kann sie auch anderen etwas geben. Sonst ist sie Opfer der dortigen Umstände und kann niemandem Hilfestellung leisten.

Wenn also der Auftrag für sie zu riskant ist, lehnt sie ihn ab. Denkt sie dabei doch auch an ihre Familie, an ihre zwei Kinder, die sie durch diesen Beruf ernährt. Wem tut sie einen Gefallen, wenn sie durch fehlende Rücksicht auf sich selbst in einem Krisengebiet ums Leben kommt? Niemandem, nicht einmal sich selbst.

Als nächstes Beispiel nehmen wir Fritz, den Architekten. Fritz bekommt einen Auftrag für ein Hotel mit gewagter Glas- und Eisenträgerkonstruktion angeboten. Da Fritz schon ähnliche Aufträge hatte und mit diesen Materialien viele Erfahrungen besitzt, kann er ganz klar sagen, dass das, was der Auftraggeber sich da vorstellt, nicht in dieser Form realisierbar ist. Rein statisch ist es zu riskant. Fritz kann es nicht vertreten. Der Auftraggeber ist stur und will trotzdem in dieser Form sein Vorhaben durchsetzen. Fritz ist das viel zu risikoreich, denn wenn das Ganze schiefgeht, und davon ist er überzeugt, ist er verantwortlich dafür. Fritz lehnt den Auftrag ab, weil er es nicht mit sich vereinbaren kann. Somit verweigert er genau genommen seine Hilfe und dient dem Auftraggeber damit nicht.

Als drittes Beispiel nehmen wir einen Künstler, wir geben ihm keinen Namen, denn es hat derer mit dieser Situation in der Menschheitsgeschichte unzählige gegeben. Ihm wird von einer politisch führenden Persönlichkeit, einem Machthaber, Regenten oder Diktator, ein Auftrag erteilt. Er soll ein Porträt oder eine Büste von dieser Persönlichkeit anfertigen. Viele Künstler sind in der Geschichte dabei in Zwiespalt geraten. Das Geld hat gelockt. Aber innerlich haben sie sich als Verräter gefühlt. War es doch der Mensch, der ihre Familie ins Unglück gebracht und eine Politik gemacht hat, die nicht zu vertreten war. Einige wenige Künstler haben die Größe gehabt, den Auftrag abzulehnen und damit viel Geld verloren – vielleicht auch ihr Leben oder ihre Freiheit, weil sie zu ehrlich waren. Andere haben ihre Seele verkauft und den Auftrag angenommen.

Reichen diese Beispiele aus? Denke bitte immer daran, dass in Demut dienen nicht heißt, willenlos alles mit sich machen zu lassen. Da der Demut ein ganzes Kapitel in Teil V des Buches gewidmet ist, möchte ich darauf an dieser Stelle nicht tiefer eingehen. Auch ein Medium, genauso wie der Architekt oder der Künstler, muss nicht jede Frage beantworten beziehungsweise jeden Auftrag annehmen. Entscheidend ist, ob er diesen Auftrag vertreten und mit sich vereinbaren kann.

Es gibt unzählige Gründe dafür, eine Arbeit, einen Auftrag oder schlichtweg nur eine Frage zu verweigern.

Besinne dich deiner Individualität, du hast das Recht dazu und musst dich auch nicht rechtfertigen!

An oberster Stelle steht beim medialen Arbeiten der gegenseitige Respekt.

Es ist wichtig, dass beide, also das Medium und der oder die Ratsuchende, einander als Person und Persönlichkeit achten, unabhängig von ihrer Rolle, die sie in der Situation spielen.

Doch in der Begegnung der medialen Beratung ist es vonnöten, die Hierarchie hierbei zu beachten.

Das Medium leitet die Beratung, nie andersherum! Auch wenn der Ratsuchende die Fragen stellt und das Medium ihm dient, steht das Medium über dem Ratsuchenden.

Wenn dies nicht beachtet wird, kann sehr schnell und leicht Chaos entstehen, da der Ratsuchende meint, er kann durch seine Fragen die Beratung führen und das Medium hat sich ihm zu fügen, da er ja schließlich dafür zahlt. Somit kann der Ratsuchende aber keine Sicherheit mehr erhalten, nach der er sich ja so sehnt, deswegen kommt er ja. Und dem Medium entgleitet das Ruder.

Zu guter Letzt ist es notwendig, ein Medium nicht nur in der Rolle eines Mediums zu sehen, sondern auch als Mensch, der verletzbar ist, der Ängste hat und Gefühle. Ein Medium ist ein Mensch, welcher auch zu seinem eigenen Schutz Grenzen setzen muss, weil auch mal ein Ratsuchender mit seinen vielen Fragen einem ganz schön auf die Nerven gehen kann …

Zusammenfassung

Da die genannten Fakten für alle, die gewerblich beziehungsweise beruflich mit dem Handwerkszeug Medialität arbeiten wollen, lebensnotwendig und natürlich auch für den Erfolg förderlich sind, habe ich hier noch einmal in Kurzform eine Zusammenfassung zusammengestellt:

- *Ein Medium stellt sich zwar zur Verfügung, das heißt aber nicht, dass es seinen freien Willen nicht benutzen darf …*
- *Ein Medium muss nicht für jeden arbeiten.*
- *Ein Medium darf nicht seine Persönlichkeit aufgeben.*
- *Dienen in Demut heißt nicht, willenlos alles mit sich machen zu lassen.*
- *Ein Medium muss nicht jede Frage beantworten, jeden Auftrag annehmen.*
- *Arbeit/Auftrag/Frage darf auch verweigert werden.*
- *Gegenseitiger Respekt ist wichtig.*
- *Ein Medium hat ein Recht auf eigene Gefühle.*
- *Die Hierarchie muss beachtet werden. Ein Medium leitet die Beratung. Auch wenn es liebevoll dient, steht es über dem Ratsuchenden.*

Teil V

Die AKHESY®-Technik

23. Die Voraussetzungen

Um mediale Botschaften empfangen zu können, bedarf es einiger wichtiger Voraussetzungen. Diese sind untergliedert in:

· *Die körperlichen Voraussetzungen*

· *Die geistig-seelischen Voraussetzungen*

Deshalb ist es empfehlenswert, sich die folgenden Kapitel gründlich durchzulesen, bevor du mit dem Ausprobieren der Technik beginnst. Natürlich ist Ungeduld bei so einem Buch verständlich, aber auch hier gilt: **Gut Ding will Weile haben!** Denn erst, wenn du die Voraussetzung in Ruhe und Gründlichkeit schaffst, wirst du den richtigen Erfolg bei der Anwendung der Technik erzielen können. Und das macht dann auch Freude – und die soll es machen!

23.1 Die körperlichen Voraussetzungen

Zu den körperlichen Voraussetzungen gehören zwei Bereiche, die beide mit der festen Materie, eben dem festen Körper zu tun haben. Einmal das Bewusstsein über unseren Körper, mit dem wir empfangen, also Gefäß zu sein, und zum Zweiten die benötigte Erdung, durch die wir wiederum unseren Körper stabilisieren und zum Gefäß werden lassen. Beides wollen wir uns nun näher ansehen.

23.1.1 Gefäß sein

Die wichtigste Vorstellung, wenn wir medial empfangen wollen, ist die, uns vorzustellen, ein Gefäß zu sein. Stell dir vor, du bist eine Obstschale oder eine Suppenterrine. Solch ein Gefäß ist ein Gegenstand, der etwas aufnehmen kann, etwas in sich trägt. Beide deutschen Worte sind erfreulicherweise in ihrer energetischen Qualität noch ursprünglich. Die Terrine, die Schale – beide bezeugen durch ihren Artikel »die«, dass sie weibliche Worte sind und damit weibliche, aufnehmende Qualitäten haben. Und genau darum geht es bei der Medialität.

»Sei das Gefäß, welches empfängt!«

Was heißt das? Diese Eigenschaft zu empfangen ist die charakteristischste Eigenschaft der weiblichen Energie, der Yin-Kraft. Die weibliche Energie ist die passive, absorbierende, aufnehmende Kraft im Universum und als Gegenpol dazu ist die männliche Energie, die Yang-Kraft, die aktive, abgebende, sich ausdehnende und damit strukturbildende Energieform. Ganz einfach sichtbar sind diese Eigenschaften am Akt der Zeugung. Die Frau ist diejenige, welche den Samen empfängt. Die weiblichen Geschlechtsorgane sind so beschaffen – und das nicht nur bei uns Menschen –, dass sie nach innen gerichtet sind und passiv empfangen können. Die männlichen Geschlechtsorgane hingegen sind nach außen gerichtet und beim Zeugungsakt aktiv durch Erektion und Ejakulation. Dabei wird direkt von Empfängnis gesprochen. Ein klarer Hinweis für diese Formen der Energien – der abgebenden und der empfangenden.

Die Fähigkeit der Medialität ist damit eine weibliche Form der Kommunikation, wohingegen die Verständigung über das Wort, welches Struktur bildet, eine männliche Form der Kommunikation darstellt. Daran erkennen wir, wie wir uns mit beiden Formen, der Sprache durch Worte und nonverbal durch feinstoffliche Energie, untereinander verständigen und wie sich die Dualität auch in uns selbst widerspiegelt, in dem inneren Mann in uns und der inneren Frau. Medialität ist somit die passive Form des Aufnehmens von Informationen aus der feinstofflichen Ebene. Nun wird auch verständlich, warum sich viel mehr Frauen als Männer diesem Thema widmen. Es ist ihrer Natur eigen. Männern fällt es viel schwerer, obwohl ich auch schon sehr medial begabte Männer kennengelernt habe – allerdings sehr, sehr wenige.

Und noch etwas wird in diesem Zusammenhang verständlich: Frauen wird bekanntlich nachgesagt, dass sie sehr geschwätzig sind, tratschen und nie ihren Mund halten können. Männern im Gegensatz hierzu, dass sie ihren Mund gar nicht erst aufkriegen und man ihnen alles aus der Nase ziehen muss. Das ist kein Vorurteil! (Natürlich gibt es immer solche und solche ...) Der Ausdruck im Außen ist der umgekehrte Vorgang im Innen. Als Ausgleich sozusagen. Auch dabei ist wieder die Dualität in uns Menschen sichtbar.

Frauen, die passiv sind und viele Energien aufnehmen, müssen dann zum Beispiel durch Reden den Ausgleich schaffen. Männer – im Gegensatz dazu –, die aktiv sind, ihre Energie nach außen bringen, auf welche Weise auch immer, sind eher schweigsame Gesellen, die wenigstens in der Sprache ihre Energie nicht auch noch nach außen vergeuden wollen.

So viel zum Thema Empfangen und Aufnehmen. »Sei das Gefäß, welches empfängt!« beinhaltet aber noch einen weiteren Aspekt. Dieser bezieht sich schlicht und einfach auf das Gefäß selbst, den physischen, also materiellen Körper. Wenn das Gefäß, die Schale oder Terrine, nicht aus einem festen Körper wäre, könnte man dort nichts hineinlegen. Es ist also wichtig, einen festen Körper zu haben, sonst fließt der Inhalt weg oder fällt herunter und könnte somit nicht aufgefangen werden. *(Vergleiche Teil II, Kapitel 8.6.3 »Der Mensch als Empfänger«.)*

Ohne Gefäß kann nichts empfangen werden

Also ist der erste Schritt, wenn du dich beim medialen Empfangen einstimmst, dir deines Körpers als Gefäß bewusst zu werden, durch welches du die entsprechenden Botschaften empfangen kannst.

23.1.2 Die Bedeutung von Erdung

Eine gute Erdung ist das A und O beim medialen Empfangen. Die Erdung hilft dir, im Körper zu sein, gut mit deinem Körper verankert zu sein oder, anders gesagt, das Gefäß zu sein. Was heißt nun Erdung? Erdung zu haben heißt, dich mit den Energien von Mutter Erde zu verbinden und diese in dich aufzunehmen. Die Erdqualitäten stehen für Festigkeit, Materie und Körperlichkeit, aber auch für Aufnehmen und Transformation. In dieser Festigkeit gibt sie dir Sicherheit, Geborgenheit und Schutz. Darum wird die Erde auch unsere Mutter genannt. Wenn du diese also in dich aufnimmst, gibt dir die Erdenergie eine große Unterstützung dabei, Gefäß zu sein.

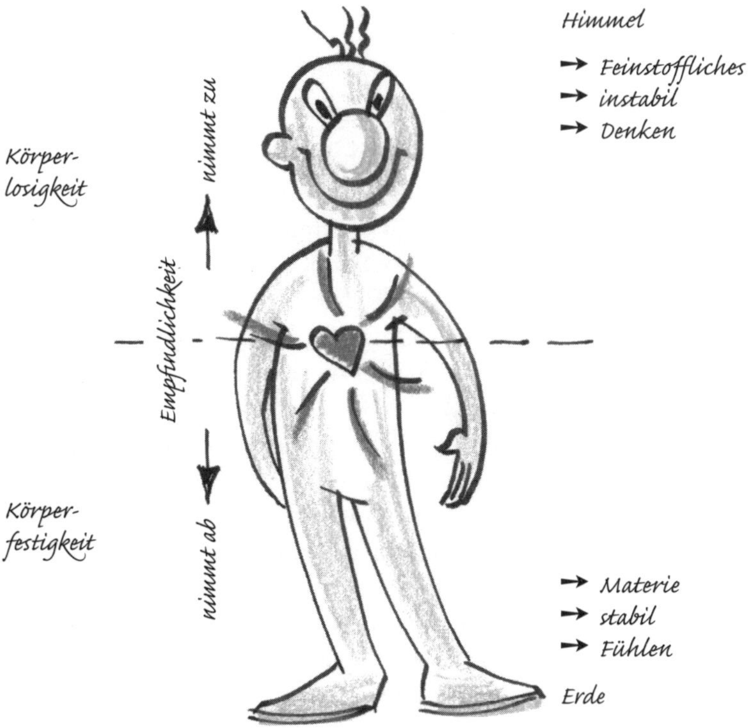

Der Zusammenhang zwischen Erdung und Materie und der Empfindlichkeit des menschlichen Körpers

23.2. Die geistig-seelischen Voraussetzungen

Es sind ein wenig mehr geistig-seelische Voraussetzungen zum erfolgreichen medialen Arbeiten nötig als körperliche. Den Geist ebenfalls auf diesen Prozess vorzubereiten, ist sozusagen unabdingbar. Diese Voraussetzungen sind stark mit dem Wirken der kosmischen Gesetze verknüpft.

Bevor ich auf die einzelnen Kriterien der Voraussetzungen näher eingehe, hier erst einmal eine Übersicht:

- *Die Bereitschaft zum Geben – das Gesetz des energetischen Ausgleiches*
- *Demut – das Gesetz der Ordnung*
- *Die innere Mitte finden*
- *Der weise Einsatz des Ego*
- *Wahr, klar und ehrlich sein*

23.2.1 Die Bereitschaft zum Geben – das Gesetz des energetischen Ausgleiches

Die wichtigste innere Einstellung beim medialen Empfangen ist die Bereitschaft zu geben. Auch wenn das Empfangen selbst ein passiver Vorgang ist, bei dem wir von uns selbst persönlich nichts geben, so ist dieser Vorgang doch mit der Tätigkeit des Dienens, des »Sich-zur-Verfügung-Stellens« gekoppelt. Sich für etwas zur Verfügung stellen heißt, wir geben unsere Zeit, unsere Kraft, unsere Liebe und unseren Körper für eine Sache. Das meint Geben. Sind wir dazu nicht bereit, sollten wir es lieber sein lassen. Denn unter Umständen kann das Ergebnis eher frustrierend oder sehr verwirrend sein, wenn wir nicht aus vollem Herzen geben wollen. Warum? Ein kosmisches Grundgesetz ist das »Gesetz des energetischen Ausgleiches«. Mit anderen Worten: »das Gesetz von Geben und Nehmen«. Dieses Gesetz besagt, dass Geben und Nehmen immer im Ausgleich sein müssen, sonst entsteht ein Ungleichgewicht, eine Spannung, eine Disharmonie, die irgendwann so groß wird, dass sie wieder zum Ausgleich führen muss.

Ein Beispiel dazu: Wenn ein Mensch Hunger hat, muss er sich darum kümmern, dass er etwas zu essen bekommt, um seinen Hunger zu stillen. Dazu gibt es viele Möglichkeiten. Drei davon sind:

1. *Er kauft sich etwas.*
2. *Er baut sich etwas in seinem Garten/Feld an.*
3. *Er stiehlt etwas.*

Wenn er etwas kauft, braucht er dazu Geld. Das Geld muss er sich erarbeitet haben, also hat er dafür etwas gegeben. Je mehr er schon gearbeitet hat, umso mehr Geld ist da, mit dem er sich etwas kaufen kann.

Je nachdem, wie viel Liebe er in seinen Garten investiert, wachsen wunderbare Pflanzen und Früchte, die ihn mit all der Liebe nähren, die er in sie hineingesteckt hat. Wenn er aber im Gegensatz dazu nur mal schnell Unkraut jätet oder gießt, aber sonst alles so wachsen lässt, wie es gerade wächst oder auch dahinvegetiert, erntet er ebenfalls das Produkt seiner Arbeit, seiner Liebe oder auch Lieblosigkeit. Vielleicht macht es ja satt, aber es ist kein Genuss und weniger nahrhaft und wertvoll.

Wenn wir in Liebe geben, können wir viel ernten

Je mehr wir also geben, desto mehr können wir auch ernten.

Wenn unser fiktiver Freund etwas zu essen stiehlt, wird er zwar seine Gier und seinen Hunger für einen Moment befriedigen können, aber er wird es nicht wirklich genießen können. Es entsteht eine innere Anspannung. Vielleicht hat er ein schlechtes Gewissen und fühlt sich schuldig. Oder er macht einen großen Bogen um die Menschen, die er bestohlen hat, damit es nicht auffliegt. Warum? Er hat für sein Essen nichts gegeben. Damit sind die Energien nicht ausgeglichen. Auch wenn er rein faktisch etwas erhalten hat, rein energetisch hat er nichts als Stress.

Wollen wir nun dieses Gesetz auf die Medialität beziehen. In dem Maße, in dem wir bereit sind zu geben, uns also der Medialität hinzugeben und zu dienen, werden wir auch Botschaften beziehungsweise befriedigende Resultate erhalten. Diese können wir mit ruhigem Gewissen annehmen – sei es für uns selber in völliger Hingabe oder für eine andere Person. So viel zum Geben.

Was verbirgt sich aber hinter dem Nehmen, also dem, was wir erhalten? Wir erhalten eine mediale Botschaft mit einer bestimmten Qualität. Diese Qualität ergibt sich aus unserem Einsatz, unserer Investition in das Geben. Eine qualitativ hochwertige medial empfangene Botschaft können wir an folgenden Kriterien erkennen:

- klare inhaltliche Aussage
- Klärung eines Problems oder konkrete Hilfestellung
- Quantität der Botschaft (gegebenenfalls verbunden mit Bildern, Gefühlen, Farben oder Düften)
- energetische nonverbale Aussage (liebevoll, kraftvoll, zuversichtlich),
- heilende Energie

Welche Geschenke erhalten wir zusätzlich, wenn wir gewissenhaft in eine saubere Technik der Medialität investieren – also geben?

→ Erfolg beim Empfangen
→ Freude und Spaß an der Technik
→ Positive Botschaft an uns selbst
→ Gibt gesundes Selbstvertrauen und Selbstbewusstsein
→ Praktische Lebenshilfe durch den Inhalt der Aussage

… Geben lohnt sich also! …

23.2.2 Demut – das Gesetz der Ordnung

Wollen wir das Wort »Dienen« von einer anderen Seite beleuchten: Zu dienen heißt geben – aber auch in Demut sein. Sonst ist es nicht dienen, sondern dealen, also ein Geschäft machen. Was bedeutet in Demut sein? Dieses Thema ist ein sehr brisantes, denn es existiert eine häufige Verwechslung: Demut wird für etwas gehalten, das sie gar nicht ist, nämlich Devot-Sein – sich kleinmachen! Diesen klassischen Verdreher von Kleinmachen und in Demut sein möchte ich an dieser Stelle gerne geraderücken.

Ich bemerke immer wieder Unbehagen bei einigen meiner Schüler, wenn wir das Gesetz der Ordnung besprechen. Ein regelrechtes Sträuben ist auf einigen Gesichtern gegen dieses Gesetz zu sehen. Warum? Weil der Gedanke an Ordnung bei vielen Menschen folgende Assoziationen hochkommen lässt, von sich fügen müssen, von sich unterordnen, ausharren, brav sein, sich anpassen müssen und keinen eigenen Willen haben zu dürfen, Machtmissbrauch erdulden und Gewalt ertragen müssen und, und, und …

Also zusammengefasst glauben viele, demütig zu sein heißt, sich kleinmachen zu müssen und die eigene Persönlichkeit aufzugeben. Das ist nicht im göttlichen Sinne! Wie wollen wir denn in unsere Kraft, Schönheit, Lebensfreude und Schöpferkraft kommen, wenn wir uns auf diese Weise im wahrsten Sinne des Wortes prostituieren? Bei diesem Glaubensirrtum geben wir uns auf, verleugnen unsere Kraft und vergessen die wunderbare Gabe unseres freien Willens. Das geschieht, wenn wir Machtmissbrauch erliegen und Opfer von Situationen oder Personen sind.

Leider werden oft wirklich die Positionen einer höhergestellten Rangordnung benutzt, um andere zu missbrauchen. So kennen wir den Chef, der seinen verantwortungsvollen Posten als Vorgesetzter nicht einnimmt, um seine Mitarbeiter weise zu führen und zu leiten, sondern seine Position ausnutzt, um seine Mitarbeiter zu schikanieren, moralisch zu demütigen und auszubeuten. Das kann auch ein Lehrer oder ein Familienvater sein, der eher ein Familientyrann ist, oder ein Cliquenanführer. Alle Menschen, welche in solchen Verbänden schon unangenehme Erlebnisse hatten und dem Missbrauch erlagen, sträuben sich verständlicherweise bei dem Gedanken, sich einzufügen in ein System, weil dies für sie nur mit Zwang, Gewalt, Anpassung oder blindem Gehorsam besetzt ist. In Wirklichkeit ist eine leitende Führungsrolle immer eine dienende Funktion. Die Person ist verantwortlich für den gesamten Verband. Sie sorgt dafür, dass es dem Verband gut geht, schützt ihn und achtet darauf, dass auch dem schwächsten Mitglied im Verband Sicherheit zukommt. Damit ist dies eine sehr verantwortungsvolle Aufgabe. Für die Teilnehmer oder Mitglieder im Verband bedeutet sich einzufügen, ihren Platz im Verband einzunehmen, um Sicherheit, Wohlergehen und ein sorgenfreies Leben zu erhalten. Jeder im Verband hat seinen Platz – alles hat seine Ordnung. Und wie es im Kleinen ist, so ist es auch im Großen.

Leiten wir über zu der Unendlichkeit des Universums. Auch da hat alles seine Ordnung. Jeder Planet hat seine Laufbahn. Alle Planeten eines Sonnensystems haben ihre ganz eigene Umlaufbahn und kommen sich nicht in die Quere. Diese Ordnung ist also hilfreich, damit es einen reibungslosen und ungestörten, fließenden Ablauf ohne Katastrophen gibt. Es beschließt nicht der Saturn plötzlich: »Ach, ich hab mich nun schon so viele tausende Jahre auf meiner ellipsenförmigen Umlaufbahn bewegt, das ist so langweilig, nun will ich mich mal in die andere Richtung bewegen und dann werde ich das in eckiger Umlaufform tun!« Was würde da passieren? Richtig: Chaos! Aber kein Planet des gesamten Universums käme auf so eine blöde Idee! Nur wir Menschen! Aber das müssen wir ja auch, weil wir einen freien Willen besitzen und uns üben sollen, ihn weise zu benutzen … Dazu im übernächsten Kapitel mehr.

Das ist also der eigentliche Sinn vom Gesetz der Ordnung – Sicherheit zu geben, Stabilität und Struktur. Durch den Wohlstand in unseren Breitengraden ist dies manchmal ein wenig in Vergessenheit geraten. Aber nicht umsonst boomt es geradezu an Anbietern für das Familienstellen und die systemische Aufstellung. Warum gibt es eine so große Nachfrage? Weil sich die Menschen im Tiefsten ihrer Seele nach genau dieser Ordnung sehnen, denn dahinter steckt die Sehnsucht nach Sicherheit und Geborgenheit.

Um nun das Thema Demut auf die Medialität beziehungsweise den verantwortungsvollen Umgang mit Medialität zu bringen: Medialität ist keine Sensationshascherei! Ich bin mir beispielsweise voll und ganz meiner Fähigkeiten bewusst, die ich in Bezug auf die Medialität besitze. Gleichzeitig bin ich davon überzeugt, dass, würde ich diese Fähigkeiten nicht in Demut benutzen, mir diese Möglichkeit versperrt sein könnte. Das ist ein natürlicher Schutz, um keinen Missbrauch damit zu betreiben. Und so liegt über allen Dingen eine Art göttlicher Schutz. Es geht darum, die Fähigkeiten, die wir besitzen, weise und verantwortungsvoll zu gebrauchen und sie nicht zu missbrauchen. Die Demut in Bezug auf die Medialität angewandt heißt also, sich auch da in die Ordnung einzufügen, zu wissen, wo unser Platz ist, und uns unserer Verantwortung beim medialen Empfangen bewusst zu sein.

Da es nötig ist, dieses komplexe Thema mit unzählig vielen Facetten näher zu betrachten, ist diesem Thema ein ganzer Teil des Buches gewidmet, nämlich der Teil IV *»Die Verantwortung als Medium«*.

23.2.3 Die innere Mitte finden

Viele Redewendungen drücken aus, was ein Ziel in einem erfolgreichen und glücklichen Leben ausmacht. Nämlich in Balance sein, in seiner Mitte sein, bei sich sein, in sich ruhen, sich zentrieren oder bei sich ankommen. Was ist damit gemeint?

Wollen wir uns diese Redewendungen von der anderen Seite genauer ansehen. Wo ist ein Mensch, wenn er nicht bei sich, in seiner Mitte ist? Er ist außer sich vor Wut, vor Ärger, vor Empörung oder noch nicht bei sich angekommen. Also ruht er nicht in sich, sondern ist auf der ewigen Suche im Außen. Solange wir im Außen noch auf der Suche sind, können wir nie wirklich glücklich sein. Wir können uns nur durch Scheinbefriedigungen unser Glück vorgaukeln. Süchte sind ein Mittel dafür, weil wir suchen. Wir können jedes Mittel zur Sucht machen, wenn wir wollen, egal ob wir sexsüchtig, alkoholsüchtig, arbeitssüchtig oder streitsüchtig sind. So können wir ebenfalls süchtig nach schnellen Autos, neuen Schuhen oder neuen Erlebnissen sein, aber genauso können wir auch Meditationen oder Seminare für unsere Süchte missbrauchen und von diesen abhängig sein.

Es geht nicht um das »Was« – die Sache, die Methode – es geht um das »Wie«. Medial zu arbeiten benötigt nun aber genau diese Zentrierung. Den nach innen gerichteten Blick, die Fokussierung nach innen, egal, welche Ablenkung es im Außen gibt. Das ist erlernbar, trainierbar, wie fast alles im Leben. Diese Ablenkungen oder auch Störquellen können wir in zwei Ebenen unterteilen, die uns mediales Arbeiten erschweren beziehungsweise bei ungeübten Menschen unter Umständen unmöglich machen:

1. Störquellen im Inneren

- · Ärger, Wut
- · Sorgen
- · Ängste
- · Euphorie
- · Depressionen

2. Störquellen im Außen

- · Geräusche, Lärm
- · Hitze
- · Kälte
- · Düfte, Gestank

An den Störquellen im Außen können wir oft nichts ändern. Die Elster fragt uns nicht, ob sie kreischen darf, und der Baggerfahrer, der das große Loch unten am Bürgersteig aufbuddelt, tut auch nur seinen Job. Aber an den inneren Störfeldern können wir etwas ändern, und zwar täglich! Und das Gute daran ist, wenn wir es schaffen, uns nicht mehr aus der Ruhe bringen zu lassen, dann interessieren uns auch die äußeren Störungen nicht mehr.

Ich gebe noch eins drauf: Wenn uns die äußeren Störfaktoren gleichgültig sind, verschwinden sie für immer. Als wenn sie dann ihre Aufgabe oder besser noch ihre Mission erledigt hätten. Dazu eine kleine persönliche Geschichte: Fast 15 Jahre lang wurde ich von Baulärm verfolgt. An meinem ersten Mietshaus, in welches ich als Studentin einzog, wurde die Fassade erneuert. Nicht, dass ich dann tagsüber in der Hochschule beim Studium Ruhe gehabt hätte, nein, da gab es ganz plötzlich Sanierungsmaßnahmen, die ein Jahr anhielten. Meine nächste Wohnung war zwar still, aber das Nachbarhaus wurde drei Jahre lang saniert, sodass diverse Baufahrzeuge, wie Mörtelmaschine und Presslufthammer, Krach machten. In der nächsten Wohnung hoffte ich auf Ruhe, es war ein relativ neu gebautes Haus. Richtig – aber nicht das Hinterhaus! An dem wurde dann auch zwei Jahre gebaut. Und weil es so schön war, wechselte der nächste Baulärm den alten ab, vor meiner Praxis wurde die Straße neu gebaut, Grund war ein undichtes Gasrohr, und bei der Gelegenheit wurde gleich weitersaniert.

Zu der Zeit konnte ich schon nur noch darüber lachen und begriff meine Chance, mich von nichts mehr aus der Ruhe bringen zu lassen. Dass vor unserem Haus dann auch noch ein weiteres Jahr die Straße aufgerissen wurde, kaputte Rohrleitungen ausgetauscht wurden und diverse Baumaschinen arbeiteten, habe ich schon fast gar nicht mehr mitbekommen. Ich hatte meine Lektion gelernt, ich bin heute sehr dankbar für diese Erfahrungen und übe mich in Gelassenheit. Nun hat der Himmel uns ein Häuschen im Herzen Nordhessens in idyllischer Lage beschert. Die einzigen Geräusche sind der Ruf des Kuckucks oder das Klopfen des Spechtes.

Diese persönliche Erfahrung gebe ich in der medialen Ausbildung auch in Form einer sehr effektiven Übung weiter: Mediales Botschaftenempfangen unter Störungen.

Die Kunst besteht darin, trotzt extremer Störungen, die wir uns im Außen suchen, saubere Botschaften zu empfangen. Das bedarf einer hohen Konzentration und der inneren Bereitschaft, wirklich geben zu wollen. Aber es macht riesigen Spaß. Alle Schüler/innen erinnern sich mit Freude daran, weil es nur geht, wenn sie bei sich angekommen sind und in sich ruhen, also aus ihrer Mitte heraus medial arbeiten. Das heißt, durchlässig zu werden, nichts zu bewerten, den Krach als gegeben anzunehmen und ihn zu integrieren.

Wenn wir uns aufregen, Situationen im Außen als Feindbilder abstempeln, machen wir uns automatisch zum Opfer. Damit hat unser Ego gewonnen. Es beherrscht uns und wir sind nicht imstande, medial zu arbeiten. Wenn wir aber in unserer Verantwortung bleiben und unser Ego beherrschen, es also im Zaum halten und es konstruktiv benutzen, um trotz des Lärmes oder des Fischgestankes tolle Botschaften zu empfangen, dann hat unser Seelchen gewonnen und das Leben macht riesigen Spaß!

23.2.4 Die Bedeutung und Wirkungsweise des Ego

Um erfolgreich medial arbeiten zu können, ist es notwendig und hilfreich, die Hindernisse und Blockaden bei dieser Arbeit zu verstehen. Die Energie, die uns den größten Streich dabei spielt, ist unser Ego. Damit wir genau verstehen, was Ego ist und auf diesem Wege auch gleich das gute alte Vorurteil vom »bösen Ego« ausräumen, wollen wir es erst einmal definieren und uns seine Wirkungsweise näher betrachten.

Ego ist die Energie der inneren Ausdehnung, bis hin zur Grenzüberschreitung nach außen.

Ego ist weder gut noch schlecht, es ist eine plus-gepolte Energie, also Yang, die für unsere ganzheitliche Entwicklung (Körper, Geist, Seele) lebensnotwendig ist. Damit ist es eine männliche Energie, eine Struktur bildende, formende, nach außen gerichtete Energie.

Daraus wird nun schon ersichtlich, dass die Herren der Schöpfung es nicht so leicht haben, mit dem guten alten Ego fertig zu werden, da diese Energie ihrer ureigenen Form entspricht. Frauen im Gegensatz dazu fällt es leichter, das Ego zu beherrschen, da sie von Natur aus minus-gepolt sind, also Energie aufnehmend und nicht abgebend veranlagt sind. An dieser Stelle möchte ich aber alle, Frauen wie Männer, trösten. Das Universum ist gerecht, wir haben alle die innere Frau und den inneren Mann in uns und somit sind wir fair von der Natur ausgestattet, unser Ego in den Griff zu bekommen. Die Ausrede »Ich kann da ja gar nichts dafür!« wollen wir also einfach überhören und im Höchstfall liebevoll beschmunzeln.

Ich sage bewusst »in den Griff bekommen«, denn es geht nicht darum, wie irrtümlich oft falsch verstanden wird, unser Ego zu verdammen und aufzulösen. Das Ego ist lebensnotwendig – ein Mensch kann ohne Ego nicht leben! *Die Energie der Ausdehnung, also unser Ego, ist die Voraussetzung für die Benutzung unseres freien Willens. (Vergleiche dazu in Teil IV, Kapitel 20.1 »Der freie Wille«.)* Daraus ergibt sich auch in logischer Ableitung dessen der körperliche Sitz des Ego – diese Energieform befindet sich im Halschakra. Da wir uns über unser Hals- oder Kehlkopfchakra artikulieren, dient uns unsere Sprache als wichtiges und notwendiges Mittel zur Ausdehnung und gleichzeitig der Anwendung und Umsetzung unseres freien Willens. Darüber hinaus gibt es noch weitere feinstoffliche oder geistige Funktionen des Ego.

Das Ego, die Energie der Ausdehnung, kann genutzt werden:

1. *zum Ausprobieren für das große Experiment Leben mit allen Irrtümern und Erfolgen*
2. *konstruktiv, um zu erkennen und zu lernen*
3. *destruktiv, um zu beherrschen (egoistisch, egozentrisch).*

Da Ausprobieren und Konstruktivität bestimmt keine Hindernisse im Leben darstellen, müssen wir diese beiden Punkte im Zusammenhang mit Medialität nicht weiter beleuchten. Die Destruktivität jedoch ist aber eine Ausdrucksform des Ego, die beim medialen Empfangen Gefahren birgt. Deshalb wollen wir uns nun näher anschauen, wie das Ego zerstörerisch wirken und uns abhalten kann, erfolgreich im Leben unsere gewünschten Aufgaben zu bewältigen und somit auch medial zu arbeiten. Zuerst wollen wir uns seine Arbeitsweise allgemein ansehen und später diese analog auf den Vorgang des medialen Empfangens beziehen.

Das Ego als Energie der Ausdehnung steht in direktem Zusammenhang mit dem Thema Bewertung. Ausdehnung heißt, über die Stränge zu schlagen, sich zu überschätzen, etwas vorzugeben, was man gar nicht ist, kurz gesagt: mehr oder weniger größenwahnsinnig zu sein und damit zum Täter zu werden. Da allem die Dualität innewohnt, muss demnach auch hierbei ein Gegenpol existieren. Wenn wir uns auf der einen Seite bis zur Grenzüberschreitung ausdehnen, muss das Gegenteil darin bestehen, uns zu wenig auszudehnen, ja regelrecht zusammenzuziehen. Das ist auch

Die Nutzung des Ego zur grenzüberschreitenden Ausdehnung als Täter und zum »Nicht-für-sich-Sorgen« als Opfer

in unserer Aura gut erkennbar. Es äußert sich so, dass wir uns nicht trauen, unsere Bedürfnisse zu leben, sie gar nicht erst anmelden und uns selbst nichts zutrauen. Damit werden wir zum Opfer. Ob nun selbst geschaffen, aus unseren Mustern heraus, oder durch andere macht keinen Unterschied. Das Prinzip bleibt das gleiche. Damit überbewerten wir uns zum einen und als Ausgleich dazu unterbewerten wir uns. Ich möchte diese beiden Pole Opfer und Täter mit Begriffen und Denkweisen zum Leben erwecken, die allen sehr vertraut sind.

Der Täter

- Macht missbrauchend
- grenzüberschreitend
- überverantwortlich
- größenwahnsinnig

Denkweisen:

- Ich habe alles im Griff.
- Ich bin unfehlbar.
- Ich bin besser als alle anderen.
- Ich beherrsche alle/s.

Das Opfer

- Macht verleugnend
- verantwortungslos
- sich kleinmachend
- ohnmächtig
- handlungsunfähig

Denkweisen:

- Ich kann sowieso nichts.
- Alle anderen sind besser als ich.
- Ich traue mich nicht.

Durch diese Über- und Unterbewertung ergibt sich ein regelrechtes Ungleichgewicht, welches wir uns wie eine Wippe vorstellen können.

Wichtig ist dabei zu verstehen, dass Opfer und Täter immer eine Einheit bilden. Wir sind immer so viel Täter, wie wir auch Opfer sind – die Pole bedingen einander, bilden eine Dualität!

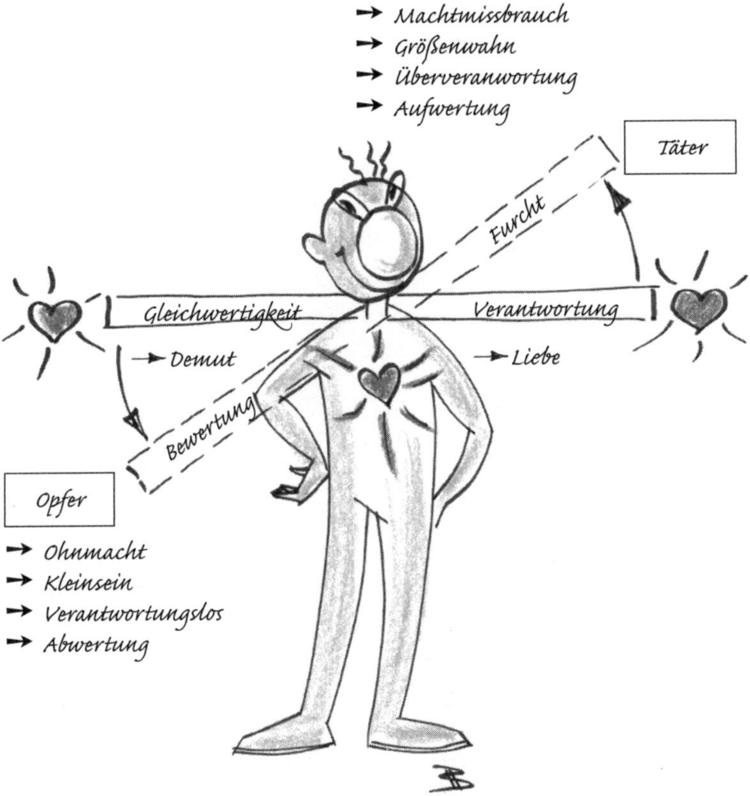

Die Funktionen des Ego in seiner Dualität als Opfer und als Täter
durch Bewertung und Furcht

Welche Voraussetzungen erschaffen wir nun bezüglich unseres Ego, um zuverlässige und klare Botschaften zu empfangen und weitergeben zu können? Dazu schauen wir uns vorerst die folgenden Stolpersteine an, die uns das Ego beim medialen Empfangen in den Weg legen kann. Wenn sie uns bewusst werden und wir sie aus dem Weg räumen, sind wir unserem Ziel schon sehr nahe.

Der Täter

- Alle meine medialen Botschaften sind exakt.
- Ich mache beim medialen Empfangen keine Fehler und brauche auch keine Unterstützung und Korrektur.
- Ich arbeite sowieso besser als alle anderen Medien.
- Für mich gibt es nichts mehr zu lernen, ich brauche keinen Lehrer mehr.

Das Opfer

- Bei mir funktioniert das sowieso nicht.
- Ich brauche gar nicht erst anzufangen, ich kann das nicht.
- Ich bin sowieso immer ein Pechvogel, meine Mutter auch – das liegt in der Familie.
- Die anderen bekommen sowieso immer die besseren Botschaften, wieso soll ich mich denn da bemühen?
- Das bilde ich mir alles nur ein.
- Alle kriegen Bilder und Sätze, ich wieder nur einzelne Wörter.

Und, kommt dir einiges vertraut vor? Ziel im Leben ist es, unser Ego zu beherrschen. Solange wir aber noch vom Ego beherrscht werden, existiert in uns Spaltung. Dann gibt es fadenscheinige Begründungen wie: »Ich will das ja gar nicht, aber mein Ego ist so stark!« oder »Sorry, das ist mir so passiert, das wollte ich ja gar nicht.« Damit gehen wir aus unserer Verantwortung, weil wir nicht annehmen wollen, dass das Ego ein Teil von uns ist. Wir schieben es wie eine böse Krankheit von uns und wollen es loswerden. Das ist die Spaltung.

Wenn wir akzeptieren, dass diese Energie ein Teil von uns ist, ein sehr wichtiger, der nur kultiviert werden muss, kann Heilung geschehen und die Spaltung endet. Wenn wir begreifen, dass wir es selbst sind, die diesen Blödsinn verzapft haben, »Ja« dazu sagen und in unsere Verantwortung gehen, löst sich die Spaltung auf. So können wir diesen Teil der Energie, unser Ego, in uns vollständig integrieren.

Erlöste Form von Ego

- mächtig
- demütig
- alles ist gleichwertig
- alles ist liebenswert
- es gibt keine guten und keine bösen Taten, alles sind Lernerfahrungen
- verantwortungsvoll

Denkweisen:

- Ich nehme mich an, mit meinen Fehlern und Stärken.
- Ich muss nicht alles können und bin trotzdem liebenswert.
- Die anderen sind genauso viel wert wie ich selbst.

Das können wir aber erst, wenn wir aus jeglicher Bewertung herausgehen, Bewertung anderen gegenüber, aber auch uns selbst gegenüber. Das heißt auch, unser Ego selbst nicht mehr zu bewerten und unsere damit verbundenen Taten. Wenn wir alles annehmen und es als gleichwertig betrachten, Verantwortung für unsere Taten übernehmen und lernen, uns mit unseren Licht- und Schattenseiten zu lieben, erst dann ist Friede in uns. Dann haben wir die ideale Voraussetzung, medial zu arbeiten, und werden brillante Botschaften empfangen.

Nun könnte berechtigt der Einwurf folgen: »Na, da brauch ich gar nicht erst anfangen, mich im medialen Arbeiten zu üben! So bin ich noch lange nicht!« Mag sein, fang trotzdem an! Denn medial zu arbeiten kann ein Lebensweg sein, um zu lernen, dich zu entwickeln, ein ideales Werkzeug, um genau diesen Zustand zu erreichen, nach dem wir uns alle sehnen. Näheres findest du genauer dazu in Teil VI im Kapitel 28 *»Medialität und gelebtes Wissen«*.

23.2.5 Wahr, klar und ehrlich sein

Wahr, klar und ehrlich zu sein sind anzustrebende Eigenschaften, die ebenfalls zur geistig-spirituellen Voraussetzung des medialen Arbeitens zählen und Teil der Basistechnik sind. Natürlich können sie nicht einfach durch Willenskraft erreicht werden, sondern erfordern einen inneren

Entwicklungsprozess. Um diesen Prozess genauer zu verstehen, möchte ich die einzelnen Begriffe näher erläutern.

Wahr sein

Wahr sein, das heißt, authentisch zu sein. Wir machen das, was wir wollen, wie wir es wollen und wann wir es wollen. Es handelt sich hierbei nicht um Anarchie, sondern um die innere Ehrlichkeit, nur das zu tun, was wirklich für einen stimmt. Wir sind alle individuelle Wesen. Das erst macht uns so schön und einzigartig!

Wenn eine Seele noch nicht die Reife hat, kann es schon sein, dass sie mit ihrer Eigenwilligkeit »über die Stränge schlägt«. Umso bewusster ein Mensch ist, desto leichter sieht er Notwendigkeiten ein, die zu Handlungen drängen oder zum Unterlassen derselben. Er ist sich genau der Konsequenzen bewusst, die seine Taten hervorbringen – das ist wirkliche Freiheit. Wenn wir aus Angst in Anpassung verfallen, verlieren wir diese innere Wahrheit. Um zu gefallen, reden wir den anderen nach dem Mund, werden scheinheilig, verlogen und wissen schlimmstenfalls selber nicht mehr, was wir wollen und wer wir überhaupt sind. Das ist keine hilfreiche Voraussetzung, um mediale Botschaften empfangen zu können!

Wenn wir nicht wahr sind, fehlt uns die Erdung, die Körperlichkeit und damit die Kraft. Löse dich von der Illusion, es allen recht machen zu wollen, um geliebt zu werden! Es funktioniert nicht! Du kannst es nur dir selber recht machen und dazu brauchst du niemand anderen. Kein Mensch der Welt kann dich glücklich machen, nur du selber!

Nun gehe ich noch einen Schritt weiter: Alles, was wir machen, machen wir nur für uns. Ja, wirklich alles! Gilt das auch, wenn wir nun in der Unterhaltung, beim Theater oder in den Medien tätig sind? Oder gar im Bereich der sozialen Dienstleistungen? Ja, auch da und gerade da! Schön, wenn sich viele Menschen darüber freuen können, aber die Freude ist nur für uns selbst! Ein bekannter Moderator und Entertainer erzählte passend dazu einmal in einem Interview, dass er das Publikum fast vergisst, wenn er auf der Bühne steht, weil ihm die Sendung solch einen Spaß macht! Und diese Sendung ist seit Jahren so erfolgreich, weil sie ihm einfach riesigen Spaß macht! Also ist ein Teil des Geheimnisses von erfolgreichem medialem Arbeiten ebenfalls Freude, Freude aus uns selbst heraus, kindliche spielerische Freude.

Klar sein

Klarheit ist wichtig im Leben. Klarheit ist dem Element Luft zugeordnet. Im klassischen Tarot verkörpern die Schwerter die Luft. Trennende Schwerter – ein schönes Symbol, finde ich. Klarheit trennt, Klarheit schneidet, Klarheit sortiert, aber Klarheit kann auch verletzen. Schwerter können verletzen. Sie werden im Kampf verwendet, sind aber auch ein Symbol für Macht, Status, Überlegenheit und Stärke. Denken wir dabei an die vielen Schwerter in der Sagen- und Märchenwelt.

Klarheit ist ein Werkzeug, welches – je nach Benutzer – auf verschiedene Weise eingesetzt wird. Wir wollen symbolisch bei unserem Schwert bleiben. Wofür können wir unser Schwert benutzen? Als Schmuckstück zum Tragen; zur Verteidigung im Kampf; zum Töten; zum Aufstützen; als Spieß beim Grillen; zum Abhacken von störenden Hindernissen, wie: Dornenhecken, Drachenköpfen, Dickicht; zum Aufschlitzen von Stoffen und Zertrennen von Materialien; als Tortenheber; als Ziergegenstand an der Wand; zum Herauskratzen von Moos aus Mauerfugen.

Noch mehr Ideen? Nicht nötig! Wichtig ist einfach, dass wir erkennen, dass wir ein Schwert auf zwei unterschiedliche Weisen einsetzen können:

- *konstruktiv*
- *destruktiv*

Oder anders gesagt: Wird es weise, in Liebe eingesetzt oder unüberlegt und zerstörerisch?

Es ist also nicht das Schwert, sondern der Benutzer, der über den Einsatz entscheidet und damit über die Wirkungsweise. Und nun zurück zur Klarheit: Analog dazu können wir auch in der Anwendung von Klarheit unterscheiden:

- *Klarheit ohne Liebe*
- *Klarheit mit Liebe*

Dazu möchte ich ein Beispiel anbringen, um dieses Thema zu verdeutlichen: Begeben wir uns in den Bereich der Medizin. Ärzte werden täglich mit dem Thema Klarheit konfrontiert und sind aufgefordert, wenn es um Diagnosen geht, die Wahrheit klar auszusprechen. Nehmen wir an, es gibt einen Patienten, nennen wir ihn Klaus, bei dem die Diagnose Krebs gestellt wird. Nach den Erfahrungswerten der Ärzte hat Klaus bei seiner Diagnose nicht mehr lange zu leben. Das ist ein Fakt, der sich aus jahrelanger Erfahrung ergibt. Allerdings sind wir Menschen, so individuell wie wir sind, keine Maschinen und göttliche Wunder sind nicht ausgeschlossen. Es ist nur ein medizinischer Fakt. Die Aufgabe des Arztes ist es nun, Klaus diese Diagnose mitzuteilen. Der Arzt hat mehrere Möglichkeiten dazu. Erinnern wir wieder an unser Schwert: Es ist nicht das Schwert, sondern der Benutzer!

Er kann ihm diese Diagnose sehr klar und lieblos wie ein Todesurteil mitteilen. Vielleicht wird es Klaus, der sein Leben liebt, schockieren und eventuell für seinen Heilprozess nicht gerade förderlich sein. Der Arzt kann aber Klaus mit derselben Klarheit auch sehr einfühlsam und voller Mitgefühl die Diagnose übermitteln, Klaus dabei ermuntern, aktiv am Heilungsprozess teilzunehmen und ihn damit optimistisch stimmen. Dann ist Klaus froh, dass er endlich Klarheit über seine Krankheit hat. Endlich weiß er, woran er ist, und kann sich mental darauf einstellen, um beste Heilerfolge zu erzielen. Durch die Klarheit des Arztes, gepaart mit Liebe, wird damit der Krankheit der destruktive Nährboden entzogen und Wunder können geschehen.

Somit ist Klarheit in der Sprache gerade auch beim medialen Arbeiten ein bedeutungsvoller Aspekt, der eine Botschaft zum Glänzen bringen oder sie völlig verzerren kann. (*Vergleiche Kapitel 26.2 »Die nötige Wachheit« in diesem Teil.*)

Ehrlich sein

Das Thema Ehrlichkeit löst erfahrungsgemäß in meinen Seminaren immer spannende Diskussionen aus:

- Sollen wir denn immer ehrlich sein?
- Bringt es was, wenn wir immer ehrlich sind?
- Benachteiligt man sich denn nicht selber mit allzu viel Ehrlichkeit?
- Muss man allen alles sagen?

Ich könnte noch unzählige Fragen anführen. Entscheidend ist immer die innere Ehrlichkeit, also die Ehrlichkeit zu sich selber. Niemand hat das Recht, uns zu zwingen, etwas zu sagen. Es ist ganz allein unsere eigene Entscheidung, etwas von uns preiszugeben oder nicht.

Aber uns sollte bewusst sein, dass eigene Entwicklung nur dann stattfinden kann, wenn wir ehrlich und selbstkritisch uns selbst gegenüber sind. Wenn wir uns selbst belügen, uns unsere eigene Realität vorgaukeln und uns in Illusionen verstricken, blockieren wir uns und treten auf der Stelle.

Wir können uns nur weiterentwickeln, wenn wir ehrlich sind und ganz realistisch den Tatsachen ins Auge sehen. Das heißt übersetzt: uns ehrlich anzusehen, wo unsere Schwachstellen und Irrtümer liegen, wo wir aus unserer Verantwortung gehen und an welchen Stellen wir nicht für uns sorgen.

Diese Art von Ehrlichkeit ist lebensnotwendig. Schattenabbau ist nur möglich, wenn wir bereit sind, unseren Schatten auch anzusehen. Wie wollen wir unseren Schatten abbauen, wenn wir gar nicht wissen, dass wir einen besitzen? Wenn wir uns also in Scheinheiligkeit wiegen und nur das Gute, das Schöne und Vollendete in uns sehen, kann es sein, dass wir uns irgendwann nur wundern, warum nichts im Leben passiert, oder dass schlimmstenfalls irgendwann einmal das böse Erwachen kommt und wir aus unserer Illusion herausgerissen werden. Deshalb ist die eigene innere Ehrlichkeit so wichtig und steht im Vordergrund. Aus dieser Ehrlichkeit heraus sind wir authentisch – wahr – und es bleibt eine zentrale Frage übrig:

Wer bin ich?

Über diese Frage haben sich schon viele Denker und Philosophen aller Epochen der Menschheitsgeschichte Gedanken gemacht. Sie kann eigentlich nicht wirklich mit Worten beantwortet werden. Sie kann nur durch Meditation begriffen werden. Es gibt unzählige Schichten, in die wir eintauchen können, um diese Antwort erfassen zu können. Unsere eigentliche göttliche Präsenz, unsere Buddhanatur kann nur erfühlt, in Meditation erfahren und nicht erdacht werden.

Das Ziel unseres Seins ist es nicht – auch wenn es viele Menschen meinen –, ein guter Mensch zu sein, ohne Fehler und perfekt, sondern uns in Liebe anzunehmen mit all unseren Licht- und Schattenseiten.

Was hat das alles nun mit Medialität zu tun? Sehr viel. Wenden wir den kritischen Blick uns gegenüber an, geraten wir nicht in die Gefahr, in

Größenwahn und in Überverantwortung zu gelangen. Wir legen keinen Wert mehr darauf, der »gute Mensch« zu sein, der sich allen anderen zur Verfügung stellt und sich selbst vergisst. Dann erkennen wir unsere Grenzen, können selbstkritisch über uns lachen und gestatten uns auch, Fehler zu machen. Deshalb sind wir hier. Fehler gehören zu unserem Dasein auf der Erde. Deswegen sind wir inkarniert. Diese Ehrlichkeit uns gegenüber hilft uns also, uns nicht auf zu dünnes Eis zu wagen und uns nur auf das einzulassen, was wir uns wirklich zutrauen.

Und nun zu guter Letzt möchte ich noch eine Querverbindung zum »Ich bin wahr« schaffen: Sind uns allen nicht die Menschen lieber, die ehrlich sagen, dass sie etwas nicht können oder vor etwas Angst haben, als all die omnipotenten coolen Typen? Warum wohl? Weil sie authentisch sind – wahr sind! Weil sie ehrlich ihre Fehler, Schwächen und Grenzen zugeben. Das macht sie so menschlich und so liebenswert!

24. Der Ablauf der AKHESY®-Technik

Bevor wir uns den genauen Ablauf der AKHESY®-Technik anschauen, noch ein paar Worte zur Technik allgemein, zu Besonderheiten, Anwendungsmöglichkeiten und deren Wirkungsweise.

24.1 Generelles zur AKHESY®-Technik

Der Name der Technik »AKHESY®« setzt sich aus drei entscheidenden Wörtern zusammen, die über die Anwendung der Technik schon viel aussagen:

- das AK → *steht für Akasha*
- das HE → *steht für Healing*
- das SY → *steht für System*

Akasha, wir erinnern uns, kommt aus dem Sanskrit und heißt leuchten, strahlen und verkörpert den Hinweis, dass es sich um eine Technik der Medialität handelt.

Healing ist der Hinweis, dass die Technik die Möglichkeit in sich birgt, durch ihre Anwendung zur inneren und äußeren Heilung beizutragen.

System spricht dafür, dass es sich um eine Grundtechnik handelt, welche die Basis für ein großes Heilsystem darstellt. Die erweiterten Anwendungsmöglichkeiten dieses Heilsystems werden im Folgenden aufgeführt.

Somit ist die AKHESY®-Technik die »Akasha Healing System«-Technik.

Die AKHESY®-Technik ist von mir zur Entfaltung und Aktivierung der eigenen Medialität entwickelt worden. Inzwischen haben jährlich schon unzählig viele Menschen diese Technik in meinen Seminaren geübt und mit ihrer Hilfe erfolgreich medial Botschaften empfangen. Sie hat sich gut bewährt. Sie sieht sehr einfach aus. Aber Achtung! Die AKHESY®-Technik ist einfach – aber die Durchführung kann nur dann erfolgreich sein, wenn deine innere Bereitschaft mit den am Anfang dieses Teils genannten Voraussetzungen einhergeht.

Bevor du mit der AKHESY®-Technik beginnst, sei dir bewusst, dass du alle nötigen inneren und vielleicht auch äußeren Vorbereitungen getroffen hast, die Voraussetzung für gutes Gelingen sind, soweit es dir eben möglich ist. Deine Absicht zählt!

Wenn du zum Beispiel ein Problem mit deiner Erdung hast, solltest du unbedingt zuvor Erdungsübungen machen. Das bedeutet aber nicht, dass du nicht eher mit dem Empfangen von Botschaften anfangen kannst, bis du dein Erdungsproblem gelöst hast. Gib das, wozu du in der Lage bist. Wenn du mit bester Absicht herangehst, bekommst du vom Kosmos all die Unterstützung, die du brauchst.

Das Besondere an der AKHESY®-Technik

Sie ist:

- *leicht zu erlernen*
- *übersichtlich in einzeln zu erlernbare Schritte aufgebaut*
- *von jedem psychisch gesunden Menschen erlernbar*
- *eine Technik, für die du keinerlei Voraussetzungen benötigst*
- *eine Basistechnik für viele weiteren medialen Techniken*
- *universell einsetzbar und anwendbar*

Der Nutzen der AKHESY®-Technik:

a) Wirkung auf der feinstofflichen, energetischen Ebene

- Entfaltung des eigenen Lichtkörpers
- Heilung und Glättung der Aura, der Energiekörper
- Stabilisierung und Festigung der eigenen Aura
- Chakrenaktivierung
- Chakrenharmonisierung

b) Wirkung auf der körperlichen Ebene

- körperliche Heilung
- Vitalisierung und Stabilisierung
- Prophylaxe durch Energieübertragung
- Kontakt zum inneren Heiler und Arzt

c) Wirkung auf der geistig-seelischen Ebene

- geistig-seelische Heilung
- Kontakt zum inneren Therapeuten

- Erkennen und Transformieren von Glaubenssätzen und Verhaltensmustern
- Auflösung von Verstrickungen zwischen Lebenden und Verstorbenen
- Anwendung als praktische Lebenshilfe
- Entfaltung der Kreativität/des inneren Künstlers
- Förderung des Bewusstseinsprozesses
- geistig-spirituelles Wachstum
- Entfaltung der Herzensqualität
- Entwicklung von Mitgefühl, Liebe und Demut
- Ausbau des freien Willens

Die Möglichkeiten des erweiterten Einsatzes der Technik:

- Arbeiten mit Kristallen
- Pendeln
- Feststellen der Dosierung von Medikamenten und Nahrungsergänzungsmitteln
- Ernährungstipps
- Abklärung von Allergien
- Abklären von konstruktiven und destruktiven Energiefeldern
- Channeln von Wesenheiten
- Arbeiten mit Engeln und Meisterenergien
- Entscheidungen abklären
- Situationsklärungen
- mediale Bilder, Kunstwerke empfangen und aufmalen
- mediales Schreiben
- heilende Gesänge und mediales Tönen
- Aura sehen und malen
- karmische Ursachen erkennen
- Kontakt mit Verstorbenen
- Tierkommunikation
- Kontakt mit Devas, Elfen und Naturgeistern

Die ausführliche und detaillierte Anwendung der von mir entwickelten AKHESY®-Technik folgt im separaten Buch *»Das Arbeits- und Übungsbuch der Medialität und Hellsichtigkeit«* mit unzähligen Übungen und

Anleitungen zum Umsetzen in Alltag, Beruf und der eigenen geistig-spirituellen Entwicklung.

24.2 Der Ablauf der AKHESY®-Technik

1. *Aufrecht sitzen*
In entspannter Haltung, offen und empfangend.

2. *Erden*
Ein Seil oder eine Ankerkette mit Anker als Verlängerung deines Steißbeines, welche tief in die Erde hineinführt und sich fest verankert, visualisieren.

3. *Eigene Mitte spüren*
Zentrieren, Hilfe durch bewusstes Ein- und Ausatmen.

4. *Innerlich ein Rohr entlang der Wirbelsäule visualisieren*
Als Kanal, Verbindung zwischen Himmel und Erde.

5. *Konzentration auf unser »Ich-Bewusstsein«*
Vorstellen, wie dein Bewusstsein sich in deinem Bauch (zweites, drittes Chakra) sammelt.

6. *Kronenchakra öffnen*
Zum Beispiel als Blume vorstellen, die langsam aufblüht, oder als Trichter, der sich zum Himmel öffnet.

7. **Innerlich die Affirmation sprechen und nachfühlen**
»Ich bin wahr, klar und ehrlich.«

8. *Innerlich um eine Botschaft bitten*
Mit beispielsweise folgendem Satz: »Ich bitte die geistige Welt/die Meister der Lichtebene um eine Botschaft für … (Person nennen) zu folgendem Thema …«

9. Sich bedanken

10. Kronenchakra schließen

Kurzform

1. Aufrecht sitzen
2. Erden
3. Zentrieren
4. Kanal visualisieren
5. Bewusstsein im Bauch konzentrieren
6. Kronenchakra öffnen
7. Affirmation »Ich bin wahr, klar und ehrlich.«
8. Um Botschaft bitten
9. Sich bedanken
10. Kronenchakra schließen

25. Erläuterung der einzelnen Schritte der AKHESY®-Technik

1. Schritt

»Aufrecht sitzen, in entspannter Haltung, offen und empfangend«

Je nach körperlicher Beschaffenheit und nach Wohlbefinden wähle dir die Sitzmöglichkeit, mit der du dich wohl fühlst. Das kann ein Stuhl, ein Hocker, ein Meditationsbänkchen, ein Meditationskissen oder eine andere dir angenehme Sitzgelegenheit sein. Zwinge dich auf keinen Fall, eine ganz strenge Meditationshaltung einzunehmen, in der du dich quälst! Es ist egal, wie du die Füße hältst, ob sie lang ausgestreckt sind oder im Schneidersitz. Du sollst dich wohl fühlen. Einzig wichtig ist, dass du aufrecht sitzt und nicht liegst.

Aufrechtes Sitzen in offener und entspannter Haltung auf einem Meditationskissen im Schneidersitz

Was ist eine offene und empfangende Haltung? Habe deine Handflächen geöffnet und lege deine Hände mit den Handflächen nach oben auf deine Oberschenkel. Fühle dich auch innerlich offen und bereit zu empfangen. Sei ohne Erwartungen und offen für alles, was geschehen kann.

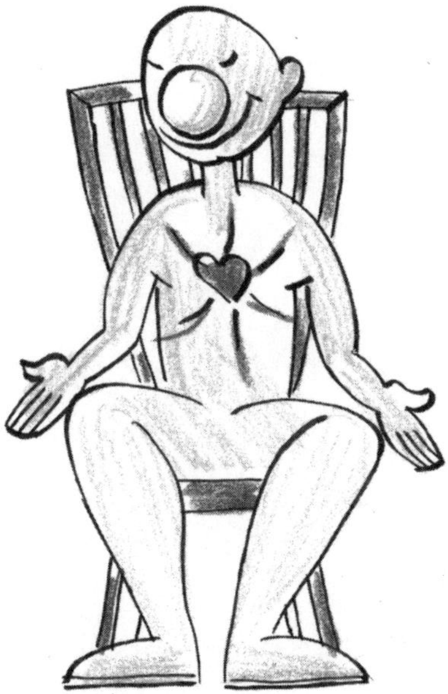

Aufrechtes Sitzen für diese Technik
ist ebenso auf einem gemütlichen Stuhl möglich

2. Schritt

»Erden«

Es kann sein, dass du seit Jahr und Tag deine ganz individuelle Erdungstechnik praktizierst und gute Erfolge damit hast. Dann benutze diese Technik weiter, denn sie ist dir vertraut, und damit sind es weniger neue Schritte für dich, die du erlernen musst. Wenn du mit Erdungsübungen nicht so vertraut bist, dann gibt es hier ein paar Vorschläge:

a) Visualisiere ein Seil oder eine Ankerkette als Verlängerung deines Steißbeines, welches tief in die Erde hineinführt und sich fest um die Erdachse wickelt.

b) Lass gedanklich ein tiefes Rot von unten über die Füße und dein Gesäß in deinen Körper einströmen. Nimm nun die Wirkung wahr, die von dem Rot ausgeht, und gib dich hin! Auf diese Weise kannst du gut spüren, wie du ganz fest in Kontakt mit Mutter Erde bist.

Die Vorstellung, dass dicke Wurzeln vom Gesäß in die Erde wachsen, ist beim Erden eine hilfreiche Technik

c) Stell dir vor, dass du ein Baum bist, und von deinem Gesäß und deinen Füßen aus sprießen dicke Wurzeln tief in die Erde, die sich dort fest im Boden verankern, und du auf diese Weise tief mit der Erde verwurzelt bist.

Test: Um zu überprüfen, ob du auch erfolgreich bei deiner Erdungsübung warst, schaukele und ruckele ein wenig mit deinem Gesäß hin und her und überprüfe das Gefühl. Bist du fest mit der Erde verbunden oder kannst du dich leicht wieder vom Boden lösen?

3. Schritt

»Eigene Mitte spüren, zentrieren«

Dieser Schritt ist die Vorbereitung auf die Visualisierung des inneren Lichtkanals. Werde still! Lass deine Gedanken sich beruhigen und übe dich in Gelassenheit. Bewusstes Ein- und Ausatmen ist dir eine große Hilfe dabei. Zentriere dich nun und nimm innerlich deine Mitte wahr, dein Zentrum, von dem aus du agierst.

4. Schritt

»Innerlich ein Rohr entlang der Wirbelsäule visualisieren«

Nachdem du nun deine innere Mitte gefunden hast, lege entlang der Wirbelsäule einen Kanal in Gedanken an. Genau genommen gibt es diesen Kanal ja schon längst, aber durch die Konzentration darauf wird er dir bewusst. Dieser Energiekanal ist die innere energetische Verbindung zwischen Himmel und Erde. Von unten werden wir durch die Fußchakren mit Erdenergie gespeist und von oben durch unser Kronenchakra mit kosmischer Energie. Stell dir zur Vereinfachung diesen Kanal als eine Art Rohr vor, welches durch deinen Körper geht. Dabei gestatte dir alle Materialien, die aufkommen, und kämpfe nicht gegen etwas an! Egal, ob es ein bewegliches, eher filigranes Rohr aus leuchtenden Lichtpunkten ist oder eher ein graues Plastikrohr oder eine Art gemauerter Kamin – alles ist richtig. Lass es zu!

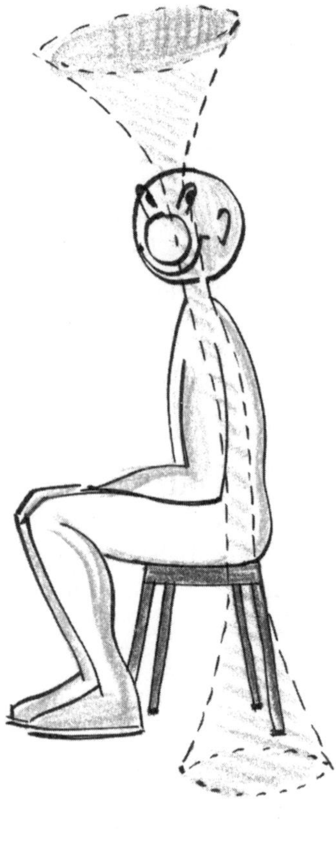

Der visualisierte Kanal von Wurzel- bis Kronenchakra
bei der AKHESY®-Technik

5. Schritt

»Ich-Bewusstsein im Bauch«

Stell dir vor, wie sich dein Bewusstsein in deinem Bauch, im zweiten oder dritten Chakra sammelt. Dazu eine kleine Visualisierungsübung, die dir diesen Schritt vereinfacht: Stell dir vor, es gibt dich zweimal! Einmal in groß, genauso, wie du jetzt hier bist, und das zweite Mal in »Miniausgabe«, wie Däumelinchen, das heißt, du könntest genauso gemütlich auf deiner Hand Platz nehmen. Du suchst dir aber einen anderen Platz: deinen

Bauch. In deinem Bauch befindet sich ein gemütlicher Ohrensessel, in den du dich jetzt hineinsetzt und es dir dort bequem machst. Die große Person von dir gibt dir Schutz wie ein Haus um dich herum, in dem du dich befindest und wohlbehütet wirst. Deine Aufmerksamkeit ist aber voll und ganz auf die kleine Person, die im Bauch sitzt, konzentriert. Wichtig ist, dass du spürst, wie fest du mit deiner Sitzgelegenheit verbunden bist und nicht »abhebst«. Es muss kein Ohrensessel sein – vielleicht ist es auch ein robuster Holzschemel oder ein rotes Sofa. Aber du solltest auf jeden Fall darauf sitzen und nicht liegen, das ist entscheidend für diese Technik!

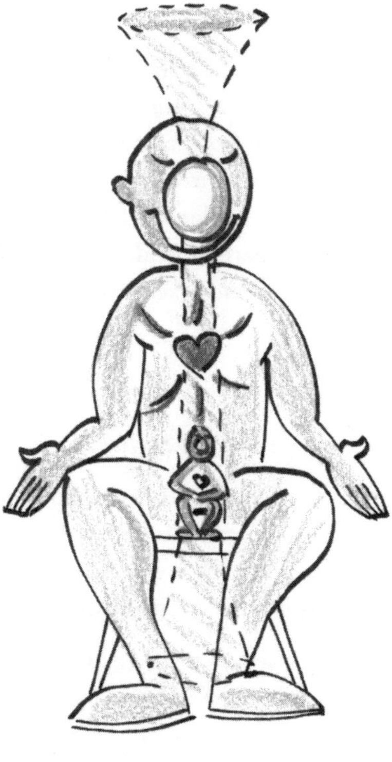

Die Vorstellung, sich selbst noch einmal in Miniausgabe im Bauch zu befinden, ist Schritt 5 der Technik

6. Schritt

»Kronenchakra öffnen«

Der letzte Schritt auf der körperlichen feinstofflichen Ebene zur Vorbereitung zum Empfangen von Botschaften ist die Öffnung des Kronenchakras.

Alle Möglichkeiten sind recht. Du kannst Visualisierungen zur Unterstützung benutzen, aber auch andere dir schon bekannte Techniken zur Öffnung verwenden. Wenn dir diese Techniken noch neu sind, möchte ich dir folgende Hilfestellungen als neue Möglichkeiten anbieten:

Stell dir dein Kronenchakra vor a) als eine Blume, die langsam aufblüht, oder b) als Trichter oder Rohr, welches sich zum Himmel öffnet, oder c) als Dachluke, die du vielleicht automatisch auf Knopfdruck oder per Fernbedienung öffnen kannst.

Lass wieder alle inneren Bilder dabei zu, die aufkommen wollen. In einem meiner Seminare war eine Teilnehmerin, welche ihr geöffnetes Kronenchakra als einen weißen Emailtrichter mit blauem Rand auf dem Kopf wahrnahm. Diesen fand sie schrecklich und versuchte dagegen anzukämpfen. Sie wollte ihn immer wieder durch eine Lotusblüte ersetzen und hatte sich dadurch total blockiert. Nachdem sie »ihren doofen Trichter« akzeptiert hatte, empfing sie wunderbare Botschaften.

7. Schritt

Affirmation: »Ich bin wahr, klar und ehrlich.«

Dieser Schritt gehört nicht mehr zur körperlichen Vorbereitung, sondern zur seelisch-geistigen. Er ist sozusagen das i-Tüpfelchen, weil nun auf der körperlichen und auch auf der seelisch-geistigen Ebene alle Vorbereitungen getroffen sind, um die geistige Welt um eine Botschaft zu bitten.

Sprich den Satz »Ich bin wahr, klar und ehrlich« innerlich aus. Ganz deutlich. Auf diese Weise ist die Wirkung viel größer, als wenn du ihn dir nur denkst. Lass ihn innerlich wirklich in dir klingen. Sag ihn dir sehr eindringlich wie eine Art Autosuggestion. Die Bedeutung des Satzes hast du im vorangegangenen Kapitel gelesen. Falls nicht, solltest du dies noch nachholen, damit du dir über die Bedeutung des Satzes bewusst wirst.

8. Schritt

»Bitten um eine Botschaft«

Komme nun zum Eigentlichen, bitte die geistige Welt um eine Botschaft. Das geschieht wieder innerlich. Es gilt dasselbe wie beim 7. Schritt. Klar und deutlich sprichst du die Bitte um eine Botschaft innerlich aus. Du kannst sie auch stimmlos vor dich hin murmeln – aber formuliere sie möglichst genau aus!

Das kann wie folgt lauten: »Ich bitte um eine Botschaft der geistigen Welt/der Meister der Lichtebene für … (Person nennen) zu folgendem Thema …« Wichtig dabei ist die klare Formulierung. Ich habe immer wieder festgestellt, dass ein großer Teil von Fehlern oder Nichtgelingen bei Seminarteilnehmern gar nicht in der Unfähigkeit der Medialität liegt, sondern in der Bequemlichkeit oder Faulheit, klar zu formulieren, was sie denn wissen möchten. (*Vergleiche dazu Teil IV, Kapitel 16 »Das Gesetz der Resonanz«.)* Eine klar ausgesprochene Bitte kann beispielsweise wie folgt formuliert sein: »Ich bitte um eine Botschaft der geistigen Welt/der Meister der Lichtebene für Gaby zu folgendem Thema: Was ist die karmische Ursache, dass Gaby mit Männern immer nur Pech hat?« Oder auch: »Ich bitte um eine Botschaft der geistigen Welt/der Meister der Lichtebene für Robert zu folgendem Thema: Was hilft Robert, seine spirituellen Fähigkeit trotz seines Zeitdrucks auszubauen und zu vertiefen?«

9. Schritt

»Sich bedanken«

Bedanke dich auf deine Weise bei der geistigen Welt für die Botschaften, die du erhalten hast. Vielleicht verbeugst du dich innerlich oder auch äußerlich vor der geistigen Welt oder sprichst ein dir vertrautes Dankgebet. Du kannst auch ein schlichtes »Danke!« murmeln. Viele vergessen diesen Schritt immer wieder. Einige aus Freude, weil sie so tolle Botschaften erhalten haben, und andere, weil ihnen das Danke-Sagen nicht so liegt. Auch da möchte ich die Querverbindung zum Kapitel 23.2.2 *»Demut – das Gesetz der Ordnung«* in diesem Teil des Buches anbringen. Ich bin überzeugt davon, dass uns unsere Fähigkeiten wieder genommen werden, wenn wir nicht dankbar dafür sind. Es ist dann ein Zeichen, dass uns das nötige Bewusstsein fehlt, damit umzugehen.

10. Schritt

»Kronenchakra schließen«

Zu guter Letzt geht es wieder darum, die Haltung einzunehmen, mit der wir wieder unseren Alltag bewältigen können. Das sollten wir nicht mit geöffnetem Kronenchakra tun. Also machen wir den Prozess rückgängig, so wie wir das Kronenchakra erst geöffnet haben, schließen wir es nun wieder. Auf diese Weise kann es also sein, dass sich die Blüte wieder schließt, die Dachluke wieder zugeht, der Trichter verschwindet oder einen Deckel bekommt. Vielleicht lässt du dich einfach überraschen!

26. Wichtige Aspekte beim Anwenden der AKHESY®-Technik

26.1 Die Ausgangsposition

Wichtig ist ohne Frage unsere Ausgangsposition, die im Kapitel 23 *»Die Voraussetzungen«* in diesem Teil des Buches ausführlich beschrieben ist. Trotzdem möchte ich auf einige Aspekte näher eingehen. Denn es gibt einige gravierende Fehler, denen es vorzubeugen gilt. Deshalb möchte ich neben dem nochmaligen Aufführen der richtigen Ausgangsposition die Fehler und Gefahren benennen, die eine falsche Ausgangsposition mit sich bringt.

26.1.1 Die richtige Ausgangsposition – das passive Empfangen

Wenn wir uns innerlich wie äußerlich vorbereitet und die Technik Schritt für Schritt aufgebaut haben, ist es wichtig, diese Ausgangsposition während des gesamten Prozesses des Empfangens weiter beizubehalten. Es ist nicht nötig, sich das alles bildhaft vorzustellen (eine mir häufig gestellte Frage in den Seminaren), sondern folgende Dinge energetisch ab und an zu überprüfen:

a) **Im Körper sein**
b) **Passiv empfangen als Gefäß**
c) **Im Bauch »Ich-Bewusstsein« zentrieren**

Genau genommen gehören diese drei Punkte zusammen und bedingen einander; um sie aber von unterschiedlichen Seiten her zu beleuchten, habe ich sie getrennt. Dazu nun die jeweiligen genaueren Erläuterungen.

Zu a) Im Körper sein

Du bist stets bei dir und empfängst die Botschaften von oben über das Kronenchakra. Du gehst niemals energetisch zu anderen Personen beziehungsweise in den feinstofflichen Körper des anderen, um Informationen zu holen. Über eine gute Erdung und Wahrnehmung des »In-dir-Ruhens« bist du dir bewusst, wie du sicher in deinem Körper verankert bist. Dein physischer Körper und dein feinstofflicher Körper sind miteinander verankert und bilden eine Einheit. Aus diesem Zustand der friedvollen Einheit heraus empfängst du passiv deine Botschaften.

Zu b) Passiv empfangen als Gefäß

Passiv sein meint, nichts zu erzwingen. Du lässt es einfach geschehen. Alles. Du erzwingst nichts, unterdrückst nichts, bewertest nichts, alles ist gleichwertig. Lass es zu! Du bist ein Gefäß, welches empfängt – eine Obstschale oder Suppenterrine, in die etwas hineingelegt wird. Es fällt in dich hinein. Dabei spielt das Gesetz des Impulses eine Rolle. Wenn du medial empfängst, wirst du merken, dass du unterschiedliche Impulse erhältst, die umgesetzt werden wollen. *(Vergleiche dazu Teil IV, Kapitel 17 »Das Gesetz des Impulses«.)* Lass sie zu – sei passiv!

Zu c) Im Bauch »Ich-Bewusstsein« zentrieren

Das »Ich-Bewusstsein« befindet sich immer im Bauch.

ACHTUNG! Nach dem Aufschreiben oder Aussprechen von Botschaften immer überprüfen, ob du noch im Bauch, also in der Ausgangsposition bist! Bist du es nicht mehr, dann korrigiere das unbedingt, bevor du dich für weitere Botschaften wieder öffnest, damit du nicht aus deinem Körper in die Aura der anderen Person gehst. Nur so ist verantwortungsvolles mediales Arbeiten garantiert und du kannst weiterhin deine Einfälle erhalten.

26.1.2 Fehler und Gefahren bei der Ausgangsposition

Es gibt weitere Möglichkeiten, um an Informationen auf der feinstofflichen Ebene heranzukommen, die aber nichts mehr mit medialer Arbeit zu tun haben und von denen ich dringend abrate:

- den eigenen physischen Körper ganz verlassen oder
- mit so genannten Energiearmen in die Aura der anderen Person gehen;
- alle Informationen aus der Aura herauslesen, ohne privaten Schutz;
- Informationen bewusst – damit aktiv – von der anderen Person einzuholen.

Das alles sind aktive Grenzüberschreitungen und astrale Eingriffe und eventuell auch Angriffe! Wir haben alle unsere Privatsphäre. Sie existiert in der Materie, in der Dreidimensionalität bezüglich unserer Person sowie unserer Familie und unseres Lebensraumes, also auch auf der geistigen Ebene in Form unserer intimsten Ängste, Sorgen, Gedanken und Wünsche. Es gibt also auf der energetischen Ebene genauso eine Intimsphäre – einen unantastbaren Privatbereich! Es liegt eine Art Schutz darüber. Das ist ein unausgesprochenes kosmisches Gesetz. Wenn Menschen da eindringen, sei es aus Neugierde, Naivität oder um zu zeigen, was sie alles können, ist dies respektlos, grenzüberschreitend und verantwortungslos! Leider ist das einigen Menschen gar nicht bewusst und auch einige Medien arbeiten so. Beim Aurareading ist die Gefahr groß, über die Aura in den Körper des anderen einzudringen.

Gute, ausgebildete englische Medien arbeiten damit sehr verantwortungsvoll. Das kann schon eine Möglichkeit des medialen Arbeitens sein – aber eine andere, als ich sie lehre. Man muss dabei sehr in seiner Verantwortung und im Respekt sein, um damit umgehen zu können. Diese Art hat aber nichts mit dem passiven Geschehenlassen und den wortwörtlichen Einfällen zu tun. Auch Heiler können über das »In-die-Aura-Gehen« arbeiten, dadurch Informationen über Störungen erhalten und durch gezielte Eingriffe den feinstofflichen Körper verändern, korrigieren, damit er vitalisiert und gekräftigt wird und Heilung einsetzen kann.

Obwohl ich selbst Heilerin bin, halte ich persönlich aber überhaupt nichts von dieser Art Heiltechnik, weil ich jede Störung im Körper respektiere. Sie hat ihren Sinn, will dem Menschen eine Botschaft vermitteln. In die Aura einzugreifen, kann unter Umständen nur Schaden anrichten und der Person die Chance nehmen, aus dem körperlichen Defekt etwas zu lernen. So muss der Körper unter Umständen noch kränker werden, bis das Thema gelöst ist.

Abschließend möchte ich das »In-die-Aura-Gehen« mit einer kleinen Geschichte aus dem Alltag vergleichen, um es verständlich zu machen. Stell dir vor, du wohnst in einem Mietshaus mit mehreren Wohnparteien, und selber belegst du eine Wohnung in der dritten Etage. Vor einigen Monaten ist genau unter dir ein neuer Mieter eingezogen. Abends hörst du laute Musik, Gegröle, lautes Lachen, aber tagsüber bekommst du deinen neuen Hausbewohner nie zu Gesicht. Du hast öfter schon vergeblich geklingelt, um ihn deswegen anzusprechen. Er ist nie da. Gegen Feiern hast du ja nichts, nur irgendwie möchtest du ihn schon einmal kennenlernen …

Eines Tages kommst du gerade vom Einkaufen und gehst die Treppe hinauf. Da fällt dir auf, dass die Tür von besagtem Nachbarn einen Spalt weit aufsteht. Das ist deine Chance, denkst du, und lässt den Einkauf Einkauf sein. Schnurstracks gehst du zur Tür und rufst hinein. Niemand antwortet. Du rufst ein wenig lauter – wieder nichts. Dann wirst du mutiger, machst die Tür einfach weiter auf und schaust dich um. Überall liegen leere Flaschen, Bierdosen stapeln sich und der Geruch ist auch nicht so prickelnd. Jetzt hat dich die Neugierde gepackt. Du trittst in den Flur, schließt die Tür hinter dir und schaust dich ganz in Ruhe in der Wohnung um. In der Küche, im Wohnzimmer, im Flur und dann natürlich auch im Bad und im Schlafzimmer. Das Schlafzimmer macht dich am neugierigsten: Du öffnest den Kleiderschrank, die Kommode und nun ist die Stunde der Wahrheit gekommen und du untersuchst den Nachttisch. Was er so liest, welche Tabletten er da so herumstehen hat, ob er vielleicht auch noch …

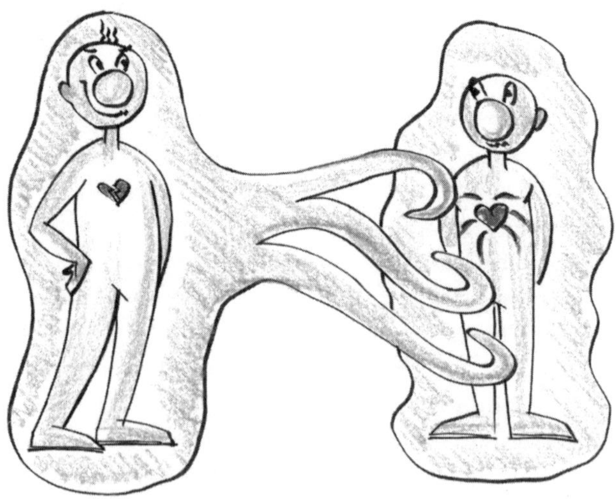

Das respektlose unaufgeforderte energetische Eindringen einer Person durch die Aura in eine andere, um Informationen zu holen

Genau, es langt! Auf der Ebene scheint uns die Grenzüberschreitung klar zu sein, aber leider oft nicht auf der energetischen. Ich hoffe, dass ich es mit diesem Beispiel verdeutlichen konnte. Denn all die aufgezählten Informationen, Geheimnisse usw. sind natürlich analog auch in unserer Aura enthalten.

Zurück zum Aurareading: Bei einer Sitzung, welche verantwortungsvoll geschieht, wäre dann anders als in unserer Geschichte der Verlauf so, dass der Nachbar dich zu sich einlädt. Er zeigt dir freiwillig seine ganze Wohnung, führt dich in sein Schlafzimmer, macht den Kleiderschrank auf, zeigt dir seine noch zu erledigende Bügelwäsche und im Bad diverse Cremes zur Intimpflege. Wenn ein Sich-Öffnen auf freiwilliger Basis geschieht, ist das OK, aber wenn es erzwungen wird, richtet es unter Umständen riesigen Schaden an.

Arbeiten wir exakt nach der beschriebenen Technik des passiven Empfangens, kann uns das gar nicht erst passieren. Wir kommen also erst gar nicht in Versuchung. Das ist das Brillante an dieser Technik. Sie gibt uns die Gewähr, immer helfende und wahrhaft heilende Botschaften zu empfangen und zu übermitteln.

26.2 Die nötige Wachheit

Wach zu sein ist die wichtigste Voraussetzung für alles. Natürlich gerade auch im Zusammenhang mit Sprache und im Besonderen bei der Weitergabe von medialen Inhalten ist Wachheit nötig.

Wachheit ist die Basis für

- **genaues Zuhören**
- **korrektes Erfassen von Inhalten**
- **präzises und verständliches Weitergeben von Inhalten**

Diese Fähigkeit der Wachheit steht obenan, unabhängig von medialen Fähigkeiten und Potentialen. Auch wenn ein Mensch sehr medial ist, aber ihm die nötige Wachheit fehlt, können seine Durchsagen eher Unheil bewirken, als Unterstützung und Lebenshilfe sein. Deshalb betone ich auch an dieser Stelle, wie wichtig der eigene Bewusstseinsprozess ist, um medial arbeiten zu können.

Dazu möchte ich von einem spannenden Experiment erzählen, welches ich in einem Seminar gestartet habe. Es ging genau um das Thema »Wachheit und Klarheit in der Sprache«.

Die Aufgabe war einfach: Die Gruppe spielt stille Post. Allerdings ging nicht nur ein Wort auf die Reise, sondern eine Geschichte. Die Person, welche der nächsten im Kreis die Geschichte in das Ohr geflüstert hatte, ging immer extra in die Ecke des Raumes, sodass die Geschichte in Ruhe und ungestört erzählt werden konnte. Nach erfolgreichem Weitererzählen schrieb jede/r Teilnehmer/in die Geschichte auf, sodass es bei zwölf Teilnehmer/innen zwölf Geschichten plus meine Urfassung gab.

Die Geschichte, die ich als Erste in die Runde gab, lautete wie folgt:

Ein Hamster kletterte mit einem Eimer Kartoffeln und einem Seil auf einen Baum. Als er am ersten Ast ankam, begegnete ihm eine Katze. »Halt!«, rief die Katze. »Das ist mein Baum! Geh zurück!« Der Hamster aber war pfiffig, schlug die Katze mit den Kartoffeln ohnmächtig, fesselte sie an den Ast und kletterte bis zum Baumgipfel. Dort stieg er auf einen Schmetterling und flog davon.

Dies also die Urfassung. Bist du bereit für die Endfassung nach zwölfmaligem Weitererzählen? Dass sie so anders wurde, hatte ich ehrlich gesagt auch nicht erwartet:

Es war einmal ein Hamster, der hatte einen Eimer und saß an einem Baum. Da sah er eine Amsel, die sagte, dass sie den Eimer haben will. Da sagte der Hamster: »Nein!« und schlug sie in die Flucht.

Ist das Resultat nicht geradezu erschreckend? Ich staune, dass sich Menschen überhaupt verständigen können! Damit sind unendliche Missgeschicke und manches Fehlverhalten vorprogrammiert, nur wegen der fehlenden Wachheit beim Zuhören! Wenn ein Chef in einer Sitzung nun Dinge angeordnet hat, die dann bis zu den einzelnen Mitarbeitern samt Lehrlingen und Praktikanten weitererzählt werden müssen, und so etwas wie mit der Hamstergeschichte dabei herauskommt, kann die Firma doch gleich Konkurs anmelden! Im Seminar waren lauter intelligente Menschen mit zum Teil sehr verantwortungsvollen beruflichen Positionen zugegen. Das hat mich am meisten gewundert!

An diesem Beispiel hoffe ich gut klarmachen zu können, wie wichtig Wachheit in der Sprache ist. Wenn wir nun also noch unter erschwerten Bedingungen kommunizieren, also Informationen aus der feinstofflichen Ebene übermitteln, ist eine noch höhere Wachheit als im Alltag nötig. Hoffen wir, dass keine weiteren sinnlosen Hamstergeschichten herauskommen!

26.3 Die innere Gelassenheit

Ganz wichtig beim Empfangen von medialen Botschaften sind die innere Einstellung und das Vertrauen zu unserer Fähigkeit. Gift im wahrsten Sinne des Wortes sind Gedanken wie: »Ich kann das sowieso nicht!« oder »Meine Tante hat schon immer gesagt, dass ich dafür kein Talent habe ...« Das sind regelrechte Autosuggestionen, die natürlich nach Erfüllung rufen. Unser Wunsch wird damit erfüllt: Wir können es nicht!

Aber genauso schädigend ist Ungeduld und falscher eiserner Wille. »Ich will jetzt unbedingt eine Botschaft von der geistigen Welt erhalten, jetzt sofort!« Und wenn es nicht sofort klappt, werden wir noch ungeduldiger und zweifeln wieder an uns. Dann wird es garantiert nichts.

Das Geheimnis heißt: Empfangen der Botschaften mit innerer Gelassenheit! Zum Beispiel mit der Einstellung: »Ah, das ist ja interessant ... mal sehen, was ich noch empfange ...« Eine kleine gesunde Portion Neugierde darf schon dabei sein. Die ist sehr hilfreich. All die interessanten Dinge, die man erfährt, wenn man sich als Medium zur Verfügung stellt, sind ja die Belohnung dafür.

→ **Die Informationen einfach kommen lassen und nichts erzwingen wollen** ist damit das beste Mittel zum erfolgreichen Empfangen.

Und als Letztes noch ein Aspekt:

→ **Keine Botschaft kann auch eine wichtige Botschaft sein!** Wenn einmal keine Botschaft kommen sollte, dann ist das kein Grund, gleich an sich selbst zu zweifeln, das kann eine wichtige Antwort sein.

Dazu eine nette Geschichte aus meiner Ausbildungsgruppe: In unserem Fortgeschrittenenseminar auf Mallorca gab es eine Schülerin, die von ihren Fähigkeiten sehr überzeugt war, der aber die entsprechende Demut fehlte. Sie war tief in sich der Meinung, dass sie nichts mehr lernen muss und schon alles weiß. Dessen war sie sich aber gar nicht so bewusst. Immer wenn ich sie auf diese, ihre innere Stolperfalle hin ansprach, reagierte sie mit Abwehr und Rückzug. »Irgendwann kommt auch dein Tag!«, dachte ich mir und ließ sie in ihrem Glauben.

Natürlich war mir bewusst, wie wichtig es für ihre Entwicklung war, dies zu begreifen, aber ich vertraute auf das Universum. Und am letzten Tag in der Abschlussrunde war es dann so weit. Die letzte Übung im Seminar bestand darin, medial eine Botschaft füreinander zu empfangen, die der Integration des Wissens dienen sollte. Wir hatten eine andere Teilnehmerin in der Gruppe, die sich anfangs keine Botschaft in ganzen Sätzen zugetraut hatte und im Laufe des Seminars aber wie eine Weltmeisterin empfing. Da die Übung bewusst so gehalten wurde, dass niemand wusste, für wen die Botschaft nun war, wollte es der Zufall, als wir die Übung auswerteten, dass unsere das ganze Seminar so erfolgreiche Teilnehmerin eine Botschaft für genau die, welche ja nichts mehr lernen brauchte, gezogen hatte.

Sie saß aber im Gegensatz zu sonst völlig deprimiert da und erzählte der Gruppe, dass nun wohl alles wieder wie am Anfang sei und noch schlimmer, denn sie hatte nichts, rein gar nichts erhalten. Auf meine Frage, für wen denn die Botschaft sei, zeigte sie auf unsere Alleswisserin. Diese schluckte, verzog das Gesicht und die Tränen liefen ihr über das Gesicht. Sie nickte dankbar. Damit hatte sie es endlich begriffen: Wenn sie alles schon weiß, braucht sie ja keine Botschaft mehr! Sie dankte nachdenklich und in Liebe der anderen Teilnehmerin, die nun auch begriff, dass sie die beste Botschaft für sie überhaupt empfangen konnte, nämlich nichts, und ließ alle Zweifel wieder los.

Somit war gar keine Botschaft die beste Botschaft überhaupt und im Stillen dankte ich dem Himmel für die Situation und freute mich für beide, denen damit immens geholfen war.

26.4 Wertfreie Weitergabe der Botschaften

Wenn wir von wertfrei sprechen, wollen wir uns den Begriff »wertfrei« näher ansehen – er besteht aus den Worten »Wert« und »frei«. Setzen wir uns zuerst mit dem Wort »Wert« näher auseinander. Denken wir an menschliche Werte, wertvoll, Wertlosigkeit, der Wert einer Ware und an

Redewendungen wie »sich unter oder über Wert verkaufen« oder »Das ist es mir wert!«

Wert ist immer mit einem subjektiven Gefühl verknüpft, in der materiellen Welt wie im zwischenmenschlichen Dasein. Natürlich kann der Wert eines Gegenstandes in Geld festgelegt werden, aber ist er das wert? An dieser Frage erkennen wir das subjektive Empfinden eines Wertes. So wie ein altdeutsches Sprichwort sagt:

»Wat dem ehnen sin Uhl – is dem andern sin Nachtigall«
(Was dem einem seine Eule – ist dem anderen seine Nachtigall).

Nun folgt zu dem Wort »Wert« noch das Zusatzwort »frei«. Also frei von jedem Wert. Mit anderen Worten: Wir meiden jegliche subjektive Bewertung der Botschaften. Wir geben das Empfangene wertfrei, also frei von jeglicher Bewertung weiter.

Das fängt schon mit der Einleitung an, wie wir die Botschaften vortragen. Ein häufiger und typischer Fehler, der aber leicht zu korrigieren ist und immer wieder in meinen Seminaren anzutreffen ist, ist folgender: *»... also die Botschaft, die ich bekommen habe, die war ganz toll. Ich bin jetzt noch ganz benommen, nein, war das toll, dann habe ich dieses tolle Lichtwesen auch gleich noch was für mich gefragt ...«*

Nun kann es aber sein, dass die besagte Botschaft für die Person überhaupt nicht toll ist. Das Lichtwesen kennt sie schon und nur, weil das Medium diese Energie nicht kennt und sich davon berauschen ließ, kam es gar nicht mehr zu der Vermittlung des liebevollen Anpfiffs wie: »Wann meditierst du nun endlich, du hast dich schon drei Wochen wieder davor gedrückt?!«

Ein anderes, gerade entgegengesetztes Beispiel ist: *»... ich trau mich gar nicht zu sagen, was ich gesehen habe. Das ist so schlimm. Nein! Das kann ich nicht. Ich will ja auch niemanden hier verletzen ...«*

Anhand dieses Beispiels möchte ich die folgende Frage in den Raum stellen: Womit kann man mehr verletzen: mit der Botschaft, die ja nicht von der Person ist, oder mit solch einer Einleitung?

So viel zu einleitenden Worten. Merken wir uns:

Da Einleitungen von uns sind, sind sie subjektiv, also bewertend. Wir lassen sie einfach weg! Wir fangen das Vortragen der Botschaft höchstens

mit dem nochmaligen Wiederholen oder Vorlesen der gestellten Frage an und beginnen sofort mit der Übermittlung der Botschaft – ohne Einleitung!

Ganz »genial« sind ja auch folgende Randbemerkungen, am besten noch einige Minuten nach der vorgetragenen Botschaft: *»… ach ja, stimmt, da war noch eine Katze in einem Rosengarten, na ja, diese blöde Katze ist ja nicht so wichtig, aber der Mann, der war faszinierend, der war so muskulös, mh, ein scharfer Typ, der könnte mir gefallen …«*

Anhand dieses Beispieles möchte ich drei typische Fehler zum Thema Bewertungen erläutern.

Erster Fehler: Die vergessene Katze

Wenn wir kleine Details weglassen, kann die ganze Nachricht verzerrt und nicht mehr verständlich werden. Kleine Details können unter Umständen am aufschlussreichsten sein. Vergessen ist das eine, das kann passieren. Aber hier hat ein Vergessen aufgrund einer Bewertung stattgefunden, weil die Person Katzen doof findet und Katzen in ihrem Leben keine Rolle spielen.

Achtung! Das ist, bedingt durch eigene individuelle Erfahrungen, Meinungen und Vorurteile, eine mächtige Stolperfalle beim exakten Vermitteln von Botschaften. Vielleicht hatte die Person eine Nachbarin mit drei Katzen, die ihr immer in das Blumenbeet gemacht haben, die lockere Erde aufgekratzt und die Pflanzen zertreten haben. Nach einem mächtigen Streit mit der Nachbarin ist sie von dort weggezogen und hat sich geschworen: Nie wieder Katzen! Sie hat energetisch alle Katzen aus ihrem Umfeld verbannt. Damit verbannt sie logischerweise auch Katzen aus ihren Botschaften! Wenn sie da nicht diesen scharfen Typ gesehen hätte, der ihr gut gefiel, hätte sie die Katze glatt vergessen!

Doch der Hinweis mit der Katze war für diese Botschaft entscheidend. Die Katze im Rosengarten weist ganz klar auf den Garten ihrer Oma hin. Es ist der liebe Kater Schnurri, der schon zehn Jahre alt ist und Omas treuer Wegbegleiter war, seitdem Opa gestorben ist. Damit ergibt die Frage »Was kann Oma Lieselotte für ihre Gesundheit tun?« plötzlich Sinn. *Der Garten, die Rosen, ihr Kater, das macht sie glücklich und hält sie fit!*

Nun erscheint da noch ein Mann auf der Bildfläche, was hat der mit der Frage zu tun? Nach näherem Nachhaken stellt sich heraus, dass die Katze den Mann angesprungen und weggejagt hat.

Kommen wir damit zum ***zweiten Fehler: Der Mann***

Die Person war also von dem Mann sichtlich begeistert und fand den Typen wahrhaft toll. War er das aber auch? Hat sie medial danach geschaut? Oder hat sie sich nur von seinem schönen, muskulösen, sonnengebräunten Körper blenden lassen? Hat sie! Und sie fällt im täglichen Leben auch immer auf diesen Typ von Mann herein. Sie hat in Beziehungen immer Pech, da sie immer an gut aussehende Männer gerät, die aber rein menschlich nicht das halten, was sie vorgeben. (Das heißt natürlich um Himmels willen nicht, dass alle gut aussehenden Männer charakterlich nicht zu gebrauchen sind!) Sie hat diesen Mann also gleich als toll abgestempelt und, weil sie sich nach Beziehung sehnt, gleich von ihm als Partner geträumt.

Und da sind wir beim ***dritten Fehler:***
Das Hineinbringen der eigenen Wünsche

Diese bringen uns gewaltig vom Thema ab. Denn anstatt noch immer auf die Frage, was Oma Lieselotte für ihre Gesundheit tun kann, eine Botschaft zu erhalten, träumt die Person nur noch von diesem Mann.

Wer war nun dieser Mann eigentlich? *Der Ex-Mann ihrer Enkelin und ein totales Ekel. Der Kater hat ihn angesprungen und wollte ihn wegjagen! Damit wird es klar, wenn wir wieder bei der Beantwortung der Frage sind: Oma Lieselotte soll sich vor dem Ex ihrer Enkelin hüten. Er hat schon viel Unruhe in die Familie gebracht und ihrer Enkelin das Leben schwer gemacht. Oma Lieselotte hat das aus Liebe zu ihrer Enkelin schon viele Sorgen und schlaflose Nächte eingebracht. Also ist dieses Bild eigentlich der wichtigste Hinweis für die Gesundheit der Oma.* Gelernt aus diesem Beispiel?

→ Wir sind einzig der Bote, der Briefträger, der die Information weitergibt!

Zusammenfassend können wir also sagen:
- keinerlei Bewertungen der Botschaften
- nichts als unwichtig abwerten

· nichts überbewerten
· alle Details ernst nehmen und weitervermitteln

26.5 Keine Interpretationen der Botschaften

Interpretationen sind beim medialen Arbeiten besondere Stolperfallen. Es ist nötig, sich anzugewöhnen, nichts, rein gar nichts zu interpretieren. Wir Menschen neigen dazu, wenn wir Dinge nicht wirklich verstehen, sie zu interpretieren. Wie hat der Dichter dies wohl gemeint? Was hat sich der Künstler dabei gedacht?

Dazu eine witzige Geschichte aus meiner Familie: Eine meiner Tanten ist Malerin und Bildhauerin. Sie ist eine sehr temperamentvolle kraftvolle Frau, die auch in ihren Bildern und Plastiken ihren Charakter zum Ausdruck bringt. Ihre Werke sind sehr farbenfroh und lebendig. Auf einer Ausstellungseröffnung, in der ihre neuesten Werke vorgestellt wurden, hielt ein Kunstkritiker eine Eröffnungsrede über ihre Bilder. Er lobte ein Gemälde über alles, vor allem den Verlauf der Farbkomposition, die Leuchtkraft und die Darstellung der Personen auf dem Bild. Er sprach über den politischen Wert des Bildes, die klare politische Aussage und die so getroffene Kritik darin.

Nach der Ausstellungseröffnung fragten wir meine Tante, ob sie sich denn wirklich genau das bei diesem Bild gedacht hat. Sie lachte: »Nein, nicht im Geringsten, ich liebe einfach Rot, kräftiges lebendiges Rot und dazu dynamische Menschen.« So viel zu Interpretationen.

Interpretationen sind immer Deutungen. Leider liegen Fehldeutungen nicht weit entfernt davon. So wissen wir, dass wir Dinge immer so oder auch genau anders deuten können. Wenn das Auto zu einem wichtigen Termin nicht anspringt, ja wie sollen wir das denn nun deuten? Heißt das nun, dass wir den Termin nicht wahrnehmen sollen, oder heißt es etwa, dass wir uns drücken wollen und nun alles Mögliche in Bewegung setzen sollen, zu unserem Termin zu kommen? Wer weiß das schon?

Wir kennen alle solche Situationen und würden uns wünschen, dass sie uns jemand deutet. Was bringt es uns nun, mediale Botschaften zu deuten? Die Antwort ist ganz einfach: Nichts! Damit könnten wir uns jegliche mediale Botschaften sparen, wenn sie Möglichkeiten der Deutung offenließen. Es geht also darum, mediale Durchsagen achtsam und neutral weiterzugeben. So präzise wie möglich geben wir das Gesehene, Gehörte und Gefühlte weiter und achten dabei auf die Feinheiten. Verbale Botschaften können von Bildern, Gefühlen, Farben begleitet werden, alles geben wir neutral, ohne es zu interpretieren, weiter. Durch Interpretationen bringen wir immer etwas Persönliches hinein, es kommen eigene Wünsche, Sehnsüchte, Ängste oder Sorgen mit ins Spiel und damit verzerren und verfremden wir den wahren Inhalt. Falls eine Botschaft nicht verständlich ist, geht es nicht darum, sie nach unseren Bedürfnissen zu deuten, sondern wiederum aktiv nachzufragen, um medial eine Erklärung zu erhalten. Dazu Näheres in Teil IV im Kapitel 17.1 *»Das aktive und passive Nachfragen während des Empfangens«*.

Somit überlassen wir wiederum die Deutung der geistigen Welt und bleiben weiterhin neutral.

26.6 Die Botschaften fließen lassen

Wenn wir alle Vorbereitungen getroffen haben, um erfolgreich Botschaften empfangen zu können, ist es nun wichtig, den Energiefluss, für den wir uns ja geöffnet haben, auch beizubehalten. Ein typischer Anfängerfehler ist: Vor lauter »... ich will ja alles richtig machen ...« staut sich die Energie, weil sie nicht hereingelassen werden will. In der Aura sind dann richtige Stauungen im Bereich des Kronenchakras und des Dritten Auges zu sehen. Wenn alles exakt vorbereitet ist, wofür wir ja auch unsere männlichen strukturbildenden Anteile benutzen sollten, geht es dann wieder darum, zur weiblichen Seite umzuschalten und offen und voller Hingabe zu empfangen. Das fällt vielen Menschen sehr schwer am Anfang. Dieses Umschalten. Es hat etwas sehr Spielerisches.

Lass zu, was kommt, damit der Fluss der Botschaften nicht abgebrochen wird.

Du hast vier Möglichkeiten, um den Fluss beizubehalten:

1. **Aufschreiben**
2. **Aussprechen**
3. **Aufnehmen**
4. **Aufmalen und -zeichnen**

Zu 1. Aufschreiben

Das ist eine gängige Form, die ich auch in den Seminaren vermittle. Lege dir Papier und Stift bereit, stimme dich ein und schreibe dann alles, was du empfängst, wortwörtlich auf. Manchmal ist das ein wenig schwierig, weil es so schnell geht, und man muss verdammt schnell schreiben. Dann kannst du auch »nach oben hin« Bescheid sagen oder um Wiederholung bitten. Der Himmel hat Geduld. Manchmal ist es auch schwer, die Botschaften in Worte zu übersetzen, weil wir ja von der vierten bis siebenten Dimension auf die dritte Dimension umschalten müssen. Beim medialen Arbeiten wird mir immer bewusst, wie beschränkt unsere Sprache in der Dreidimensionalität ist und wie wir uns damit eigentlich einengen. Trotzdem ist es im Moment noch das Verständigungsmittel Nummer eins und so gilt es, präzise Worte zu wählen.

Diese Methode kann benutzt werden, wenn es sich mehr um Faktenvermittlung handelt, sozusagen um Informationen aus der geistigen Welt. Wenn es Inhalte sind, die sehr emotional verknüpft sind, empfehle ich diese Form weniger, da Aufschreiben ja immer mit einer Zeitverzögerung verbunden ist. *(Vergleiche Abschnitt »Aussprechen«.)*

Eine andere Variante: Du lässt es aufschreiben. Damit wirst du mit dem Schreiben nicht abgelenkt und kannst dich ganz und gar auf das Empfangen konzentrieren. Es ist nur wichtig, dass ihr beide ein gutes Team seid. Die Person, die mitschreibt, sollte gut mitkommen und schnell schreiben können beziehungsweise dir immer Zeichen geben, wann sie fertig mit Aufschreiben ist. Des Weiteren muss sie wirklich exakt den Wortlaut deiner Botschaften aufschreiben sonst kann es passieren, dass inhaltlich etwas anderes herauskommt, als du gesagt hast. Du bist mit der Energie verbunden, die du in Worte umsetzt, sie nicht! Sie hört nur deine Worte! Das ist sehr wichtig und könnte sonst zu einer Verzerrung der Wahrheit führen!

Wenn du möchtest, kannst du dir ein Büchlein zulegen, in dem du alle deine medial empfangenen Botschaften notierst. Das ist nach Jahren noch interessant. Es ist aber ratsam, dieses Buch nur für Mediales zu verwenden, um es energetisch klar von anderen Notizen abzugrenzen.

Zu 2. Aussprechen

Die Botschaften, die ich gerade erhalte, einfach auszusprechen, ist die Methode, die ich in den medialen Beratungen in meiner Praxis und auch bei Veranstaltungen verwende. Es ist die direkte Form, bei welcher die Menschen den Inhalt pur mit der Energie gekoppelt von mir vermittelt bekommen. Gerade wenn es sich um Heilungssitzungen handelt, ist die direkte Inhalts- und Energieübertragung sehr wichtig, wie z. B. den Kontakt zu Verstorbenen oder helfenden heilenden Lichtwesen herzustellen oder Einblicke in karmische Zusammenhänge zu geben. Damit kann sich die Wirkung sofort entfalten. Beim Aufschreiben hingegen verpuffen ca. 30 % der Energie, da der Inhalt sich nur noch auf die Worte reduziert.

So spüren die Hinterbliebenen bei der Kontaktaufnahme mit Verstorbenen gleich an der Energie oder der Liebe, die ihnen gesandt wird, beziehungsweise an der speziellen Eigenart ebender verstorbenen Person, mit wem sie es zu tun haben, und ein heilender Energieaustausch kann stattfinden. Zum anderen ist es auch viel leichter, auf die Rat oder Hilfe suchende Person in der Sitzung einzugehen, weil ich mich in dem Moment auch medial auf weitere Unterstützung einstellen und sie auch bei Bedarf auffangen kann.

Das Aussprechen der Botschaften ist natürlich auch immer eine geeignete Form, wenn ich mich bei Veranstaltungen auf eine große Runde von Menschen einstimme. Dann ist das ausgesprochene Wort für alle bestimmt und alle haben die Chance, an der Energie teilzunehmen, egal ob es drei Personen sind oder dreihundert.

Zu 3. Aufnehmen

Wenn du das Gefühl hast, Aufschreiben überfordert dich, es braucht zu viel Zeit und lenkt dich ab, kannst du deine medial empfangenen Botschaften auch aufnehmen. Entweder du benutzt ein Diktiergerät, da gibt es wirklich sehr gute auf dem Markt, oder du nimmst es anderweitig per Mikrofon auf. Es gibt mittlerweile viele verschiedene Möglichkeiten, sogar über den Anrufbeantworter funktioniert es. Auch Aufnahmen über einen MP3-Player oder über den Computer sind möglich.

Ich habe jahrelang sehr zufrieden mit einem Diktiergerät gearbeitet. Diese Methode ist dann hilfreich, wenn es Botschaften für einen selber sind oder für die eigene Familie. Das Diktiergerät kannst du immer bei dir tragen, egal wo du dich befindest, und bist damit ortsunabhängig. Auch früh am Morgen, wenn du noch nicht richtig wach bist, die Finger und die Augen noch nicht wach genug zum Schreiben sind, ist ein auf dem Nachttischchen stehendes Diktiergerät für morgendliche mediale geniale Einfälle ideal! Dann kannst du auf zwei Ebenen arbeiten: Zum einen bist du Medium und empfängst die Botschaften, die du auf das Diktiergerät sprichst. Dann kannst du innerlich umschalten und dir in Ruhe die Botschaften anhören und innerlich verarbeiten, die ja für dich sind. Wenn du sie nochmals hören möchtest, kein Problem!

Vor einigen Jahren probierte ich ein Sprachprogramm am Computer aus. Ich hatte gehofft, über das Headset meine medialen Botschaften aussprechen zu können und sie den Computer aufschreiben zu lassen, sodass sie als Text sichtbar auf dem Monitor erscheinen und ich sie mir ausdrucken kann. Das ist aber sehr umständlich. Man muss den Computer extrem mit Sprachbeispielen füttern, damit er die Wörter erkennt. Für Menschen, welche damit beruflich arbeiten, ist es eine lohnende Investition, aber ich fand es sehr ineffektiv.

Da sich die Technik aber immer weiterentwickelt, gibt es vielleicht bald noch bessere und hilfreichere Möglichkeiten, die medialen Durchsagen aufzunehmen. Ich finde, dass es sich immer lohnt, diese Dinge aufzunehmen, weil eine Aufnahme mehr ist als nur Worte. Es wird dadurch auch die Energie festgehalten, und der Inhalt wird transparenter.

Zu 4. Aufmalen und -zeichnen

Manche medialen Botschaften sind mit Bildern verbunden, mit symbolischen Bildern, um eine Botschaft zu unterstreichen oder besser und wirkungsvoller zu überbringen. Aber Bilder und Farben können genauso auch ganz für sich als vollständige Botschaft stehen. Viele Künstler berichten davon, dass sie das Bild eigentlich schon im Kopf hatten, es nur noch aufzeichnen oder -malen mussten.

Gerade wenn uns Farben vermittelt werden, ist es gut, sie exakt beschreiben zu können. Ich verwende gerne in der Praxis die vielen Bücher unserer esoterischen Bibliothek, um auf den Einbänden nach der passenden Farbe zu suchen. Wenn eine Farbe vermittelt wird, ist es beispielsweise nicht nur das Grün, nein, es ist ein bestimmtes Grün, das vielleicht in Worten nicht zu beschreiben ist. Darum male es auf oder sei erfinderisch wie ich mit meinen Büchern! Farbe ist Schwingung. Unterschiedliche Farbnuancen von Grün sind unterschiedliche Schwingungen. Jede Schwingung hat eine bestimmte Wirkung auf den Körper – eine heilende, klärende, erdende oder auch aufmunternde zum Beispiel. Wenn wir also nur vermitteln: »Ich hab Grün für dich gesehen«, ist die Aussage fast gleich null. Wenn wir aber genau die Farbe aufzeigen oder besser noch aufmalen, kann ein Heil- oder Bewusstseinsprozess in Gang gesetzt werden.

Mir ist es in Beratungen in der Praxis passiert, dass Menschen in Tränen der Rührung ausgebrochen sind, als ich ihnen die entsprechende Farbe gezeigt habe, um die es sich handelte. Außerdem habe ich immer einen Stift und einen Block weißes Papier parat, um gegebenenfalls etwas aufzeichnen zu können. Ohne Frage, Bilder alleine sprechen nicht für sich, aber Bilder als Ergänzung sind eine faszinierende Bereicherung. Je mehr wir unsere medialen Fähigkeiten entwickeln, desto mehr können wir alle Facetten der Medialität nutzen.

Ich weiß nicht, warum alle Menschen meiner Medialitätsseminare immer so viel Wert darauf legen, Worte zu empfangen. Bilder sind genauso gleichwertig und sollten ebenso ernst beachtet werden. Die Ausbildung und Prägung unserer visuellen Fähigkeiten, sei es mit unseren Augen oder auch mit unserem Dritten Auge, dem Stirnchakra, verhilft uns zu einer größeren Fülle und Erlebnisfähigkeit im Leben. Ich persönlich kann nur empfehlen, gerade die seherischen Fähigkeiten zu schulen, da sie bei karmischen Bildern oder Kontakten in der Astralebene und Kausalebene eine immens große Rolle spielen.

Teil VI

Medialität und gelebtes Wissen

27. Kritikfähigkeit und Realität

Das folgende Kapitel ist der geistigen Einstellung beim Herangehen und Trainieren der Fähigkeiten der Medialität gewidmet. Nachfolgend möchte ich die Vielfalt der Anwendungsmöglichkeiten für ganz praktisches mediales Arbeiten im Überblick aufzeigen. Somit ist dieses Kapitel auch eine Überleitung zum zweiten Buch, dem »Arbeits- und Übungsbuch der Medialität und Hellsichtigkeit«, welches unzählige Übungen, Meditationen, Inspirationen und Arbeitsanleitungen beinhaltet, um Medialität in den Alltag integrieren zu können. Beginnen wir nun mit der wichtigsten geistigen Grundeinstellung beim medialen Arbeiten – der Kritikfähigkeit.

Kritikfähigkeit beim Lernen, und wir sind unser ganzes Leben Lernende, ist die Voraussetzung zur Entwicklung. Wie wollen wir unser Können, unsere Fähigkeiten und Fertigkeiten verbessern und vervollständigen, wenn wir nicht offen für Kritik sind?

Kritik, wenn sie aus dem Herzen kommt und konstruktiv ist, ergibt eine Art Korrektur, wenn wir Fehler gemacht haben. Aber was sind Fehler? Warum fürchten sich so viele Menschen davor, Fehler zu machen? Irgendein schlauer Mensch hat einmal geäußert: »Fehler sind dazu da, gemacht zu werden!« Das ist wohl wahr.

27.1 Der Sinn von Fehlern

Fehler sind etwas Geniales! Fehler sind die Geschenke, die wir uns selber machen, um lernen zu können! Erinnere dich! Wie jeder Mensch hast auch du dich schon einmal oder mehrmals total blamiert, weil du etwas Unüberlegtes gemacht hast und dabei nichts Gescheites herausgekommen ist. Und? Hast du etwas daraus gelernt? Machst du das wieder? Wenn du dir diesen Flop zu Herzen genommen hast, passiert es höchstwahrscheinlich nie wieder. Vielleicht hast du Gäste zum Essen eingeladen und vergessen, eine wichtige Zutat einzukaufen. Oder du hast etwas genäht und es ist schief geworden. Du warst zu faul, es wieder aufzutrennen und hast es aufgerissen – leider ist der wertvolle Stoff dabei mit zerrissen. Oder du hattest beim Anbringen deines neuen Regals keine Lust gehabt, die Wasserwaage zu holen, und ärgerst dich heute noch über das schiefe

Regal oder blendest es täglich geschickt aus … Vielleicht hast du auch bei einem Bewerbungsgespräch zu viel Persönliches von dir erzählt, sodass das Gespräch voll daneben ging. Und? Hast du dich für alle diese Fehler verurteilt? Willst du weiter perfekt sein und quälst dich, wenn du es nicht bist? Vergiss es! Genieße die Fehler, schaue sie dir an und bedanke dich bei dir selber dafür. Denn diese Dinge machst du nie wieder. Das sind gelernte Lektionen! Und damit gibt es sie gar nicht, die angeblich so bösen, peinlichen Fehler! Es gibt sie nur in unseren Köpfen.

Wenn wir uns irren, sei es nun aus Faulheit, Unwissenheit, Verantwortungslosigkeit oder Naivität, entstehen Dinge nicht so, wie wir und/oder auch andere es gerne hätten. Möglicherweise sind an den Auswirkungen der Fehler einige oder sogar viele Personen beteiligt. Doch sind wir alle Menschen! »Irren ist menschlich!«, heißt es. Ich finde aber, es müsste »Irren ist göttlich!« heißen. Denn gerade ein Fehler, den wir nicht mutwillig getan haben, macht uns liebenswert. Es gehört zum göttlichen Plan, Fehler zu machen, sonst können wir uns nicht entwickeln, weil wir nichts lernen können.

So möchte ich dich auch beim medialen Üben und Arbeiten ermutigen. Traue dich, probiere aus, mache Fehler, lerne, entwickele dich! Das ist Leben, damit kommt erst die Freude am Dasein. Wenn wir Fehler vermeiden wollen, dann wagen wir nicht zu leben. Genau genommen verneinen wir es zu leben. Wie soll dann Lebensfreude aufkommen, wenn wir innerlich tot sind, weil wir perfekt sein wollen?

27.2 Fehler und Karma

Viele Menschen meinen, wenn sie keine Fehler machen, dann bauen sie sich kein Karma auf. Karma, das Gesetz von Ursache und Wirkung, verdeutlicht, dass wir mit jeder Tat eine bestimmte Wirkung erzielen. Wenn die Taten nicht im Einklang mit dem Göttlichen sind, entsteht ein Ungleichgewicht, welches wir mit neuen Taten nach dem Gesetz des energetischen Ausgleiches wieder abbauen oder ausgleichen müssen.

Der Irrglaube ist aber, dass viele meinen, dass wir mit jedem Fehler Karma aufbauen. Dem ist nicht so. Wenn wir Fehler einsehen und dankbar für das sind, was wir dadurch gelernt haben, bauen wir kein Karma auf – eventuell sogar welches ab. Das drückt sich in dem bekannten

Sprichwort »Probieren geht über Studieren« aus. Es ermutigt damit zum In-die-Handlung-Gehen, zum Ausprobieren, ja regelrecht auch dazu, Fehler zu machen.

Karma bauen wir durch Bewertung unserer Taten, Verurteilungen und schlimmstenfalls Vertuschungen auf. Da sitzt die eigentliche Gefahr, dass wir der perfekte Mensch sein wollen, den es überhaupt nicht gibt. Diesen Irrtum möchte ich am folgenden Schema verdeutlichen, welches ich ursprünglich für meine Schüler entwickelt habe.

27.2.1 Die Verstärkung von Karma

Es ist wichtig, dass wir uns all unserer Taten bewusst werden und die entstehenden und daraus resultierenden Wirkungen ebenfalls ernst nehmen. In der Bibel heißt es so schön: »Wehret den Anfängen ...« Gemeint damit ist der Aufbau von Karma durch die Nichtanerkennung von Ursache, also der Tat, und deren Wirkung. Egal, welche Tat es auch immer sein möge, die wir begehen – sei es, wir klauen im Supermarkt eine Cola als Mutprobe, nutzen den Kollegen aus oder betrügen die Ehefrau – sind wir uns der Konsequenzen bewusst und erkennen damit die Wirkung an, sind wir vor Chaos geschützt, da wir die Verantwortung dafür übernehmen. Ignorieren wir aber im Gegensatz dazu die Tat und deren Wirkung, bauen wir Karma auf und werden zum Opfer unserer eigenen Lebensumstände:

Tat

→ Schmerz

→ Nichtanerkennung der Wirkung
→ Ignoranz der wahren Ursache/n, also Tat
→ Verarbeiten der Energie durch
- Bewertung der Tat (Einteilung in gute und böse Taten)
  oder
- Schmerz/Schaden ignorieren
  oder
- Schmerz/Schaden überbewerten, ins Drama gehen

→ Verantwortungsloses Umgehen mit Ursache
→ Leiden, büßen müssen als »Strafe«

→ Nichtbeseitigung der Ursache

Nichtannahme der neuen Wirkung (Drama)
→ **keine Erkenntnis und Lernerfahrung möglich**
Wiederholungstäter/in
→ Aufrechterhaltung der Illusion
· wenn genügend gelitten, dann Ausgleich
· ist wieder alles gut
oder
· wenn Taten vermieden werden, kommt kein Leid
→ ***Opfer im Leben, Unfreiheit***

Erläuterung: Wenn du eine Tat begehst, die nicht im Fluss mit dem Leben ist, sozusagen gegen eines der kosmischen Gesetze verstößt, kreierst du eine Spannung, die sich in irgendeiner Form als Schmerz zeigt. Das kann ein körperlicher, ein geistiger aber auch ein seelischer sein. Dieser Schmerz ist dazu da, zu erkennen, dass du nicht in der Ordnung bist. Es ist also deine Chance zur Bewusstwerdung.

Erkennst du nun die Wirkung der Tat, also den Schmerz, an, kannst du fühlen, dass es einfach verdammt weh tut, wenn dir beispielsweise deine Kollegin wütend und vorwurfsvoll die vergessene Akte auf deinen Schreibtisch knallt, auf die der Chef schon seit einer Woche wartet. Ignorierst du nun aber die wahre Ursache für das Nichterledigen der Arbeit, also die Tat, und kommst mit dummen Ausreden, anstatt dazu zu stehen, dass du es einfach glatt vergessen hast, musst du auf irgendeine Weise mit der dadurch entstandenen Energie umgehen. Hierbei möchte ich einmal drei verschiedene Möglichkeiten verdeutlichen:

1. Variante:
Du kannst deine Tat mit den Worten »Ach, das ist doch nicht so schlimm, nun tu doch nicht so …!« abwerten und versuchen, dein Gegenüber einzuschüchtern und zu manipulieren.

2. Variante:
Du kannst den Zustand gar ignorieren: »Ich weiß gar nicht, was ihr alle habt …!« und dichtmachen oder die beleidigte Leberwurst spielen. Die anderen sind dann die »Bösen«, dein Feindbild, und du musst dich vor ihnen schützen, weil sie ja wieder einmal grundlos an dir herummeckern.

3. Variante:
Du hast natürlich auch die Möglichkeit, ins Drama zu gehen: »Oh, Gott! Der Chef reißt mir den Kopf ab, ich kann mich da gar nicht mehr blicken lassen!«. Du kannst dich für die nächsten Tage erst einmal krankschreiben lassen, oder du heulst im Büro so lange, bis dir die Kollegen einen Kaffee bringen, dich trösten und niemand mehr es wagt, dich weiter zu kritisieren, weil du sonst nur den ganzen Betrieb aufhältst.

All dies ist verantwortungsloses Umgehen mit der Ursache, also der Tat, die Akte nicht erledigt zu haben. Wenn du glaubst, leiden und eine Strafe erhalten zu müssen und sowieso nie wieder nach einer Gehaltserhöhung fragen zu dürfen, dann kannst du nichts lernen und manövrierst dich zielsicher in deine Opferrolle. Damit erschaffst du dir die böse Welt im Außen, die es ja sowieso nur schlecht mit dir meint. Kennst du das zufällig?

Fassen wir zusammen: Nicht durch den Fehler an sich, also das Nichterledigen der Akte, bauen wir uns Karma auf, sondern durch das Nichtanerkennen der Tat und der daraus resultierenden Wirkung – also durch verantwortungsloses Umgehen damit.

27.2.2 Die Auflösung von Karma

Im Folgenden möchte ich nun zum Mutmachen das Schema anbringen, welches uns verdeutlichen soll, wie wir handeln können, um Fehler als Geschenke zu sehen und uns kein zusätzliches Karma aufzubauen.

Tat

→ Schmerz

→ Anerkennung der Wirkung
→ Erkenntnis der Ursache
→ Tat wertfrei sehen und Schmerz/Schaden fühlen
→ in Verantwortung gehen
→ Reue
→ Beseitigung der Ursache beziehungsweise Annahme der neuen Wirkung
→ **Erkenntnis und Lernerfahrung**

→ Bewusstwerdung, Dankbarkeit, Liebe, Demut
→ *Meisterschaft im Leben, Freiheit*

Erläuterung: Wieder knallt dir vorwurfsvoll die Kollegin die nicht erledigte Akte auf den Schreibtisch. Wieder fühlst du dabei unsägliche Spannung in dir und möchtest am liebsten als Mäuschen im Papierkorb sitzen. Aber diesmal erkennst du die Wirkung an. Du bist dir bewusst, dass deine Kollegin berechtigterweise so wütend ist, weil du einfach etwas vermasselt hast. Das Blut schießt dir in den Kopf, und Adrenalin aktiviert vor Schreck deinen ganzen Körper. Dir fällt ein, wie dein Chef dir vor zwei Wochen persönlich diese Akte in die Hände gegeben hat und dich bat, die Bilanzierung noch einmal zu überprüfen, damit die heutige, in zwei Stunden stattfindende Vorstandssitzung gut vorbereitet ist. Mit treuem Dackelblick und eingezogenen Schultern blickst du ganz schuldbewusst zu deiner Kollegin auf und gibst zu, dass du diese Akte einfach vergessen hast. Du bewertest deine Handlung, deine Tat weder als gut noch schlecht, sondern es ist ein neutraler Fakt: Du hast es vergessen und daran gibt es nichts zu rütteln!

Da du Verantwortung für dein Handeln übernimmst und es tief bereust, wirst du nun Mittel und Wege suchen, diese Sache wieder geraderücken. Vielleicht schaffst du es noch in zwei Stunden, in Absprache mit der Kollegin, die vielleicht sogar Mitleid mit dir hat, weil du so ehrlich bist. Oder du trittst den Gang nach Canossa in die Chefetage an und erzählst von deinem Unglück – natürlich schon mit konstruktiven Vorschlägen in der Tasche, um wenigstens noch das zu retten, was möglich ist.

Wenn wir auf diese Weise in unserer Verantwortung sind, passieren spannenderweise die verrücktesten Sachen: Es kann sein, dass die Sekretärin dir erzählt, dass die Vorstandssitzung verschoben worden ist, oder der Chef total gut drauf ist und dir Zeit gibt bis nach der Sitzung, weil sowieso so viele andere Punkte auf der Tagesordnung stehen, oder er wedelt dir mit der überprüften Bilanzierung entgegen, weil ein anderer Kollege dies schon erledigt hat.

Meine persönliche Erfahrung ist es, dass der Himmel immer nett zu einem ist, wenn wir in unserer Verantwortung sind. Wir sind Menschen, und Fehler gehören zum Leben. Der geglaubte Horror ist immer unser eigener Film – aus Angst, Feigheit und Verantwortungslosigkeit. Derweil kommen wir über Fehler, zu denen wir stehen, in unsere Kraft, Selbstbestimmung und werden frei. In Demut und Dankbarkeit können wir lernen. Denn nie wieder werden wir mit so einer, uns vom Chef persönlich anvertrauten Akte so nachlässig umgehen und sie in der Pause beim Kaffeetrinken jemals wieder neben den Keksen und Wasserflaschen zwei Wochen lang vergessen.

27.2.3 Konstruktive und destruktive Kritik

Wenn wir von Fehlern sprechen, sprechen wir unweigerlich auch von Kritik. Wie wir oben gesehen haben, beginnt das Elend immer erst dann, wenn wir bewerten, verurteilen oder sogar ignorieren. Um erfolgreich medial arbeiten zu können, ist Kritik wichtig. Allerdings gilt es sie konstruktiv anzubringen, sei es nun

- für andere, wenn du in einer Gruppe übst oder
- dir selbst gegenüber.

Konstruktive Kritik heißt, objektiv zu bleiben, neutral. Dir wertfrei deine oder die Taten der anderen und deren Wirkungen anzuschauen. Das ist beim medialen Arbeiten sehr wichtig. Jemanden konstruktiv zu kritisieren, ist ein Wegbereiten und Handreichen, um zu zeigen, wie es besser, schneller, einfacher oder einfach anders geht. Es geschieht in Liebe.

Destruktive Kritik hingegen möchte ich mit »Meckern« gleichsetzen. Jemanden oder auch sich selbst heruntersetzen, erniedrigen und verurteilen. Dabei kann inhaltlich auch an der Kritik »etwas dran sein«, aber wie heißt es so schön? Der Ton macht die Musik!

Wenn wir Lernende sind, machen wir Fehler. Da wir das ganze Leben Lernende sind, gehören Fehler also zu unserem Alltag. Stürzen wir uns also rein ins Vergnügen und nehmen uns und unsere Fehler in Liebe an! Wenn wir uns verurteilen, gar bestrafen für unsere Fehler, erstarren wir irgendwann. Oft wollen Menschen gar nicht bei sich die Fehler sehen und lenken ab, um die Fehler bei anderen zu suchen. Es ist ihnen eine Genugtuung, dass die anderen auch nicht besser sind als sie. Oder sie werten sie gleich ab. Menschen, die ein wenig bewusster sind, sehen schon die Fehler bei sich, aber werten sich ab. Gewöhnlich hören wir dann »Ich blöde Kuh!« oder »Ich dummes Schaf!« oder ähnliche Betitelungen aus der Tierwelt oder anderen Bereichen. Durch destruktive Kritik kommt es zur inneren Spaltung auf Dauer.

Um erfolgreich medial zu üben und dabei auch gesund kritisch sein zu können, möchte ich zum Schluss von einem kleinen Trick erzählen, auf den ich einmal gekommen bin und den ich schon jahrelang erfolgreich anwende: Wenn ich einen Fehler gemacht habe, den ich erkenne, dann ärgere ich mich nicht darüber, sondern lobe mich dafür, dass ich ihn erkannt habe und nun nicht mehr tun muss. Klingt gut, was? Funktioniert auch!

27.3 Verschiedene Realitäten

Interessant zum Thema Fehler, Missverständnisse und Kritik ist der Aspekt verschiedener Realitäten. Allerdings ist dies ein so komplexes Thema, dass ich es hier nur der Vollständigkeit halber anschneiden möchte.

Oft beobachte ich, wie Missverständnisse zwischen Menschen entstehen, weil sie sich in jeweils anderen Realitäten befinden. Vielleicht kennst du es: Du sagst etwas und hast das Gefühl, dein Gegenüber antwortet überhaupt nicht darauf, sondern redet von etwas ganz anderem. Wie man so schön sagt, der eine sagt A und der andere versteht Z. Was hat dieses Thema nun mit Medialität zu tun?

Dazu ein Beispiel aus meiner medialen Trainingsgruppe. Manchmal gebe ich allen dieselbe Aufgabe, eine Botschaft zu einem bestimmten Thema zu empfangen. Jeder empfängt je nach Entwicklungsstufe etwas anderes, weil er nach dem Gesetz der Resonanz in seiner eigenen Realität ist beziehungsweise sich diese selbst erschaffen hat. Somit kann bei dieser Übung auch jede Person an der empfangenen Botschaft erkennen, wo sie gerade steht. Manchmal sind es innerhalb einer Gruppe und Aufgabe so unterschiedliche, ja fast inhaltlich entgegengesetzte Botschaften, dass man meinen könnte, es seien andere Aufgaben gestellt worden. So hat jeder Mensch seine eigene Wahrheit! Das mag ein wenig merkwürdig klingen, ist aber immer und immer die Ursache für Streit und Machtmissbrauch im Leben. Wenn dies nicht so wäre, bräuchten wir keine Richter und Gerichte. Somit sind wir auch beim medialen Empfangen oft nicht ganz frei von unserer eigenen Färbung und eigenen Wahrheit in den Botschaften.

Wenn du dich bei diesem Thema sehr angesprochen fühlst, solltest du noch einmal das Kapitel 26 »*Wichtige Aspekte beim Anwenden der AKHESY®-Technik*« im Teil V des Buches studieren, da diese Aspekte eng miteinander verknüpft sind.

28. Medialität und gelebtes Wissen

In diesem umfangreichen Kapitel möchte ich einen kurzen Überblick erstellen, wie mediale Fähigkeiten praktisch selber im Alltag – im Beruf und in der Freizeit – angewendet werden können, um sie in das persönliche Leben mit allen Höhen und Tiefen zu integrieren.

Ich habe die Anwendung der Fähigkeiten auf vier große Lebensbereiche bezogen, die genau genommen fast alles umfassen:

1. *Medialität und Alltag*
2. *Medialität und Heilung*
3. *Medialität und Kreativität*
4. *Medialität und Bewusstsein*

Mit dem Werkzeug der Medialität und der im Buch beschriebenen Technik haben wir ein gewaltiges Werkzeug in der Hand, mit dem wir aktiv unser Leben gestalten können, wenn wir das wollen. **Diese vier genannten Bereiche sind Schlüssel.**

Eigentlich stimmt die Reihenfolge so nicht wirklich, für die meisten Leser/innen ist es aber so am greifbarsten. Den Alltag haben wir alle zu bewältigen, heil wollen wir auch werden und dann wagen wir uns vielleicht auch an unsere Kreativität. Dass wir damit bewusstseinserweiternde Erfahrungen machen können, »ist ja auch ganz nett …«.

In einem Café lauschte ich einmal unbeabsichtigt einem Gespräch von zwei Frauen, in dem die eine sagte: »Na ja, mit der Bewusstwerdung ist das ja so eine Sache. Also ein bisschen bewusster möchte ich ja schon sein, aber nicht zu viel. Das ist ja anstrengend, denn da kriege ich ja dann so alles mit, das will ich gar nicht.«

Dieser Dialog der beiden Frauen hat mich zum Nachdenken angeregt. Das Gespräch inspirierte mich zu meiner methodischen Vermittlung von Wissen, ohne die Menschen mit der Wahrheit gleich abzuschrecken.

Genau genommen ist unser erster Schlüssel immer unsere Kreativität. Jedes Kind greift spontan zum Stift, singt oder bastelt irgendetwas aus unterschiedlichen Materialien, was es eben gerade so findet. Sich auszudrücken, zu schöpfen ist des Menschen ureigenster Drang. Aber durch gesellschaftliche Konditionierungen und Be- und Verurteilungen ist bei vielen Menschen die Kreativität verschüttet. Sie ist deshalb der erste Schlüssel, weil sie eine Verbindung zu unserem Herzen schafft. »Wo gesungen wird, da lass dich nieder – böse Menschen kennen keine Lieder!« Dieses Sprichwort verkörpert in einfachen Worten den Sinn auf seine Weise. Über die Kreativität bekommen wir wieder den Zugang zu unserem Gefühl, werden wieder lebendig.

Ich bin selbst aus tiefster Seele Künstlerin und weiß um die Kraft der Kreativität. *Mit dem Zulassen der Kreativität geht das Bewusstsein einher.* Wachheit, Aufmerksamkeit in den Dingen im Außen wie im Innen in uns und in anderen sind die Voraussetzung für ein glückliches Leben. Der innere und äußere Prozess, der durch die Kreativität in Gang gesetzt wird, will nun verarbeitet und integriert werden. Dazu dient uns als zweiter Schlüssel unser Bewusstsein.

Der dritte Schlüssel ist der Prozess der Heilung, die nun einsetzen kann. Ohne Bewusstsein kann nie Heilung entstehen. Das ist ja oft das Problem in der Schulmedizin. Wenn Symptome behandelt werden und Behandlungen durchgeführt werden, können Symptome unterdrückt werden und oberflächlich gesehen kann Besserung eintreten. Aber allumfassende Heilung kann nur bei aktiver Mitarbeit und einem tiefen Verständnis über die Botschaft des Körpers durch die Symptome geschehen. Somit ist Heilung die wunderbare Folge von Selbstausdruck, Kreativität und immer weiterer Bewusstwerdung.

Den Alltag nun unter diesen neuen Voraussetzungen zu bewältigen, das ergibt sich nun wie von selbst. Es ist eigentlich kein Schlüssel mehr, sondern das Ernten der reifen Früchte. Aber trotzdem fange ich mit dem Alltag an, um mit vertrauten Dingen zu beginnen. Wir steigern uns also.

28.1 Medialität und Alltag

Medialität kann als praktische Lebenshilfe in jeder privaten sowie auch beruflichen Situation genutzt werden. Die Technik zu verwenden hilft uns, Situationen, Beziehungen, Lebens- und Arbeitsumstände zu klären. Wir können uns dadurch sicher und hilfreich im Beruf wie auch im Privatleben führen lassen und diese Fähigkeit als hilfreiche Unterstützung nutzen. In wirklich allen Lebenslagen kann uns die Fähigkeit der Medialität dienlich sein, unser Leben bewusst und glücklich zu gestalten und nicht mehr Opfer, sondern Schöpfer/in unseres Lebens zu werden.

28.1.1 Der innere Berater

Es ist hilfreich, sich einen inneren Berater für alle Lebenslagen zu erschaffen. Den Helfer für alle Fälle sozusagen. Es kann natürlich auch immer ein weibliches Wesen sein. Genau genommen müsste es ***das*** »Berater« heißen, denn die geistige, feinstoffliche Form ist immer sächlich, da der weibliche und männliche Teil integriert ist. So ist auch Gott nicht männlich, sondern beinhaltet die Göttin und den Gott. Es ist mir wichtig, diese Tatsache an dieser Stelle zu erwähnen, damit es bei meinen Leserinnen und auch Lesern keine Missverständnisse gibt. Da unsere Sprache aber leider noch nicht so weit reformiert ist, ist die männliche Form im Sprachgebrauch üblich und ich werde sie hierbei auch anwenden, um mir das lästige und auch stilistisch weniger anspruchsvolle »/in« im weiteren Textverlauf zu ersparen.

Zurück zur geistigen Beratung: Der Berater kann viele Gesichter haben, du kannst ihn dir vom Kosmos bestellen und er ist universell einsetzbar. So kann es ein Beziehungsengel in schwierigen Zeiten der Ehe oder der Beziehung sein oder ein Erziehungsengel, der den Eltern praktische Tipps zur Kindererziehung vermittelt oder der völlig gestressten Mutter Unterstützung und Energie sendet. Wir können genauso einen Wetterfrosch einfordern, der uns Tipps für das Wetter gibt und Hinweise für die richtige Bekleidung, wenn wir das Haus verlassen. Der Berufsschutzengel ist nicht unbekannt, ein Lichtwesen, welches für jeweils spezielle Berufsgruppen zuständig ist und liebevoll über die arbeitenden Menschen wacht. Auch da können wir Hilfe und Unterstützung einfordern, sei es, wenn wir fachlich gefordert sind oder beim Umgang mit unseren Kollegen oder dem Chef.

Gehen wir auf Reisen, ist ein innerer Berater auch sehr hilfreich: Beim Autofahren, beim Waldspaziergang oder bei langen Zugfahrten, wo doch so mancher Hinweis beim Umsteigen oder Noch-Erreichen des Anschlusses von der geistigen Welt nützlich sein kann. Ein kosmischer Koch, so nenne ich ihn, ist auch nicht zu verachten. Ich koche sehr gerne und lasse mir gerne mal ausgefallene Kreationen oder originelle Gerichte diktieren. Manchmal koche ich auch medial »wild drauflos« und bin neugierig, welches Gericht entsteht.

Falls dir der direkte Kontakt mit deinen geistigen Freunden schwerfällt und du noch Übung darin brauchst, kann das Arbeiten mit Orakeln, beispielsweise dem I Ging oder verschiedenen Arten von Tarotkarten, dabei eine Übersetzungshilfe sein. Gute Kartenleger/innen sind ohne Frage Menschen, die medial arbeiten. Auch dazu oder zum Pendeln gibt es mehrere und ausführliche Anleitungen in meinem zweiten Buch.

Zu guter Letzt ist das Pendel ebenfalls eine gute Unterstützung beim Wahrnehmen von Energien und zur Klärung von Belangen. Allerdings sollten wir immer eine gesunde Mischung aus unserem eigenen Instinkt und unserer Medialität haben, um nicht Opfer unserer eigenen Medialität zu werden. *(Vergleiche dazu das Kapitel 20 »Opfer der eigenen Medialität« in Teil IV des Buches.)* Fragen wir also nicht das Pendel, welchen Pullover wir morgens anziehen sollen, sondern fühlen lieber, welche Farbe und welches Material uns gerade behagt und zu unserer Stimmung passt. Sonst geben wir unseren Willen auf und gehen statt *in* eher *aus* unserer Verantwortung.

28.2 Medialität und Heilung

Wenn wir an Heilung denken, denken wir auch an heilende Energien. Richtig! Und das Reiki-System der natürlichen Heilung kommt uns in den Sinn. Heilende Energien zu leiten heißt, sie durch den Körper des Heilers oder der Heilerin zu kanalisieren. Demzufolge ist jeder Heiler, der mit Energieübertragungen arbeitet, egal, wie er die Energien benennt, Energiekanal und Medium.

Weiter dient uns die Medialität zur Entfaltung unseres Lichtkörpers, der Erweiterung unserer Aura und der Reifung unserer feinstofflichen Körper. Um verstärkt in diesen heilenden Prozess zu kommen, können wir uns unseren inneren Therapeuten, Heiler und Arzt erschaffen beziehungsweise herbeirufen.

28.2.1 Der innere Therapeut

Es ist sehr inspirierend, sich einen so genannten inneren Therapeuten zu erschaffen, mit dem wir medial in Kommunikation stehen. Damit müssen wir nicht erst beim Therapeuten im Außen einen Termin machen – und die haben oft monatelange Wartezeiten –, sondern können unsere Sitzung sofort auf der Stelle nach Bedarf absolvieren. Die geistigen Helfer warten alle nur darauf, dass wir sie um Unterstützung bitten, und stellen sich gerne auch für diese Aufgabe zur Verfügung. Damit hast du einen Freund und Wegbegleiter zur Seite, der dir in allen geistigen und seelischen Angelegenheiten mit Rat und Tat zur Seite steht. Es ist ratsam, deine Therapeuten auch regelmäßig zu besuchen und mit ihnen verbindliche Termine zu vereinbaren, damit verstärkt sich die heilende Wirkung.

Ebenso kannst du über sie oder ein anderes Lichtwesen Kontakt zu verstorbenen Angehörigen herstellen. Solche Kontakte sind sehr heilsam und helfen, Ungeklärtes oder Unausgesprochenes in Fluss zu bringen und aufzulösen. Als Trauerbegleitung kann dir ein Lichtwesen, welches du medial kontaktierst, viel Heilung und Unterstützung zur Bewältigung deines Schmerzes bringen. Allerdings bedarf es großer Übung, und durch den persönlichen Schmerz ist es manchmal ratsamer, Dritte zu Rate zu ziehen. Heilende Energie und Kraft in Form von verschiedenen Energieformen und -farben kannst du aber unabhängig davon jederzeit erbitten.

28.2.2 Der innere Arzt und Heiler

Im vorangegangenen Abschnitt sprachen wir von der geistig-seelischen Fürsorge, nun wollen wir uns der körperlichen widmen.

Genauso, wie wir in der Lage sind, geistige Therapeuten zu kontaktieren, ist es möglich, uns Lichtwesen herbeizurufen, welche uns in gesundheitlichen Fragen beraten und begleiten. Regelrechte Gesundheitschecks können wir von ihnen durchführen lassen. Und das alles ohne Abrechnung bei der Krankenkasse! Genial, was?

So könnte auch Folgendes passieren: Du bist mit Freunden ausgegangen und willst gerade deinen dritten Cocktail bestellen. Plötzlich ermahnt dich eine liebevolle Stimme aus der geistigen Welt, dass die zwei Cocktails doch ausreichend seien. Oder du steuerst im Küchenschrank gerade auf die leckere Pralinenschachtel zu und ein nettes Stimmchen bemerkt, dass doch das Studentenfutter zum gemütlichen Fernsehabend gerade hilfreicher für dich sei! Es purzelt dir regelrecht im Schrank entgegen, wogegen sich die Pralinen komischerweise fast im Schrankfach verhakt haben, neben dem Rest der Schokolade und den Waffeln.

Wichtig ist dabei zu verstehen, dass dies nur geschehen kann, wenn du es auch willst, wenn du offen dafür bist. Das ist einzig deine freie Entscheidung, gesundheitlich eine Unterstützung zu erhalten. *Sonst könnte und würde dies nie geschehen!* Denn kein Lichtwesen des ganzen Kosmos, welches uns gut gesonnen ist, würde dir jemals vorschreiben wollen, was du zu tun und zu lassen hast und erst recht nicht, was du essen sollst. Und auch wenn du den inneren Draht aufgebaut hast und einen Heiler oder Arzt aus der geistigen Welt konsultierst, ist es natürlich dein gutes Recht, die Pralinen trotzdem zu essen oder nach dem vierten Cocktail, von deinen Freunden gestützt, nach Hause zu schwanken und am Morgen mit einem Dröhnschädel aufzuwachen. Erinnere dich! Du hast einen freien Willen und bist auf der Welt dazu da, um alles und natürlich auch dich auszuprobieren. So geht es also nicht darum, dich zum Opfer deiner eigenen Medialität zu machen – du entscheidest selbst!

Wie beim inneren Therapeuten ist es auch beim inneren Arzt oder Heiler ratsam, sich mit ihm regelmäßig zu treffen, um wirkungsvoll miteinander arbeiten zu können. So kannst du Heilsessions erhalten, indem du mit verschiedenem heilenden Licht oder unterschiedlicher, für dich individuell aufbereiteter Energie aufgetankt oder vitalisiert wirst. Natürlich kannst du auch anderen als Kanal dienen und heilende kosmische Energie auf sie übertragen. Das bekannte Usui-Reiki-System ist ein solches Heilsystem, bei dem kosmische Lebensenergie durch einen Menschen hindurch auf einen anderen übertragen wird.

Ebenso gibt es Geistheiler, die energetische Operationen durchführen. Geistwesen führen die Operation, und das betreffende Medium führt präzise die Anweisungen aus. Manchmal sind diese Medien in Trance und können sich nicht wirklich an das erinnern, was sie gemacht haben. Wenn ich nicht solch eine Operation mit eigenen Augen bei meiner Freundin gesehen und miterlebt hätte, würde ich es schwer glauben.

Solch ein Arbeiten ist aber nicht das Endziel der medialen Arbeit. Es ist für einige Menschen, die als Medium dieser chirurgischen Tätigkeit nachgehen, mit einem Lernthema verknüpft. Es ist ihr Weg. Für sie kann es beispielsweise ein Thema des bedingungslosen Dienens, des Sich-Beugens sein. Warum ich das Thema des energetischen Operierens und Heilens aber angeführt habe, hat den Grund, dass ich die Palette vervollständigen will, die zum medialen Heilen gehört.

Wir sollten uns immer bewusst sein, dass der Sinn medialer Arbeit nicht darin liegt, uns willenlos einem Geistwesen hinzugeben, sondern in unsere Selbstbestimmung und Eigenverantwortung zu kommen.

28.3 Medialität und Kreativität

Medialität und Kreativität sind zwei untrennbare Begriffe. Viele Künstler äußerten, dass sie sich ihr Werk nicht selbst ausgedacht, sondern es nur aufgeschrieben haben, wie zum Beispiel Goethe oder Puccini. Kreativ sein heißt medial sein. Es gibt diesen schönen Begriff: »von der Muse geküsst werden«, womit gemeint ist, auf die Eingebung zu warten, denn erst dann kann der Künstler tätig sein.

In dem Wort Eingebung wird uns schon deutlich, dass es etwas von außen Geschicktes ist, etwas, das uns eingegeben wird im wahrsten Sinne des Wortes. Noch interessanter aber ist das Wort *»Kreativität«* oder *»kreieren«*. Selbst kreieren heißt schöpfen, so wie wir es heute in der Verwendung kennen und ist dem Französischen entlehnt. Aber die ursprüngliche Form des Wortes kommt aus dem Lateinischen und ist abgeleitet von *creare*. *Creare* heißt übersetzt auswählen! Sagt das nicht schon alles? Wir wählen aus dem kosmischen Angebot aus, treffen unsere Wahl und empfangen diese. Genauso steht es mit der Idee oder dem Einfall. Wir warten, bis uns etwas eingefallen ist.

Kreativität wird oft nur mit Kunst gleichgesetzt, aber müssen wir nicht oft im Alltag kreativ sein, wenn uns der Senf ausgegangen ist, oder der Drucker nicht mehr so will wie wir, oder wenn unser Chef uns Unmögliches kurz vor Feierabend abverlangt? Deshalb ist Kreativität der eigentliche Schlüssel zu allem, bei der Kindererziehung, der Ferienplanung, dem Verlegen der neuen Badfliesen und unendlich vielem mehr. Wählen wir aus der Fülle des kosmischen Angebotes aus!

28.3.1 Der innere Künstler

Damit unsere Kreativität fließen kann, ist es sehr hilfreich, Kontakte zu Lichtwesen zu schaffen, die uns in unserer Schöpferkraft unterstützen. Da Kreativität in allen Lebensbereichen eine Rolle spielt, nicht nur bei professionellen Künstlern, möchte ich die praktische mediale Anwendung nicht in unterschiedliche Berufsgruppen trennen. Denn auch ein

Bankangestellter, ein Gärtner oder Steuerberater muss auf seine Weise in seiner Arbeit sehr kreativ sein. Ich möchte das Phänomen der Medialität in seinem Erscheinungsbild vorweg aber sehr gerne an verschiedenen künstlerischen Berufen verdeutlichen.

So berichten beispielsweise Musiker, wie sie in Konzerten ihr Instrument eigentlich gar nicht mehr spielen, sondern dass es sich wie von selbst spielt, und ihre Finger wie von Geisterhand über ihr Instrument geführt werden. Eine Sängerin erzählte mir, wie ihr ganzer Körper von kosmischer heilender Energie durchströmt wird und diese sich in ihrem Körper dann in Töne umformt, die dann aus ihr hervorquellen. Sie meint, dass sie sich regelrecht beim Gesang auflöst und selber zu diesen wechselnden Tönen wird. Im Nachhinein fühlt sie sich immer wie gereinigt und neu zusammengesetzt. Gute Schauspieler klinken sich in die Gitternetze ein, also in das Energiefeld des gespielten Stückes, und lösen sich in der Rolle auf. Auch das ist mediales Arbeiten. Dasselbe Prinzip oder auch Phänomen existiert bei Familienaufstellungen und der systemischen Aufstellung generell. Tänzer haben oft das Gefühl, bei einem Auftritt wie von Engeln über die Bühne getragen, beziehungsweise gehoben zu werden – auch wenn sie nach der Vorstellung ihre Gelenke mit Eis kühlen müssen.

Wenn wir das entsprechende Handwerk beherrschen, welches ja auch immer eine Voraussetzung für künstlerisches Schaffen sowie auch für mediales Arbeiten ist und welches uns Demut, Disziplin und Hingabe gelehrt hat, können wir uns an den Kosmos anschließen. Wir werden dann geführt, sodass wir uns nur hingeben und mitgehen müssen und geschehen lassen können. Wenn wir kontrollieren wollen, dann versiegt die Quelle der Inspiration und wir stehen wieder alleine da, und die Einfälle können uns nicht mehr erreichen.

Im Privaten kann der innere Künstler, das Lichtwesen, welches uns inspiriert und auch initiiert, behilflich sein bei der Findung unseres Selbstausdruckes, sei es durch Basteln, Malen, Singen (und wenn es nur in der Badewanne ist) oder dem Rollenspiel mit unseren Kindern – böse Hexen sind immer sehr beliebt, sie regen die Phantasie an. Jetzt könnte berechtigterweise die Frage auftauchen, wie das denn zusammenpasst: Das Finden des eigenen Ausdruckes mit dem Sich-führen-lassen von der geistigen Welt?

Gute Frage, aber auf die gibt es auch eine einfache Antwort: Das Gesetz der Resonanz spielt hier wieder einmal eine Rolle. So können wir nur das empfangen, wofür wir offen sind, was in uns steckt. Insofern hilft uns die Kreativität und damit alle empfangenen Bilder, Ideen, Projekte, uns selbst zu erkennen. Damit werden sie also regelrecht aus uns herausgekitzelt!

Die Medialität in Anwendung im Bereich Kreativität ist also das Brennglas, die Lupe, um zu begreifen, wer wir sind und was alles in uns steckt. Ist damit die Kreativität nicht ein kraftvoller Schlüssel zur inneren Heilung und Selbsterkenntnis? Also: schnell einen Kreativitätsengel herbeirufen und sich ins Vergnügen stürzen!

28.3.2 Das innere Kind

Ziemlich gleichbedeutend mit der Kreativität ist die Heilung unseres inneren Kindes. Das meint das Kleine in uns, das Phantasievolle, das Kreative, das Unlogische – welches aber dafür voller Vertrauen, Unschuld und Güte ist.

Gerade Kinder nehmen noch Energiewesen und Engel sehr stark wahr. So haben sie ihre geistigen Freunde, mit denen sie sich austauschen, zusammen spielen und sich amüsieren – aber auch Rat und Trost suchen, wenn etwas nicht so ist, wie sie es gerne hätten.

Eine ehemalige Kollegin von mir klagte eine Zeitlang immer darüber, dass sie nichts mit ihrem Sohn wirklich alleine besprechen könne. Alles müsse er immer erst mit seinen Freunden, den weißen Hunden, absprechen. Mein älterer Sohn lag als Fünfjähriger beim »Gute-Nacht-Sagen« immer ganz dicht an die eine Seite des Bettes gedrängt, und sein kleines Kissen lag auffälligerweise immer neben seinem Kopf auf der anderen Seite. Ich beobachtete es einige Wochen und fragte ihn dann, ob dies einen Grund habe. Er erklärte mir ganz bedeutungsvoll, dass er immer für den Engel schon mal Platz macht, der sich dann, wenn ich aus dem Zimmer gehe, neben ihn hinlegt. Der schläft dann mit ihm ein und wacht über ihn die ganze Nacht. Klingt das nicht schön? Es ist aber kein Märchen, es ist Realität! Leider verliert sich diese Eigenschaft und natürliche Fähigkeit der Medialität meistens mit dem Eintritt in die Schule, da dann das Rationale gefördert wird und das Emotionale in den Hintergrund tritt.

Wenn wir uns also wieder besinnen, dass diese Sachen alle real sind, unserer Ratio auch ein wenig Pause gönnen und dem Spielerischen in uns, mit seiner bunten Welt wie bei Peter Pan, freien Lauf lassen, kann das Kind in uns heilen. »Werdet wie die Kinder!«, sagte Jesus und meinte genau diese verspielte Unschuld damit. Wenn das innere Kind geheilt ist, es wieder spielen, lachen, albern und Blödsinn machen darf, dann kann auch der oder die Große in uns heilen und kann den Anforderungen, die an ihn oder sie gestellt werden, gerecht werden.

28.4 Medialität und Bewusstsein

Die Medialität als Werkzeug zur eigenen Bewusstwerdung zu benutzen ist eine brillante Sache. Nach dem Gesetz der Resonanz, wie schon im Kapitel 16 »*Das Gesetz der Resonanz*« in Teil IV des Buches erklärt, empfangen wir ja immer ein bisschen mehr, als unser eigener Resonanzboden hergibt. Das ist das große Geschenk des Kosmos an uns beim medialen Arbeiten – der Ausgleich. Damit haben wir die Möglichkeit, uns geistig-spirituell weiterzuentwickeln, über die kosmischen Zusammenhänge und über uns selbst immens viel dazuzulernen und unser Bewusstsein zu erweitern, um innerlich frei zu werden.

Wir können uns von der geistigen Welt unterrichten lassen, als ob wir in die Schule gehen würden. Wenn wir den Stand unserer medialen Fähigkeiten erreicht haben, dass wir auf der kausalen und spirituellen Ebene medial arbeiten können, ist es ein großartiges Geschenk, liebevolle geistige Lehrer und Meister zu haben, die uns führen.

28.4.1 Der innere Lehrer

Ähnlich dem inneren Berater in allen Lebenslagen können wir uns einen inneren Lehrer »zulegen«, der uns in allen Fragen unseres geistig-spirituellen Wachstums leitet und unterstützt. Er kann dich auf allen spirituellen Gebieten unterrichten und dir Zusammenhänge erklären, die du vielleicht zuvor noch nie gesehen hast.

Wie du es aus deiner Kindheit von der Schule her kennst, ist es üblich, regelmäßig in die Schule zu gehen und nicht nur sporadisch, damit du wirklich etwas lernen kannst. Genauso solltest du mit einem Lehrer aus der geistigen Welt verfahren, mit ihm regelmäßige Unterweisungen vereinbaren und natürlich dann auch einhalten, wenn du ernsthaft etwas lernen möchtest. Dazu ist es sehr hilfreich, eine Art Hausaufgabenheft zu führen, in dem du die dir aufgetragenen Übungen festhalten kannst, damit sie nach der Sitzung nicht in Vergessenheit geraten. Es lohnt sich, diese Hausaufgabenhefte aufzuheben. Ich habe unzählige davon. Nach etwa

20 Jahren darin herumzublättern, ist hochinteressant, weil du dann deine ehemaligen Entwicklungsschritte von einer ganz anderen Perspektive aus nachvollziehen und verstehen kannst. Es ist sehr bereichernd.

Aber genauso wie der innere Arzt oder Heiler kann dich der Lehrer im Alltag auf besondere Themen hinweisen, dich auf Wunsch ermahnen und dir im Tun Zusammenhänge erklären.

Ein spiritueller Lehrer ist immer die Vorbereitung auf einen Meister, sei er nun in der feinstofflichen Welt oder in der Materie. Das ist gekoppelt an dein Bewusstsein und deinem Wunsch nach Entwicklung.

28.4.2 Der innere Meister

Der Unterschied zwischen dem geistig-spirituellen Lehrer und dem Meister ist ein scheinbar kleiner, aber sehr bedeutender. Dieser Unterschied gilt im Leben in der Dreidimensionalität, also hier auf der Erde genauso wie in der feinstofflichen Welt.

Ein Meister ist ein Initiator, er muss nichts mehr erklären und lehren wie ein Lehrer – er lebt dieses Wissen. Er ist Vorbild und Wegbereiter zugleich. Er kann dir helfen, aus deinem Schlaf aufzuwachen, dir Unterstützung in der Meditation geben und dich wie durch einen Zen-Schlag ermahnen, wenn du unaufmerksam und nicht bei der Sache bist. Er kann dich in innere Bewusstseinszustände führen, in denen du Einblicke in deine vergangenen Leben bekommst, um zu erkennen, wie du beziehungsweise unter welchen Umständen und mit welchen Personen du schon gelebt hast. Das hilft dir bei der inneren Frage, wer du wirklich bist und wer du alles schon warst, mit dem Ziel, dich selber zu erkennen und alte, dich hemmende Verhaltensmuster aufzulösen. Ein wahrer Meister bindet dich nicht an sich, sondern zeigt dir den Weg in die Freiheit. In deine innere Freiheit.

Er vermittelt gelebtes Wissen. Ein Lehrer muss das, was er lehrt, nicht unbedingt leben. Schön ist es, wenn dies so ist, aber es gibt gerade Lehrer, die selber ziemliche Theoretiker und lebensunpraktisch sind. Ein Meister nährt seine Schüler durch seine Präsenz, er ist pures SEIN. Er lehrt nicht mehr durch Worte, sondern mit dem Herzen, seiner Ausstrahlung. Wenn du dich jemals in der Nähe eines wahren Meisters aufgehalten hast und auch offen dafür warst, kannst du seine unendliche Klarheit, seine alles durchströmende Liebe und seine Demut dem Universum gegenüber spüren. Es sind in so einer Begegnung keine Worte mehr nötig. Die göttliche Liebe selbst durchströmt ihn und hüllt dich in seiner Gegenwart mit ein.

Ich selbst machte mich vor circa zwanzig Jahren auf die Suche nach meinem spirituellen Meister und spüre bis heute seine liebevolle Präsenz, auch wenn er längst nicht mehr im Körper weilt. An seiner Grabstätte steht ein wunderschöner Spruch, der mich immer wieder berührt. Einen Teil davon möchte ich hier zitieren:

»… never born – never died …«

Das ist die Essenz eines Meisters – er IST! … nie geboren – nie gestorben … Er existiert weiter, weil seine Präsenz seinen Körper überlebt. Und so sind die Übergänge zu einem Meister im Körper oder einem Meister in der feinstofflichen Ebene ziemlich fließend. Es heißt, man wird von einem Meister gerufen. So war es auch bei mir. Ich habe unzählige Initiierungen auf mediale Weise erhalten. Es waren berührende Momente in meinem Leben. Einen Meister kann man nicht einfach bestellen. Man muss abwarten, bis die Zeit reif ist. Wenn du ihn dir aber wünschst, weil du dich danach sehnst, eine spirituelle Führung und Initiation von ihm zu erhalten, wenn du offen bist für die Liebe, die Klarheit, Wahrheit und Wachheit, dann kann er kommen. Wenn du glaubst, dass dieses Erlebnis etwas ganz Spektakuläres ist, dann sei vorsichtig! Einen wahren Meister findest du unauffällig in der Stille. Wenn du nicht offen dafür bist, kannst du glatt an ihm vorbeilaufen, ohne ihn zu bemerken.

28.4.3 Die Verbindung zu Gott

Ziel von uns Menschen ist es zu begreifen, dass wir alle in das Göttliche eingebunden sind – ein Teil Gottes sind, ein Teil des großen göttlichen Planes. Wir kommen sozusagen aus dem Göttlichen und verschmelzen irgendwann am Ende des großen Kreislaufes mit einem höheren Bewusstsein wieder mit dem Göttlichen.

Je wacher wir sind, desto mehr entwickelt sich unser Bewusstsein zum Göttlichen selbst. Dann können wir einen eigenen Kontakt zum Göttlichen, zu Gott, dem männlichen Prinzip, und genauso zur Göttin, dem weiblichen Prinzip, herstellen. Damit brauchen wir keine Menschen als Zwischenboten mehr, welche uns diese Verbindung näherbringen. Solch ein Näherbringen ist der eigentliche Beruf eines Priesters und

Pfarrers oder einer Pfarrerin in der damaligen wie heutigen Zeit. Sie wirken als Medien für die Menschen, denen der direkte Kontakt zum Göttlichen alleine schwerfällt. Es ist ein sehr wertvoller Beruf, der den Menschen hilft, die Augen zu öffnen für mehr Bewusstsein, mehr Respekt und Dankbarkeit, ihr Herz zu öffnen und die allumfassende Liebe im Kosmos zu fühlen. Solche Menschen üben einen sehr wichtigen Beruf für die gesamte kollektive Entwicklung der Menschheitsgeschichte aus. Sie spielten schon immer eine große Rolle, sei es als Druiden, Schamanen, weise Kräuterfrauen, atlantische Priesterinnen, Tempeldienerinnen, Medizinmänner oder indianische Krieger.

In unseren Breitengraden war und ist die Kirche die Institution, die den Menschen Obdach, Zuflucht, aber auch Weisheit, Heilung und göttliche Segnung gebracht hat und eine dauernde Möglichkeit geboten hat, mit dem Göttlichen Kontakt aufzunehmen. Schade, dass sie im Laufe der Geschichte immer wieder ihre eigentliche Funktion verloren hat. Die Kirche war politisches Machtmittel. Vergessen war zeitweise der eigentliche Sinn – nur dogmatische Riten, die eher den Menschen geschadet haben, anstatt ihnen ihre Herzen zu öffnen. Aber diese unerlöste Form gibt es überall, sie gehört zum Leben. Immer wieder haben tapfere Menschen ihre Ideale durchgesetzt, ihr Leben aufs Spiel gesetzt für den Glauben, für Menschlichkeit, und mit ihren Gebeten und Taten Großes erreicht.

Mein Großvater war selbst Pfarrer und hat sich zur Nazizeit entschieden dagegen gewehrt, dass Kirche mit Politik verknüpft wird. Es hat ihn das Leben gekostet. Mittlerweile habe ich den Eindruck, dass Kirche wieder selbstständig eine neue Form bekommt, dem Eigentlichen, Ursprünglichen entsprechend – ein wahres Gotteshaus, Kirche wirklich in der erlösten Form. Bedauerlich ist, dass Kirchen als Gotteshäuser nicht alle täglich zum Gebet geöffnet sind.

Ich kenne durchaus viele gute Pfarrer und Pfarrerinnen, bei denen es eine Freude ist, zuzusehen und natürlich auch mitzuerleben, wenn sie die Gemeinde segnen. Gerade das Segnen ist pure mediale Arbeit. Ihre Aura strahlt dann golden, und strahlend weißes göttliches Licht strömt durch ihr Kronenchakra. Durch ihre Handchakren geben sie dieses Licht liebevoll und anrührend an die Gemeinde weiter. Solche Erlebnisse sind für mich immer berührend und ich freue mich über diese wertvolle Arbeit dieser Menschen.

Fazit

Wie du nun erfahren hast, bietet das Werkzeug der Medialität nahezu unerschöpfliche Möglichkeiten, in allen Lebensbereichen damit zu arbeiten beziehungsweise sie sich zunutze zu machen. Die Übersicht in diesem Buch ist nur ein kurzer Einblick zur Verdeutlichung. Das »Arbeits- und Übungsbuch der Medialität und Hellsichtigkeit« dient ausschließlich dazu, diese Themen noch viel ausführlicher zu behandeln. Neben unzähligen konkreten Übungen folgen genaue Anleitungen zur Kontaktherstellung, Meditationen und unterschiedliche weiterführende Techniken. Es ist ein praktisches Handbuch, welches täglich benutzt werden kann und gut strukturiert nach den einzelnen anwendbaren Bereichen gegliedert ist.

29. Es ist noch kein Meister vom Himmel gefallen

Bestimmt möchtest du nun gleich anfangen und hast vielleicht einige Kapitel nur überflogen, um dir die für dich wichtige Essenz herauszunehmen. Die Wissbegier und Freude am Lernen ist wunderschön. Aber wir sollten nichts übereilen. Um wirklich verlässlich und gewissenhaft als Medium arbeiten zu können, braucht es viel Übung. Vielleicht reicht die Zeit in diesem Leben aus, weil du schon in vergangenen Leben medial gearbeitet hast. Lass dir Zeit und sei geduldig mit dir!

Nicht umsonst habe ich ein Sprichwort als Überschrift für mein vorletztes Kapitel gewählt. Es gefällt mir aus ganz persönlichen Gründen gut. Bin ich doch ein sehr tatkräftiger Mensch und war als Kind oft ungeduldig, wenn ich nicht gleich das erreichen konnte, was ich wollte. So habe ich mich als kleines Mädchen mächtig geärgert, dass ich noch nicht so gut Klavier spielen konnte wie meine Mutter. Ich kann es heute noch nicht so gut. Aber nach sieben Jahren Klavierunterricht hatte ich dann etwas begriffen: Stetiges Üben, konsequente Wiederholungen, Fingerübungen zum Trainieren der Fingerfertigkeit und Schnelligkeit beim Spielen brachten erst den Erfolg. Und ich erinnere mich, wenn Freundinnen geklingelt haben und mich zum Spielen abholen wollten: »Ich muss noch Klavier spielen«, war dann die Antwort, »in einer Stunde komme ich dann nach.« Das war manchmal schon hart für mich – aber ich wollte ja spielen, ich wollte ja lernen. Heute bin ich im Nachhinein für diese Erfahrung sehr dankbar. Sie hat mich Demut gelehrt, Ausdauer und Disziplin.

Und ob es nun die Medialität ist, das Geigen- oder Klavierspiel oder der Wunsch, in der Nationalelf mitzuspielen: Es ist noch kein Meister vom Himmel gefallen. Auch wenn es manchmal so scheint, dass ein wahres Genie das Licht der Welt erblickt, so ist auch seine Genialität ausdauernd erarbeitet. Nicht in diesem Leben, sondern vielleicht in den vielen Leben zuvor – irgendwann ist jeder Mensch dran mit Ernten. Aber vor dem Ernten steht das Üben, das stetige Trainieren der gewünschten Fähigkeit. Das hat etwas mit Demut zu tun, mit der Bereitschaft, geben zu wollen, und mit Respekt der Sache und zu guter Letzt auch sich selbst gegenüber.

So möchte ich dich dazu anhalten, diesem genialen Werkzeug Medialität demütig gegenüberzustehen, es nicht beherrschen zu wollen, sondern dich dankbar über jeden kleinen Schritt, den du weitergehst, zu freuen und ihn zu feiern.

29.1 Ein Freund der kleinen Schritte

Als Letztes möchte ich noch eine kleine persönliche Geschichte erzählen. Vor Jahren hatte ich mit einem Kollegen, welcher auch Therapeut und außerdem ein sehr ruhiger Mensch ist, ein sehr inspirierendes Gespräch. Wir tauschten uns über therapeutische Herangehensweisen und methodische Ansätze aus. Da er aus der klassischen Psychotherapie kam und ich aus der alternativen humanistischen, gab es da schon einige sehr interessante Unterschiede im Ablauf der Sitzungen und dem Abstecken der Ziele. »Weißt du«, sagte er plötzlich lächelnd »ich bin ein Freund der kleinen Schritte!« So liebevoll grinsend, mit so viel Selbstverständnis, wie er das gesagt hatte, gab es nichts mehr zu erwidern.

Er hatte Recht: Kleine Schritte sind oft viel größer als scheinbar große Schritte. Und so hab ich seitdem in meinem Leben auch immer einmal wieder bei Dingen, die ich lerne, über kleine Schritte nachgedacht, und immer wieder habe ich festgestellt, dass das die größten sind. Sie geben Selbstbewusstsein, machen Freude und sind gar nicht schwer. Das Leben soll Spaß machen, leicht von der Hand gehen und ein Abenteuer sein! Das funktioniert aber nur ohne unüberwindbare Klippen. Wenn wir uns bei der Besteigung von kleinen Hügeln üben, fällt es uns irgendwann leicht, hohe Berge zu besteigen, es geht fast wie von selbst.

Deshalb abschließend mein persönlicher Rat für alle, die sich auf dem weiten Feld der Medialität üben wollen: *Schritt für Schritt – durch stetiges Üben kommen wir zum Ziel!* Oder: Mediales Arbeiten ist wie Fahrradfahren, du musst dich draufsetzen und losfahren. Und dann immer weiter üben, üben, üben.

Viel Freude damit!

In Liebe

Beate Bunzel-Dürlich

Anhang

I. Begriffsregister

Akzeptieren steht für annehmen oder billigen, entlehnt aus dem lateinischen gleichbedeutenden »ac-cipire«. Etwas zu akzeptieren heißt somit, es gutzuheißen, also damit einverstanden zu sein, seine persönliche Zustimmung dafür zu geben. Es ist nicht zu verwechseln mit → Respektieren!

Bewertungen sind Ausdruck subjektiver Sichtweisen der Menschen durch eigenen Geschmack, Empfindungen und persönliche Erfahrungen. Sie verzerren immer die Realität und erhöhen eine Situation oder Person durch Aufwertungen oder erniedrigen sie durch Abwertungen. Durch Abbau der Bewertungen entsteht innere Freiheit.

Bewusstsein meint das klare Wissen um etwas – den Zustand geistiger Klarheit, ursprünglich abgeleitet von dem mitteldeutschen »beweten« für »auf etwas sinnen, um etwas wissen«. Steigendes Bewusstsein hilft einem Menschen, die Gesamtheit aller Vorgänge im Inneren seines Körpers, seines Geistes und seiner Seele sowie alle äußeren Vorgänge in seiner Umwelt und Gesellschaft wahrzunehmen, zu verstehen und zu verarbeiten. Ziel ist es, vollständig zu erwachen (→ Erleuchtung), um nicht mehr Opfer seiner Umstände zu sein, sondern eigenverantwortlich und respektvoll Schöpfer zu sein.

Bewusstwerdungsprozess beschreibt den Prozess der Entwicklung des → Bewusstseins auf körperlicher, geistiger und seelischer Ebene. Alle Erfahrungen, destruktive wie konstruktive, welche die Menschen auf der Erde machen, dienen diesem Prozess. Sinn des menschlichen Daseins ist es, diesen Bewusstseinsprozess zu durchlaufen, um sich des göttlichen Ursprungs zu erinnern, die → Dualität zu überwinden und in allumfassender → Liebe mit allem zu verschmelzen.

Chairos bezieht sich auf den Zeitbegriff der Multidimensionalität. Es sagt aus, dass alles gleichzeitig passiert – alles auf einen Punkt zusammenfällt. Das bedeutet, dass Vergangenheit, Gegenwart und Zukunft gleichzeitig stattfinden. Chairos existiert außerhalb der dritten Dimension. Das englische Wort chair (Stuhl) drückt diesen Sinn ebenfalls aus, sich ohne lineare Aktionen auf einen Punkt hinzusetzen. Der Gegenpol dazu ist → Chronos

Chronos ist der Zeitbegriff der linearen Zeitdefinition, so wie sie auf unserer Erde in drei Dimensionen praktiziert wird. Dabei gibt es auf einer linearen Zeitachse eine Vergangenheit, eine Gegenwart und eine Zukunft hintereinander gereiht.

Dualität meint die Polarität, die im gesamten → Kosmos existiert. Duale sind beispielsweise Licht und Schatten, Liebe und Furcht, männlich und weiblich oder Tag und Nacht. Denken spaltet uns und lässt uns in der Dualität verhaften, wogegen Liebe die Dualität auflöst.

Ego ist die Energie der Ausdehnung. Körperlich gesehen befindet sich diese Energie im Halschakra, dem Platz der Kommunikation. Ego ist lebensnotwendig bei der Loslösung vom kollektiven Bewusstsein zum individuellen. Erst mit der Entwicklung der eigenen Individualität hat das Ego seine Funktion erfüllt. Diese aber ist notwendig bei dem Prozess der → Bewusstwerdung.

Emotionen beschreiben die Gemütszustände des Menschen, die ihn innerlich bewegen und ihn aus seiner Mitte, seiner Zentrierung bringen. Sie kommen aus dem Ego. Emotionen abzubauen hilft, innere Gelassenheit und Frieden zu erhalten und an die → Gefühle zu kommen.

Engel sind → Lichtwesen, welche unter anderem den Menschen helfen, ihre → Lebensaufgabe zu bewältigen. Sie besitzen keine physischen Körper und dienen aus höheren Dimensionen. Sie können unterschiedliche Funktionen haben. Aus alten religiösen Überlieferungen werden sie auch die »Diener Gottes« genannt.

Erleuchtung beschreibt den Zustand eines Menschen, der vollständig erwacht ist und damit sein → Bewusstsein vollständig entwickelt hat. Damit ist er frei und benötigt keinen Körper mehr zur weiteren Entwicklung. Es steht ihm frei, wieder auf der Erde zu inkarnieren oder in anderen Dimensionen zu dienen. Allerdings ist Erleuchtung noch lange nicht das Endziel, wie viele glauben, denn nach dem Gesetz der Evolution (→ kosmische Gesetze) entwickelt sich alles unendlich weiter.

Gefühle drücken die Gemütszustände des Menschen aus, die seinem Herzen entspringen. Gefühle sind Liebe, Mitgefühl und Trauer. Alles andere sind → Emotionen.

Geist meint nach der Enteilung von Körper, Geist und Seele den Teil im Menschen, der für die Konditionierungen und Programmierungen durch unterschiedliche Erfahrungen im Leben und auch von → Verhaltensmustern und Glaubenssätzen zuständig ist. Der Geist wird von der Seele belebt und verlässt mit ihr nach dem Tode den physischen Körper. Wieder zu inkarnieren heißt also, einen neuen Körper von der Seele aus mit dem Geist zu bewohnen. Im Geist ist alle Erfahrung aus unendlichen Leben aller Inkarnationen gespeichert.

Heilige Geometrie ist die Lehre vom geometrischen Gesamtaufbau des Kosmos. Alles folgt einem bestimmten Rhythmus, einer bestimmten Melodie, und kann in mathematische Formeln eingebunden werden. Es sind wiederkehrende Formen, die sich in jedem Lebewesen, jeder Pflanze, dem gesamten Universum ausdrücken. Urform allen Lebens ist das gleichseitige Dreieck. Aus dieser Form entspringt die ganze unendliche Formenvielfalt des Kosmos. Ist dieser Rhythmus beibehalten, wird eine Form, eine Melodie oder ein Gebilde als harmonisch empfunden. Der goldene Schnitt ist ein Beispiel dafür.

Heilungsprozess meint den Prozess des »Ganzheitlich-Werdens« auf allen Ebenen, auf der körperlichen, geistigen und seelischen. Wahre Heilung geschieht nicht nur auf der körperlichen Ebene, da Körper, Geist und Seele eine untrennbare Einheit bilden und einander bedingen.

Herzensqualität bezieht sich auf die Fähigkeit des Herzens, Liebe zu empfinden. Dazu gehört nicht nur die besitzende, persönliche Liebe, sondern die unpersönliche, alles umfassende und verschmelzende Liebe. Das Aufgeben von → Bewertungen und Erlernen von respektvollem Verhalten (→ Respektieren) trägt dazu bei, die Herzensqualität zu entwickeln.

Höheres Selbst ist der immer erleuchtete, allwissende Teil von uns Menschen, der nie inkarniert. Es ist somit der »Platzhalter« in der Lichtebene, da die menschliche Seele nie vollständig inkarniert. Je weiter unser → Bewusstsein fortgeschritten ist, umso mehr können wir mit unserem Höheren Selbst verschmelzen.

Illusion ist von dem lateinischen Wort »illusio« abgeleitet und bedeutet so viel wie »Verspottung, Täuschung oder eitle Vorstellung«. Illusionen im geistig-spirituellen → Bewusstwerdungsprozess fallen zu lassen bewirkt, die Realität von sich selbst und auch die der Umwelt anzunehmen. Illusionen aufzugeben ist ein wichtiger Teil des → Heilungsprozesses.

Inkarnation bedeutet das vollständige Bewohnen des Geistes und der Seele in einem Körper. Gleichzeitig wird von einer Inkarnation im

Zusammenhang mit einem Leben gesprochen. Eine Inkarnation meint also ein Erdenleben.

Karma ist das Gesetz der Ursache-Wirkungskette. Es ist ein Untergesetz des Gesetzes des energetischen Ausgleiches (→ kosmische Gesetze). Es besagt, dass jede Tat eine bestimmte Wirkung mit sich bringt. Oder andersherum: jede entstehende Wirkung hat eine Ursache. Das anzuerkennen, bringt Menschen in ihre Verantwortung und lässt sie nicht willenlose Opfer sein. Die Wirkung kann, je nach Tat, konstruktiv oder destruktiv sein. Sie ist wiederum Ursache für weitere Reaktionen beziehungsweise Taten.

Karmische Zusammenhänge sind Zusammenhänge, die sich über vergangene andere Leben erstrecken. Das kann sich auf Bekanntschaften mit Menschen, Ursachen von Krankheiten, künstlerische oder heilerische Fähigkeiten, alte Glaubensmuster, → Verhaltensstrukturen oder auch Wünsche, Sehnsüchte, Vorlieben und Abneigungen beziehen.

Kontakt mit Verstorbenen ist die Möglichkeit, selber oder über ein → Medium mit einem verstorbenen Menschen verbal oder auch energetisch in Kontakt zu kommen. Dies verschafft bei noch offen gebliebenen Fragen oder verpasstem Abschiednehmen inneren Frieden und kann einen → Heilungsprozess einleiten.

Kosmos ist dem griechischen »kósmos« entlehnt und bedeutet so viel wie »Ordnung« oder »Weltenordnung«. Darin drückt sich sehr gut verständlich die unabdingbare Struktur des Weltalls aus – alles hat seinen Platz und seine Ordnung und verläuft nach bestimmten Naturgesetzen. (→ kosmische Gesetze)

Kosmische Gesetze sind physikalische Grundgesetze, die im ganzen Kosmos wirken. Sie wirken unabhängig von unserer oder anderer menschlichen Intelligenz. Es gibt davon neun: 1. Gesetz der Ordnung, 2. Gesetz der Analogie, 3. Gesetz der Resonanz, 4. Gesetz des Impulses, 5. Gesetz des energetischen Ausgleichs, 6. Gesetz der Dualität, 7. Gesetz der Schwingung, 8. Gesetz der Evolution, 9. Gesetz der Energie.

Lichtkörper meint einen bestimmten Aspekt unserer feinstofflichen Körper, die es je nach → Bewusstsein immer mehr zu entfalten gilt. Es ist die Entfaltung unseres Energiefeldes zum universellen multidimensionalen Wesen. Damit lösen wir uns von den uns umgebenden drei

Dimensionen, steigen auf und erlösen damit den göttlichen Teil in uns, dessen Potential wir alle in uns tragen.

Lichtwesen ist eine Zusammenfassung von Energiewesen, welche sich nicht im Körper befinden, sondern sich körperlos in der Lichtebene aufhalten. Dabei spielt es keine Rolle, ob sie jemals oder nie einen Körper hatten. Es können Verstorbene, Engelwesen, geistige Führer oder Meister sein.

Liebe ist der Zustand des göttlichen, alles miteinander verschmelzenden SEINs, in ihr löst sich die → Dualität auf und damit die Notwendigkeit des Denkens. Es ist ein Gefühl höchsten Glückes und entsteht durch die Herausbildung der → Herzensqualität. Es kann zwischen unerlöster, besitzergreifender Liebe und erlöster, besitzloser Liebe unterschieden werden, je nach Entwicklungsstand und → Bewusstsein des Menschen.

Lebensaufgabe bezieht sich hier auf die geistig-spirituelle Entwicklung (auch → Bewusstsein) des Menschen. Es ist ein Thema, welches sich die Seele vor ihrer Inkarnation schon vorgenommen und sich demzufolge die entsprechende Familie und das dazugehörige Umfeld ausgesucht hat, um dieses Thema erfolgreich lösen zu können. Es gibt je nach Inkarnation und Lernthema unterschiedliche Lebensaufgaben. Sinn *jeder* Inkarnation ist das Lernen mit dem Ziel von innerer Freiheit und → Erleuchtung. Die Lebensaufgabe zu erreichen, erfüllt einen Menschen mit großem Frieden und innerer Stille. Die große Lebensaufgabe ist immer mit mehreren Lernthemen verbunden, die ihr untergeordnet sind.

Mediales Firmencoaching bedeutet ein Firmencoaching, in dem als Mittel der Beratung die Fähigkeit der Medialität verwendet wird, sodass auch die Aura des Unternehmens, die Energie zwischen den Mitarbeitern, deren Potential oder die Energie des Standortes auf der feinstofflichen Ebene mit in Betracht gezogen werden.

Medium meint eine Person, die sich als Energiekanal zur Verfügung stellt, um medial zu arbeiten und Botschaften in Form von Energieübertragungen, Bildern oder auch Sätzen vermittelt.

Meister bezeichnet einen Menschen, welcher vollständig erwacht ist und sein → Bewusstsein sich damit vollständig entfaltet hat. Er ist durch seine Präsenz lebendes Vorbild in seinem Tun. Als Unterschied zum spirituellen Lehrer lebt er die Weisheit vor, die ein spiritueller Lehrer einfach lehrt. Ein Meister kann aber auch in seiner Vorbildrolle ein Lehrer sein.

Meisterenergie meint die Präsenz eines Meisters. Dabei spielt es keine Rolle mehr, ob der Meister noch im Körper auf der Erde weilt oder auf anderen Dimensionen tätig ist.

Missbrauch kann auf körperlicher, geistiger oder seelischer Ebene stattfinden und beschreibt das gewaltsame, respektlose, grenzüberschreitende Verhalten anderen gegenüber. Oft geht es mit direkter oder indirekter Manipulation einher. Beim Machtmissbrauch stehen die eigenen Interessen ohne Rücksicht auf Umwelt, Gesellschaft und Einzelpersonen im Vordergrund.

Mitgefühl beschreibt die Fähigkeit, mit einem anderen Menschen oder Lebewesen mitfühlen zu können, also beispielsweise seine Ängste, Sorgen, Schmerzen oder auch Freude nachempfinden zu können. Dabei bleibt aber die respektvolle Grenze zum anderen gewahrt, sodass aus dem Abstand heraus auch Hilfe möglich ist. (Achtung! Nicht zu verwechseln mit → Mitleid, das ist die unerlöste Form!)

Mitleid ist der unerlöste Zustand von Mitgefühl. Dabei ist die Person mit den Gefühlen und Emotionen des anderen so stark verbunden, dass es keine Trennung mehr gibt. Mitleid entsteht immer durch das Sich-in-die-Aura-des-anderen-Einklinken. Das ist ein sehr unproduktiver Vorgang, der beide Personen schwächt und von einer Klärung der Gefühle oder Emotionen abhält. Die erlöste Form ist → Mitgefühl.

Naturgeister sind feinstoffliche Energien, die die Pflanzenwelt zusammen- und aufrechterhalten und diese speisen. Die Feen, Elfen, Gnome, Kobolde und Zwerge aus den Märchen und Sagen sind von diesen wahrgenommenen Schwingungen abgeleitet.

Reiki 1. Reiki ist ein Name für die kosmische universelle Lebensenergie. 2. Reiki ist eine Technik der Energieübertragung mittels der Hände. 3. Reiki ist ein Lebensweg, der frei von religiösen und politischen Anschauungen ist.

Reinkarnationssitzung (auch »Rückführung in vergangene Leben« genannt) steht für eine Sitzung der Selbsterfahrung, oft auch mit therapeutischem Ansatz, in der eine Person unter professioneller Leitung selbst im Alpha-Zustand in ein eigenes vergangenes Leben zurückgeführt wird. Durch das Anschauen bestimmter Stationen des damaligen Lebens gelangt sie in einen verstärkten → Bewusstseins- und → Heilungsprozess.

Respekt ist die Achtung vor allem, egal, ob es einem persönlich zusagt oder nicht (mehr unter → Respektieren).

Respektieren heißt alles im Leben zu achten, was einem begegnet. Es bezieht sich auf alle Lebewesen, Menschen, Taten, Gefühle, Gedanken oder Meinungen. Es ist unabhängig vom persönlichen Empfinden und der eigenen Meinung. (Achtung! Nicht zu verwechseln mit → Akzeptieren.) Alle/s zu respektieren erfordert Weisheit, Bewusstsein, bedingungslose → Liebe und frei zu sein von → Bewertungen.

Seele ist eine neutrale Energie, die einen Körper (menschlich, tierisch oder mineralisch) belebt. Gespeist wird sie durch den → Geist und sie wird dementsprechend über die → Inkarnationen hin entsprechend gepolt und programmiert.

Sichtigkeit ist die Kurzform von der Fähigkeit der Hellsichtigkeit, eines Teilbereiches der Medialität.

Tod meint immer den physischen Tod, das Herauslösen der Seele, verbunden mit dem Geist, aus dem physischen Körper. Wenn sich bei niederem Bewusstsein das Ego mit dem Geist identifiziert, meint man beim Tod aus Sicht des → Ego dann, einfach »weg zu sein«, da sich mit dem Tod das Ego auflöst. Die → Seele mit dem → Geist kann nicht sterben.

Verhaltensstrukturen, -muster (auch Glaubensmuster genannt) bezeichnen die inneren Programmierungen, aus denen heraus die Menschen aus Routine und in Notsituationen handeln. Sie sind entstanden aus Erfahrungen vergangener oder heutiger Leben. Erst nach Erkennen und Auflösen dieser Muster können Menschen authentisch leben und sind frei von inneren Zwängen.

Yang ist der traditionelle chinesische Ausdruck für die männliche Energie, welche abgebend, strukturbildend und aktiv ist.

Yin ist der traditionelle chinesische Ausdruck für die weibliche Energie, welche aufnehmend und passiv ist und das Erleben verkörpert.

Zeit hat je nach befindlicher Dimension verschiedene Definitionen und steht in Abhängigkeit mit der Dimension Raum. Hier auf dem Planeten Erde wird nach linearer Zeit gerechnet, aber wie Einstein schon in seiner Relativitätstheorie feststellte, ist Zeit relativ und hat mehrere Modelle. (Vergleiche → Chairos und → Chronos.)

II. Literaturverzeichnis

1. Birkenbihl, Vera F.: *Der Birkenbihl-Power-Tag,* Landsberg am Lech 1999
2. Bohnke, Ben-Alexander: *Esoterik,* Düsseldorf 1996
3. Brennan, Barbara Ann: *Licht-Arbeit,* München 1989
4. *Buddha Mandala, Calendar 1994*, Kalkutta, India
5. *Duden: Herkunftswörterbuch,* Mannheim, Leipzig, Wien, Zürich 1997
6. Fosar, Grazyna und Bludorf, Franz: *Vernetzte Intelligenz,* Aachen 2001
7. Gleick, James: *Chaos – die Ordnung des Universums,* München 1988
8. Grasse, Ellen: *Chakren- und Auradiagnose,* München 1993
9. Hulke, Waltraud Maria: *Das Farbenheilbuch,* Aitrang 1991
10. Lauster, Peter: *Mentale Fitness,* Düsseldorf 1996
11. Taleus: *Ein einfacher Leitfaden über Farbe und Farbmischungen,* 1983
12. Melchizedek, Drunvalo: *Die Blume des Lebens Band I,* Burgrain 2002
13. Melchizedek, Drunvalo: *Die Blume des Lebens Band II,* Burgrain 2002
14. Roethlisberger, Linda: *Der sinnliche Draht zur geistigen Welt,* Freiburg 1995
15. Sattler, Johanna Barbara: *Der umgeschulte Linkshänder,* Donauwörth 2005
16. Vollmar, Klausbernd: *Fahrplan durch die Chakren,* Hamburg 1988
17. Walter, Johannes: *Chakraerfahrung,* München 1995
18. *Yoga-Tantric, Calendar 1994,* Kalkutta, India

III. Ausbildungen im Akasha-Zentrum Berlin

Aus der langjährigen Praxisarbeit von Beate Bunzel-Dürlich erwachsen und gegründet, ist das Akasha-Zentrum Berlin eine **Lern- und Begegnungsstätte** geworden, in der sich Menschen mit ähnlichen Fähigkeiten treffen, mit- und voneinander lernen und neue Kontakte knüpfen können.

Als **Lebensschule** gibt es dir die Chance, sich im geschützten Rahmen mit allen Licht- und Schattenseiten zu zeigen und zu lernen, sich in aller Unterschiedlichkeit und Vielfalt zu respektieren und in Liebe anzunehmen.

Die **Einzelsitzungen** helfen dir beim Heilwerden und Entfalten deines Lebenspotentials in privater wie beruflicher Hinsicht. Mediale Lebensberatung, mediales Firmencoaching (beides auch telefonisch), Reinkarnationstherapie und systemische Aufstellungen tragen dazu bei.

Ausbildungen im Akasha-Zentrum

Das Akasha Zentrum Berlin ist eine anerkannte Ausbildungsstätte des »Dachverband Geistiges Heilen« e.V. Nach erfolgreichem Absolvieren einer oder mehrerer im Akasha-Zentrum angebotenen Ausbildung/en erlaubt es dir die neue Gesetzgebung seit 2004, unter der neuen Berufsbezeichnung als

Heiler/in

selbstständig und eigenverantwortlich in einer eigenen geistig-spirituellen Praxis zu arbeiten.

Falls du schon in einem Heil- oder therapeutischen Beruf arbeitest, kannst du die in der Ausbildung erworbenen Fähigkeiten mit deinen Behandlungsmethoden verbinden und sie dadurch unterstützen.

Folgende Ausbildungen bieten wir an:

Grundschulung

Training der eigenen Medialität und Hellsichtigkeit

1. Basisseminar – Vermittlung der AKHESY®-Technik
2. Intensivseminar Fortgeschrittene I
3. Intensivseminar Fortgeschrittene II
4. Monatliche Trainingsgruppen

Ausbildung zum/r Medialen Lebensberater/in

5. Intensivseminar Fortgeschrittene III
6. Theorie – Spirituelles Grundwissen – T1-T8
7. Supervisionen

Ausbildung zum/r Reinkarnationsleiter/in

Reiki-Einweihungen in alle Grade

Ausbildung zum/r Reiki-Meister/in und Lehrer/in

Ausbildung im systemischen Stellen

Ausbildung als Meditationsleiter/in

Kontakt

bei Interesse an Ausbildungen, Einzelsitzungen
und telefonischen Beratungen:

Beate Bunzel-Dürlich
Akasha-Zentrum Berlin
Jonasstraße 4
10551 Berlin

Tel./Fax: 030-391 92 77
beate.duerlich@arcor.de
info@akasha-zentrum-berlin.de

http://bunzel-duerlich.de
http://akasha-zentrum-berlin.de

IV. Über die Autorin

Beate Bunzel-Dürlich begann ihre Laufbahn als Künstlerin (Malerei und Grafik) und Modedesignerin. Ihre medialen und feinfühligen Fähigkeiten, die sie bereits in Kindertagen spürte und entwickelte, führten sie im Laufe ihres Lebens auf einen neuen Weg: Neben ihrer Tätigkeit als Heilpraktikerin und Therapeutin coacht sie seit über 20 Jahren Menschen aller Alters- und Berufsgruppen in wichtigen Lebensfragen. Darüber hinaus ist sie ausgebildete Kunst- und Reinkarnationstherapeutin sowie Ausbilderin im „Dachverband Geistiges Heilen". Neben ihrer umfassenden therapeutischen Ausbildung tragen besonders ihre ausgeprägte Medialität und beeindruckende Intuition zum großen Erfolg ihrer Beratungen bei.

Beate Bunzel-Dürlich ist fachliche Leiterin sowie Leiterin der Heilpraxis im von ihr gegründeten *Akasha-Zentrum für Medialität und Lebensfreude* in Berlin. Seit 1996 bildet sie Menschen darin aus, ihre medialen Fähigkeiten zu entfalten und zu größerer Zufriedenheit und Erfolg in ihrem Leben zu finden. Kontakt: www.beate-k-duerlich.de und www.akhesy.de

Eigene Ausbildungen:
Studium Malerei/Grafik, Modedesign
Zulassung zur Heilpraktikerin
Kunst- und Kreativitätstherapie
Reinkarnationstherapie nach Rhea Powers
Regressionen/medizinische Hypnose
Rebirthing/Intuitives Atmen
Systemisches Aufstellen nach B. Hellinger
Meditationslehrerin und -Councelerin (Osho)
Reiki-Grade I-IV nach Dr. Mikao Usui

V. Stichwortverzeichnis

A

Abnehmen der Fragestellung 169
Aborigines 97
Akasha 235
Akasha-Chronik 96, 143
AKHESY®-Technik 11, 12, 195, 235, 237
alles verschmelzende, verbindende Liebe 146
alle Lebewesen 56
allumfassender göttlicher Körper 57, 66
Analogien 184
Anzahl der Wirbel 80
Astralebene 132, 138, 159
Astralkörper 57, 62
ätherische Ebene 137
ätherischer Körper 57, 61
Aufbau der Chakren 75
Aufbau von Karma 270
Aufbrechen der Medialität 195
aufgestiegene Meister 92
Auflösung der Dualität 146
Auflösung von alten Verhaltensstrukturen 64
Auflösung von Karma 272
aufnehmen 214
aufschreiben 262
aufschreiben lassen 262
Auftrag 207
Aura 50, 51, 52, 53, 54, 55, 61, 70, 71, 90, 92, 93, 100, 101, 236, 250
Aura des Unternehmens 127
Aurafotografie 92
Aurareading 251, 253
Auraschichten 83
Aus-der-eigenen-Verantwortung-Gehen 197
Aussprechen der Botschaften 263
Ausstrahlung 55
authentisch 173, 230

B

Basisseminar 10, 167, 195
Basisseminar Medialität 158
Bäume 122
Beamen 70
Beruf 126
Berufung 126
Bewertung 259, 270
Bewertung der Botschaften 257
bewusstes mediales Empfangen 109, 116
Bewusstsein 46, 64, 66, 69, 286
Bewusstseinsebenen 135
Bewusstseinsgrad 22
Bewusstseinsprozess 237
Bewusstseinsstand 144
Bewusstseinszustand 62
Bewusstwerdung 271
Bewusstwerdungsbuch 16
Bewusstwerdungsprozess 17, 87
Beziehung 128
Bezug zu der Person 182
Bilder 180, 182
biologische Abläufe 47
Bitte um eine Botschaft 247
Blockaden 223
Blut 81
Blütenblätter der Chakren 75
Botschaft aussprechen 176
Botschaften 44
Buch des Lebens 96
Buddha 147

C

Chairos 130
Chakra 75
- 1. Chakra 76
- 2. Chakra 76
- 3. Chakra 77
- 4. Chakra 78
- 5. Chakra 78
- 6. Chakra 79
- 7. Chakra 79

Chakraatmung 87
Chakren 72, 82, 83
Chakrenarbeit 87
Channel-Medien 147
Channel-Medium 150
Channelgruppen 150
Channeln 145, 148, 149, 152
Channeln von Tieren 153
Chi 82

Chronos 130
Comedy-Stars 27

D

Dämonen 140
danken 247
Demut 208, 219, 220, 274, 291
Denken 47, 48, 51, 55, 61
Der-Geist-hat-gesagt-Symptom 197
Der Ablauf der AKHESY®-Technik 238
destruktive Energien 196
destruktive Kritik 274
Destruktivität 225
Dienen 216, 219
Dimensionen 83
Dimensionswechsel 69, 70
Disziplin 174
Dogma 147, 197
dogmatisch 174
Drohungen 206
Dualität 46, 66, 79, 145, 171, 174, 190, 225
Duft 28

E

Ego 160, 175, 223, 224
Ehrlichkeit 232
eigene Grenzen kennen 204
eigene Grenzen nicht respektieren 204
Eigenverantwortung 126
Einfall 108, 176, 283
Eingebung 20, 30, 39, 43
Einheit von Körper, Geist und Seele 81
Einmischen 188
elektromagnetische Schwingungen 56
elektromagnetische Wellen 67, 90
ELF-Wellen 100
Elfen 122
emotionaler Körper 57
emotionaler Quotient 35
Emotionalkörper 62
Emotionen 48, 49, 52, 62, 84, 94, 139, 202
empfangen 214
Empfangen von Informationen 101
Empfänger 101
endokrine Drüse 82
endokrines System 81
energetische Nabelschnur 62
Energiearbeit 171
Energieaustausch 72
Energieerhaltungssatz 93
Energiefeld 93, 201
Energiekörper 55, 56, 59, 69, 70, 86
Energien 93, 110, 168, 196
Energieübertragung 83
Energiewirbel 75, 79
Energie der Ausdehnung 225
Engel 133, 190
Engel-Medien 147
Engelwesen 27, 92, 113, 119
Entscheidungsfragen 168
Er-Fühlen und Tasten 47, 48
Erdbewohner 125
Erdenkarma 143
Erdung 50, 51, 52, 198, 202, 215, 249
Erdungsprobleme 204
Erdungsübungen 241
Erfahrungsbuch 14
erfolgreich medial arbeiten 176
erfolgreich medial sein 26
Erinnerungen 65
Erinnerungsspeicher 65
erleuchteter Mensch 173
Erleuchtung 196
Erpressung 203
Erste-Hilfe-Maßnahmen 111
Erstellen von Projekten 25
Experimente 70

F

Fakten 180
falsche Ausgangsposition 201
Familienaufstellungen 284
Farbe 90
Farbfrequenz 71
Farbsequenz 71
Feen 122, 137
Fehler 167, 268, 269, 274
feinstoffliche Welt 69
feinstofflicher Körper 26
Firmencoaching 151
Frage 180, 183
Frageformel 168
freie Seele 65
freier Wille 126, 143, 192, 197, 224
Frequenz 68, 69, 71, 92
Frequenzbänder 71

Frieden 193
Fühlen 21, 33, 37, 43
fünf feinstoffliche Sinne 148
fünf Sinne 20, 21
Funktion des Chakras 75
Funktionen der Chakren 80

G

Gabe Gottes 189
Galaxie 93, 98, 125
Geben 185, 216, 291
Geben und Nehmen 185, 216
Geburt 63
gechannelte Antworten 150
Gefahr von Missbrauch 145
Gefäß 212, 214, 250
Gefühle 49, 54, 62, 66, 94, 180
Gefühlszentrum 88
Gegenleistung 191
Gegenwart 143
Gehirnhälften 13, 46
Geist 47, 57, 59, 115
Geistheiler 282
geistig-seelische Voraussetzungen 216
geistig-spirituelle Entwicklung 141
geistig-spiritueller Prozess 124
geistiger oder mentaler Körper 57
geistiger und spiritueller Entwicklungsprozess 166
Geistkörper 63
Gelassenheit 160
Geld 189, 191, 198, 203, 208, 217
gelebtes Wissen 287
Gemütsschwankungen 49
Geräusche 26
Geruch 28, 44
Gerüche 111
geschäftliches Coaching 127
Geschmack 29
Gesetz der Analogie 69, 70, 97, 124, 143, 176, 184
Gesetz der Ordnung 219, 220
Gesetz der Resonanz 109, 147, 164, 165, 166, 196, 284
Gesetz des energetischen Ausgleiches 185, 189, 190, 216
Gesetz des Impulses 176, 178
Gesetz von Geben und Nehmen 191
Gesetz von Ursache und Wirkung 186
Gesundheitscheck 127, 281
Gesundheitszustand 61
Gitternetze 93, 97, 98, 99, 284
Gitternetze der Erde 207
Glaubenssätze channeln 154
Glaubenssätze über Medialität 202
Gleichmut 160
gleichseitiges Dreieck 93
Gott 288
göttliche Liebe 66
Grenzen 193, 204
grenzüberschreitend 199
Größenwahn 201, 206
Grundelemente der Schöpfung 76

H

Halschakra 84
Handeln 47, 50, 55
Handwerkszeug 189
Handwerkszeug Medialität 209
Handy 100
Haupt-Nadis 80
Hauptchakren 72
Heilige Geometrie 93
Heilung 180, 278, 280, 281
Heilungsprozess 127
Hellfühlen 21, 24, 26, 27, 30, 33, 37, 43, 44, 148
hellfühlend 44
Hellhören 26, 148
hellhörend 44
Hellriechen 27
hellriechend 44
Hellschmecken 29
Hellsehen 24, 26
Hellwissen 24, 30, 33
Hertz 67
Herz 26, 33, 41, 289
Herzchakra 78, 82, 85, 89
Herzensqualität 33, 145
Heuchelei 173, 193
Hingabe 205
höhere Astralebene 138
Höheres Selbst 144
Hormone 48
humanoide intelligente Wesen 119, 125
humanoide Wesen 92
Hunde 122

I

Ich-Bewusstsein 250
Illusion 173
Illusionen 138, 189
Impuls der Umsetzung 176
Impulse 20, 177, 179
individuelles Bewusstseins 193
Informationen 93, 101
Inkarnation 62, 64
Inkarnationen 190
innerer Arzt 287
innerer Berater 279
innerer Künstler 284
innerer Schweinehund 171
innerer Therapeut 280
inneres Kind 285
Inspiration 34, 35, 37, 39, 40, 41, 43
Instinkt 34, 35, 37, 39, 41, 146
Intelligenz 33, 35, 37, 39, 43, 63
Intelligenzquotient 35
Interferenzen 100
Interpretationen 260
Intuition 34, 35, 37, 39, 41, 43
Investitionen 190
Irrglaube 269

J

Ja-oder-Nein-Fragen 168

K

Karma 65, 173, 176, 186, 187, 269
karmische Bilder 25
karmische Zusammenhänge 128
Kausalebene 96, 142, 154
kausaler Körper 57
Kausalkörper 65
Kehlkopfchakra 78, 82, 89
Kind 64, 104, 179
Kinder 285
Kirche 289
Klang 69
klare Absicht 170
klare Sätze 182
Klarheit 115, 144, 170, 182, 231, 254
klassische Fehler beim medialen Arbeiten 201
Kobolde 113
Kochen 29, 122
kollektives Bewusstsein 193
Kommunikation 22
Komposition 26
konstruktive Kritik 274
Kontakt mit Verstorbenen 152
Kontakt zu einer Meisterenergie 152
Kontakt zu Engeln 152
Kontaktaufnahme mit Verstorbenen 263
Körper 47, 57, 59, 87, 199
Körper, Geist und Seele 127
körpereigene Energie 75
körperliche Voraussetzungen 212
kosmische Energie 75
kosmische oder universelle Lebensenergie 80
kosmische Urform 93
kosmisches Gesetz 176, 184, 203
Kosmos 93, 140, 173, 185
Kräfte des Kosmos 174
Kraftwirbel 72
Krankheit 186
Kreativität 109, 237, 278, 283
Kristalle 120, 153
Kritik 274
Kritikfähigkeit 268
Kronenchakra 72, 79, 82, 84, 86, 90, 101, 246, 248, 261
Kunst 25, 29
Künstler 25
künstlerische Fähigkeiten 65

L

Lage der Chakren 72
Lebensaufgabe 11, 125
Lebensfreude 146
Lebewesen 66, 119
Lehrbuch 13
Leid 186
Lernen 64, 268
Lernthema 128
Licht 67, 68, 70, 171, 174
Lichtkanal 72, 101
Lichtkörper 33, 146, 236, 280
Lichtwesen 119, 131, 145, 281
Liebe 49, 60, 65, 66, 76, 84, 85, 88, 92, 116, 123, 172, 174, 175, 216
Linke Gehirnhälfte 37, 177, 178
Linkshänder 36, 37
Logik 178, 182

M
Machtmissbrauch 175, 187, 193, 203, 219
männliche Energie 37, 224
männliche Seite 177
männliches Prinzip 45
Masse 199
Matrix 63, 64
mediale Arbeit als Dienstleistung 203
mediale Beratung 190
mediale Detekteien 25
mediale Eingebungen 25
mediale Kommunikationsformen 103
mediale Trainingsgruppe 162, 275
mediale Unternehmensberatung 151
medialer Trainingsabend 166
Medialität 20, 24, 45, 103, 221
Medialität in der Gesellschaft 205
Medialitätsseminare auf Mallorca 137
Meditation 61, 287
Meditationen 17, 24, 26, 66
Medium 44, 135, 144, 147, 156, 166, 169, 190, 194, 198, 203, 208
Meister 134, 190, 287
Mentalebene 141
mentaler Körper 63
Mentalkörper 65
Mentalkraft 63, 64
Mentaltraining 63
Mentalzentrum 88
Mineral 56
Mineralien 92, 119
Missbrauch 149
Mission 125, 132
Mitgefühl 49, 84, 123, 145, 202
Mitleid 202
mittlere Astralebene 138
Modelle 45, 46, 47, 57
morphogenetisches Feld 96
multidimensional 22
Musik 26

N
Nabelchakra 77, 82, 85, 88
Nadis 80, 81, 82
Nahrung 29
Naturgeister 122, 137
Neben-Nadis 80
Nebenchakren 72
Nervensystem 48, 80, 81, 82
Neutralität 158
Neutralität der Durchgaben und Botschaften 160
Neutralität der Person 202
Nichtnutzung des freien Willens 192
nonverbale Kommunikation 105
nutzbringende Fragen 169

O
oberes Nabelchakra 77
Ohnmacht 199
Om 69, 79
Opfer 114, 198, 203, 226, 270
Opfer der/unserer eigenen Medialität 116, 177, 192, 200
Orgon 82

P
Parallelwelten 111
persönliche Ausprägungen 147
Pflanzen 49, 56, 63, 80, 92, 97, 121, 153
Pflicht auf Selbstbestimmung 193
physische Ebene 135
physischer Körper 57, 59, 60, 69
Planet 93, 101
Polarität 146
Pranaenergie 80, 81
Primärenergie 80, 81, 82
Probleme beim Channeln 149
Programmierungen 64
Projektionen 202
Propheten 130
Prophezeiungen 24
Prozessarbeit 204
Pubertät 72
pure Essenz 147

Q
Qualität 201

R
Radiowellen 69
Rationale, das 45, 103
Raubbau 60
Realität 45, 275, 285
Rechte Gehirnhälfte 37
Rechtshänder 36, 37
Regenbogenfarben 68
Reiki 41, 82, 282
Reiki-Einweihung 121

Reikienergie 82
Reinkarnationssitzung 129
Reinkarnationstherapie 64
Reklamation 181
Resonanzboden 147, 164, 166, 167, 204, 286
Respekt 166, 174, 203, 251, 289
richtige Fragestellung 167
Rückführung in vergangene Leben 129

S

Sakralchakra 76, 82, 85, 88
Schatten 171, 174, 175
Schattenwelt 196
Scheinheiligkeit 173
Scheitelchakra 90
Schicksalsbuch 143
schlechtes Gewissen 218
Schöpferkraft 65, 219
Schulmedizin 127
Schutzengel 143, 152
Schwingungen 67, 92, 121
sechster Sinn 20, 21
Seele 45, 46, 47, 55, 56, 57, 59, 60, 63, 81, 88, 123, 172
Seelenreife 158
Sekundärenergie 80, 81
Sender 69, 94, 101
Sendestation 90, 101
Sexualchakra 88
Silberschnur 62
Sinuswellen 67
Solarplexus 77, 88
Sonnensystem 97
Speicher 93, 143
Spektralfarben 68
spiritueller Körper 57, 66
spiritueller Lehrer 287
Stein 120
Stimmen 27
Stirnchakra 79, 82, 84, 89
Stolperfalle 169
Störfaktoren 222
Störfelder 100
Störgeräusche 27
Störquellen 221, 222
Strahlkraft 101
Strahlkraft des physischen Körpers 61
strukturbildend 170
symbolisches Bild 182
Synthese von Wissenschaft und Bewusstsein 45
systemische Aufstellungen 220

T

Tantra 33
Tarotkarten 174
Täter 226
tausendblättriger Lotus 90
Technik 200
Teufel 140
tiefe Meditation 146
Tierbewusstsein 123
Tiere 92, 97, 123
Tierkommunikator 122
Tod 63, 141
Ton 90, 165
Trainingsgruppe 11
Trauer 92
Traumdeutungen 142
Träume 24, 25, 62
Traumkörper 62
Traumschulen 142
typische Anfangsschwierigkeiten 180

U

Üben 200
Überverantwortung als Medium 206
Übung 291
unbewusste Medialität 108
unbewusstes mediales Empfangen 110
Unfreiheit des Geistes 64
Ungeduld 201
Ungleichgewicht von Geben und Nehmen 186
Universum 67, 69, 186, 220, 224
unterdrückte Impulse 176
untere Astralebene 138
unteres Nabelchakra 77

V

Verabschieden der Energien 199
Verantwortung 166, 168, 174, 185, 193
Verantwortung als Medium 205
Verantwortung beim medialen Empfangen 156
Verantwortung für die Inhalte 156, 159
Verantwortungslosigkeit 199
verantwortungsvoll 229

vergangene Leben 25
vergangenes Leben 23
Vergangenheit 143, 184
Vergangenheitsbewältigung 128
Verhaltensstrukturen 154
Verschmelzung 66
Verstand 177
Verständigung 113
Verstorbene 132
verstorbene Tiere 123
Visionen 24
Volltrancemedien 206
Vorahnungen 20
Voraussetzung für erfolgreiches mediales Empfangen 164
Voraussetzung zur Medialität 81
Voraussetzungen 156
Voraussetzungen beim medialen Arbeiten 170
Vorurteile 224, 258

W

Wabenform/-struktur 95
Wabenstruktur 93
Wachheit 253
wahr sein 230
weibliche Energie 37
weibliches Prinzip 45
Wellen 67, 69, 90
Wellenberge 67
Wellenlänge 68
Wellentäler 67
Werkzeug 193
Willensfreiheit 196
Willenszentrum 88
Wirbel 75
Wirkungen 274
Wissendes Feld 96
Wissenschaft 45
Wissensspeicher 102
Wissensspeicher der Erde 91, 96
Wunderkind 190
Wünsche 193
Wurzelchakra 72, 75, 76, 82, 85, 88
Wut 53

Y

Yang 45, 46, 213, 224
Yin 45, 46, 213

Z

Zehn Gebote 145
Zeitreise 70
zentrieren 243
Zerstörung 140
Ziele 168
Zittern 198
Zufall 108, 109
Zukunft 25, 129